Kindler
Taschenbücher

Geist und Psyche

Léon Chertok
Hypnose

Theorie, Praxis und Technik eines psychotherapeutischen Verfahrens

Mit einem Vorwort von Henri Ey

Kindler
Taschenbücher

Aus dem Französischen übertragen von Helga Künzel.
Die Originalausgabe erschien unter dem Titel *L'Hypnose –*
Les problèmes théoriques et pratiques, le technique
bei Masson & Cie., Paris, sowie in einer überarbeiteten Fassung bei
der Petite Bibliothèque Payot, Paris.

Kindler Verlag GmbH, München
Ungekürzte, überarbeitete Ausgabe
Lizenzausgabe mit Genehmigung des
Ramòn F. Keller Verlages, Genf
Redaktion: R. Rotter
Korrekturen: M. Flach
Satz, Druck und Bindearbeiten: Friedrich Pustet, Regensburg
Printed in Germany 1973
ISBN 3 463 18102 9

INHALT

Vorwort von Dr. Henri Ey 7
Vorbemerkung 11
Einführung 13

Erster Teil: Theorie und Praxis

 1 Kurzer geschichtlicher Überblick 17
 2 Die Theorien 31
 3 Die Pawlowsche Theorie 36
 4 Theorie der experimentellen Psychologie 39
 5 Psychoanalytische Theorien 52
 6 Beziehungen zwischen Hypnose und Schlaf . . . 69
 7 Die Tierhypnose 71
 8 Hypnotisierbarkeit 78
    Wovon hängt die Hypnotisierbarkeit ab? 79
 9 Therapeutische Anwendungen 92
    Wer soll hypnotisieren? 100
    Gefahren bei der Anwendung der Hypnose . . . 103
    Hypnose und Psychoanalyse 105
10 Unterricht 111
11 Indikationen 114
    Psychosomatische Medizin 118
    Psychiatrie 133
    Verschiedenes 138

Zweiter Teil: Technik

Einführung 145
12 Das vorbereitende Gespräch 147
13 Suggestibilitätstests 150
14 Einleitung der Hypnose 153
15 Vertiefung der Trance 168

16	Das Wecken	178
17	Das Erlebnis der Trance	179
18	Die medikamentöse Hypnose	181
19	Spezialtechniken	184
20	Die Autohypnose	189
21	Gruppenhypnose	195
22	Hypnodrama	197
23	Von der Hypnose abgeleitete Techniken	198
	Hypnotisierbarkeit	198
	Anwendungsweise	199
	Die zwischenmenschliche Beziehung	201

Schluß 205

Glossar 208

Vorwort

Einen Menschen zu hypnotisieren bedeutet, Macht auf ihn auszuüben, einen Einfluß, der ihm etwas »suggeriert«. Zur Kraft des Hypnotiseurs muß jedoch die Schwäche des Hypnotisierten kommen, seine unbewußte Mitarbeit, damit die »Trance«, der Zustand des »provozierten Somnambulismus«, der »hypnotische Schlaf«, durch Techniken erzeugt werden können, die entweder die *Suggestion* oder die *Suggestibilität* zu intensivieren trachten.

Der Suggestionswert der therapeutischen Handlung hängt zweifellos von *der Person* des Hypnotiseurs ab. Weniger von dem, was er ist, als von dem, was er zu sein scheint. Das heißt, daß es sich bei dem Ganzen um eine *psychotherapeutische Beziehung* handelt. Die Übertragung ist hier massiv und »wild«. Sie gleicht einem »Fluidum«, dessen Wirkung notwendigerweise stark, wenn nicht gar überwältigend ist. (Hierin sind sich Charcot und Braid mit Mesmer und Puységur einig.) Es verwundert keineswegs, daß die Erweiterung dieses Verfahrens der unmittelbaren Übertragung, ihre Anpassung an die Zeit und ihre Vermittlerrolle im Gespräch Freud zu seiner Entdeckung führten.

Die Suggestibilität hängt natürlich von der Neurose selbst ab und besonders von ihrer hysterischen Struktur. Nicht jedes »Medium« sinkt leicht in den hypnotischen Zustand; daher das praktische Interesse an *Techniken,* die es in den »segensreichen Zustand« versetzen. Man begreift, daß in der Praxis der Hypnose, die sich auf »psychische Macht« stützt, eine Art »Trick« Eingang fand: die Zuhilfenahme nicht nur des »Placebos« der Imagination, sondern auch psychopharmakologischer Mittel, die die Wachsamkeit dämpfen (Barbiturate, Skopochloralose, Pentothal usw.). Gerade diese Mittel der »Narkotherapie« geben dem Experiment mit der Hypnose bei Neurosen seinen ganzen Sinn. Sie steigern den negativen Zustand des Patienten, den die Neurose nicht hinreichend offenbart. Man kann also von einer »Erfahrung«, einer »Technik« (in der sich *psychische* und *somatische* Faktoren mischen) sprechen, die im wesentlichen für *psychosomatische* »Zustände« geeignet sind. Das ist der Grund, warum das Problem Dr. CHERTOK, der sich in dieser Richtung spezialisierte, ganz besonders interessiert.

Ein letztes Wort noch, bevor der Leser in die fremde, nach wie vor ein wenig mysteriöse Welt des psychosomatischen Vorgangs eintritt.

Unter dem Gesichtspunkt der Deontologie und Moral hat man sich gefragt, ob dieser »Einbruch in die Persönlichkeit«, dieser unmittelbare Übergriff, diese Versetzung des Patienten in eine sklavenähnliche Beziehung zum Meister Hypnotiseur zulässig seien. Wäre der Hypnotiseur alles und der Hypnotisierte nichts, würde es sich um ein »Gefressenwerden« handeln wie bei der von der Schlange hypnotisierten Kröte, dann müßte man natürlich sagen, eine derartige Absorption eines Wesens durch ein anderes sei ungeheuerlich. Aber das trifft nicht zu, denn der Hypnotiseur besitzt nur so viel Macht, wie ihm der Hypnotisierte *unbewußt* gewährt. Das Problem läßt sich deshalb in folgender Frage zusammenfassen: Hat man das Recht, das Unbewußte eines Menschen »auszubeuten«, um diesem Menschen die Last seines Unbewußten zu erleichtern? Ich glaube, daß man mit dieser Fragestellung zugleich auch die Antwort gibt, denn es ist sehr wohl rechtmäßig – das Gegenteil wäre sogar absurd –, daß ein Arzt, der ein Ziel (die Heilung) erreichen will, die Mittel (hier die Hypnose) anwendet, die zu diesem Ziel führen. Dieses Argument gilt übrigens für alle »Verfahren« oder »Techniken«, die darin bestehen, auf den Patienten einzuwirken, und sei es auch gegen seinen Willen, *wenn es zu seinem Besten geschieht*, und um ihn von seiner Krankheit zu befreien (biologische und psychochirurgische Therapeutika, Narkoanalyse, Anwendung von Schlafmitteln und Psychoanalyse).

Ich weiß nicht, ob die Rückkehr zur Hypnose die alten Kontroversen wieder aufleben läßt, zweifellos aber wird dieses Buch großes Interesse wecken.

Henri Ey

»Zwischen dem ordnungsgemäß funktionierenden Organismus und den spontanen Störungen, die die Krankheit auslöst, ist die Hypnose im Kommen, als ein Weg, der sich für den Versuch auftut. Die Hypnose ist nichts anderes als ein künstlich oder experimentell erzeugter Nervenzustand ... dessen vielfältige Erscheinungsformen je nach den Erfordernissen der Untersuchung auftreten oder verschwinden ... So betrachtet, wird die Hypnose zu einem Schatz, den auszuloten für den Physiologen und Psychologen gleich wertvoll ist wie für den Mediziner.«

CHARCOT, 1881

»Die Hypnose liegt im Schnittpunkt aller Ebenen des physiologischen und psychologischen Organismus, und das Phänomen, das man Hypnotismus nennt, wird, wenn man es einmal voll und ganz begreifen wird, zu einem der wichtigsten Werkzeuge beim Studium des normalen Schlafs, des normalen Wachzustands und des konstanten Ineinanderspiels der normalen, neurotischen und psychologischen Prozesse werden.«

KUBIE, 1961

Vorbemerkung

Die vorstehenden Erklärungen versprechen der Hypnose eine glänzende Zukunft. Sie ist mit einer reichen Vergangenheit begabt, denn die meisten modernen Methoden der Psychotherapie gingen aus ihr hervor, und sie dürfte nun auch noch zu Hilfe gerufen werden, um in der experimentellen Psychopathologie und Psychotherapie eine vorrangige Rolle zu spielen.

Festgestellt sei hier, daß achtzig Jahre verstrichen sind, seit CHARCOT seine Vermutungen formuliert hat, und daß wir noch immer nichts über die genaue Natur der Hypnose wissen. Alle darüber aufgestellten Theorien bieten nur Teilerklärungen. Uns fehlt es sogar an objektiven Kriterien, die uns die Behauptung erlauben, ein Patient sei hypnotisiert. Die Hypnose ist ein labiles, flüchtiges, ungreifbares und dennoch existentes Phänomen.

Alle diese Charakteristika beweisen hinreichend, wie interessant die Hypnose ist.

Dennoch geriet sie, nachdem sie in Frankreich am Ende des vorigen Jahrhunderts eine Glanzzeit erlebt hatte, völlig in Vergessenheit. In anderen Ländern dagegen, vor allem in den Vereinigten Staaten und in der Sowjetunion, widmet man ihrem Studium und ihrer Anwendung wachsende Aufmerksamkeit.

In Frankreich liegen nur die alten, klassischen Arbeiten von LIÉBEAULT, BERNHEIM, CHARCOT usw. vor, aber keine Werke, in denen die neuen Gegebenheiten der Hypnose behandelt werden.

Wir hoffen, daß das vorliegende Buch in seinem bescheidenen Rahmen nützliche Informationen über diese so alte und trotzdem immer noch heftig umstrittene Psychotherapie gibt. Es wird vielleicht einige Forscher zu intensiveren Untersuchungen auf diesem an Perspektiven so reichen Gebiet anregen.

Léon Chertok

Einführung

Das goldene Zeitalter der Hypnose (1880–1890) fällt mit der Glanzzeit der französischen Medizin zusammen. In dieser Periode erfreute sich die Hypnose offizieller Anerkennung durch die Ärzteschaft. Eine ganze Reihe großer Mediziner der damaligen Zeit interessierte sich für die Hypnose und studierte sie.

Der erste »Internationale Kongreß über experimentellen und therapeutischen Hypnotismus« fand vom 8. bis 12. August 1889 unter dem Ehrenvorsitz von CHARCOT, BROWN-SEQUART, BROUARDEL, CHARLES RICHET, AZAM, LOMBROSO und MESNET im Hôtel-Dieu in Paris statt. Zu den Teilnehmern zählten neben LIÉBEAULT und BERNHEIM: DEJERINE, JANET, BABINSKI, FOREL, MAGNAN, FREUD, SCHRENCK-NOTZING und WILLIAM JAMES. Den Vorsitz übernahm DUMONT-PALLIER, Chefarzt am Hôtel-Dieu, Generalsekretär der *Société de Biologie*.

Die Periode des Abstiegs begann mit dem Tode CHARCOTS (1893).

Zur Erläuterung dieses Verfalls läßt sich anführen, daß die französische *Revue de l'Hypnotisme Expérimental et Thérapeutique* (Zeitschrift für experimentellen und therapeutischen Hypnotismus), die von 1886 bis 1889 unter diesem Namen erschien, 1890 den Titel *Zeitschrift für Hypnotismus und physiologische Psychologie* erhielt und 1909 in *Zeitschrift für Psychotherapie und angewandte Psychologie* umbenannt wurde; unter dieser Bezeichnung kam sie bis 1914 heraus. Von 1922 bis 1934 erschien sie dann als *Zeitschrift für angewandte Psychologie*.

Die Hypnose ging damals völlig unter; es kam sogar so weit, daß man die Existenz hypnotischer Phänomene quasi abstritt. BABINSKI konnte daher 1910 behaupten, die Hypnose sei eine Art Simulation wie die Hysterie. Diese Vorstellung hat sich übrigens bei gewissen Ärzten bis heute gehalten. Bezeichnend ist auch die Tatsache, daß unser Freund

KouPernik vor einigen Jahren in einem Bericht, den ein Wochenblatt anläßlich des Besuchs eines Hypnotiseurs in einem Varietétheater[1] brachte, es für notwendig hielt, die Existenz hypnotischer Phänomene nachdrücklich zu beteuern.

Janet meinte 1919, beim Niedergang der Hypnose handle es sich nur um »ein vorübergehendes Verschwinden«[2], »einen momentanen Unfall ... in der Geschichte der Psychotherapie«[3]. Er sagte auch: »Sobald die Mode ihre Runde gemacht hat, wird sie die hypnotische Suggestion als Behandlungsmethode wiederbringen, wie sie uns die Hüte unserer Mütter wiedergebracht hat.«[4] Janet war übrigens der einzige, der immer ein gewisses Interesse für die Hypnose bewahrte. Erwähnt sei noch ein anderer Autor, Parcheminey, der sich 1932 dem Studium der Hypnose von der Psychoanalyse her zuwandte.

Es ist schwer, im Rahmen einer Studie, die ich kurz halten will, ein so umfassendes Gebiet durchzuarbeiten. Ich möchte im ersten Teil einen kurzen geschichtlichen Überblick geben, die aufgestellten Theorien darlegen, die Beziehungen zwischen Hypnose und Schlaf untersuchen, der Tierhypnose ein Kapitel widmen und schließlich die Frage der Hypnotisierbarkeit oder Suggestibilität behandeln. Anschließend werde ich von den therapeutischen Anwendungen und Indikationen sowie vom Hypnose-Unterricht sprechen. Der zweite Teil wird dann den technischen Problemen gewidmet sein.

---

[1] Hier sei daran erinnert, daß bei den großen Medizinern nach Teilnahme an öffentlichen Hypnose-Vorführungen Interesse an den hypnotischen Phänomenen erwachte. Das war der Fall bei Braid, der mit seinen Arbeiten begann, nachdem er die Demonstrationen des berühmten Magnetiseurs der damaligen Zeit, Lafontaine, in Manchester gesehen hatte; Freud wiederum erklärte, seine Überzeugung von der Wirklichkeit hypnotischer Phänomene habe er bei der Beobachtung Hansens gewonnen. Und Charcot wurde von den Demonstrationen Donatos beeinflußt.

[2] und [4] *Les médications psychologiques*. Alcan, 1919.

[3] *La médecine psychologique*. Flammarion, 1923.

[4] siehe Fußnote [2]

Erster Teil

Theorie und Praxis

I
Kurzer geschichtlicher Überblick

Die Einführung der Psychologie in den Bereich der medizinischen Wissenschaften ging besonders stürmisch vor sich.

Sie erfolgte, wie man weiß, zu Ausgang des 18. Jahrhunderts unter leidenschaftlichen Debatten, deren Echo uns heute noch im Ohr ist.

Es ist nicht übertrieben zu behaupten, daß der Kampf mit den Entdeckungen MESMERS einsetzte. MESMER begann mit »magnetischen« Metallen zu arbeiten und entwickelte nach und nach die Theorie vom tierischen Magnetismus[5]. Seiner Meinung nach konnte ein wohltuendes magnetisches Fluidum von einem Wesen auf ein anderes übertragen werden. Nach der Herstellung des »Rapports« zwischen dem Therapeuten und dem Patienten und nach kürzeren oder längeren Manipulationen seitens des Therapeuten führte dieser mit Hilfe »magnetischer Striche« eine »Heilkrise« (eine Art konvulsive Krise) herbei. Besondere Sorgfalt widmete man der Atmosphäre, in welcher die Gemeinschaftssitzungen stattfanden (wir würden heute von einer Gruppenpsychotherapie sprechen): Der Meister trug ein Gewand aus lila Seide, und eine wichtige Rolle spielte die Musik (MESMER war mit MOZART befreundet).

Eine so komplexe Persönlichkeit wie MESMER mußte zwangsläufig umstritten sein: Er hatte Anhänger und scharfe Gegner. Freilich bot er des öfteren Anlaß zur Kritik; aber man muß doch eingestehen, daß er es war, der als erster eine experimentelle Untersuchung jener psychotherapeutischen Beziehung unternahm, die bis dahin durch die diversen Zauberpraktiken aus dem Blickfeld verdrängt worden war.

Man darf auch nicht vergessen, daß im 18. Jahrhundert, dem Jahrhundert der Enzyklopädisten, Aberglauben, Hexerei und viele andere Geheimpraktiken noch immer blühten.

---

[5] *Mémoire sur la découverte du magnétisme animal*, 1779. *Précis historique des faits relatifs au magnétisme animal*, 1781.

Man verbrannte damals noch Hexen (die letzte kam 1782 um). MESMER, ein gebildeter Mann, vertrat eine Theorie, die er für physiologisch und rationalistisch hielt, und er glaubte an die Existenz eines Fluidums, das seiner Meinung nach ebenso wirklich und materiell war wie beispielsweise die Wirkungsweise eines Magneten.

MESMER setzte jedoch die Wirkung des tierischen Magnetismus nicht der Wirkung des Magneten gleich. Er bekämpfte sogar derartige Auslegungen bei seinen Kritikern, die ihn beschuldigten, PARACELSUS zu plagiieren.

Er hatte die Verwendung des Magneteisens 1776 aufgegeben und schrieb 1779, der tierische Magnetismus unterscheide sich klar von der Kraft des Magneten. Im selben Werk sagte er im Hinblick auf die seltsamen Resultate, die durch die Anwendung des Magneten erzielt wurden, den Magneten lasse ein anderes Prinzip wirken, und er sei von sich selbst aus zu dieser Wirkung auf die Nerven nicht fähig. Das zeige ihm, daß er einige Schritte tun müsse, um zu der imitativen Theorie zu gelangen, die das Ziel seiner Forschung sei[6].

VOUTSINAS meinte (1960), diese »imitative Theorie« sei nichts anderes gewesen als die Suggestion, auf die MESMER gestoßen war, die er aber nicht zu formulieren vermocht hatte. Einige Jahre später drückte sich MESMER weniger deutlich aus, als er sagte, der Mensch besitze ähnliche Eigenschaften wie der Magnet, und »der Magnet liefert uns das Modell des Mechanismus des Universums«[7].

PUYSÉGUR[8] erklärte 1813: »Das Wort Magnet ist, wie die Worte Dichte, Elektrizität, Schwere usw., nur ein gebräuchliches Substantiv, das man zur leichteren Verständigung wählte und das keinerlei Substanz bezeichnete.«[9]

---

[6] *Mémoire sur la découverte du magnétisme animal*, 1779.
[7] *Mémoire de F. A. MESMER sur ses découvertes An VII.*
[8] *Appel aux savants observateurs.*
[9] Ähnliche Betrachtungen ließen sich über den Begriff Libido anstellen. Wie VOUTSINAS bemerkte, kann man die Entdeckungen MESMERS ebensowenig alle auf den Fluidismus zurückführen, wie man jene FREUDS auf die Libido beschränken darf.
Die Motive der Kritiker MESMERS und der Gegner FREUDS haben einen gemeinsamen Nenner: unbewußte Unterordnung unter sexuelle Tabus. Als FREUD offen über sexuelle Probleme sprach, beschuldigte man ihn des Pansexualismus. MESMER erwähnte keine sexuellen Probleme,

Die Öffentlichkeit interessierte sich für MESMERS Experimente nicht wegen seiner rationalistischen Tendenzen, sondern aus andersgearteten Motiven: Das Ende des 18. Jahrhunderts fiel in Frankreich mit dem Auftauchen der romantischen Empfindsamkeit zusammen, da die gefühlsmäßigen Bedürfnisse, die lange durch die Gebote des Zeitalters der Vernunft unterdrückt worden waren, volle Befriedigung verlangten. MESMERS Experimente fielen auf fruchtbaren Boden, sein magnetisches Fluidum bekam sofort einen mystischen Charakter.

In MESMERS Verfahren spielte zwar der »Rapport« eine Rolle, aber der Meister befaßte sich nicht mit diesem Aspekt; er interessierte sich einzig für die Physiologie. Als der Marquis DE PUYSÉGUR 1784 MESMER von seiner Entdeckung des künstlich herbeigeführten Somnambulismus und von der Möglichkeit, mit dem Behandelten verbale Verbindung aufzunehmen, in Kenntnis setzte, spielte MESMER die Bedeutung des Phänomens herunter.

Er wußte bereits um die Existenz eines derartigen Phänomens, hatte sich jedoch nicht dabei aufgehalten. Er wollte auf dem Gebiet der Physiologie bleiben. Deshalb kann man in ihm den Initiator der physiologischen Richtung in der Erklärung der Hypnose sehen. Die Psychologie war für MESMER ein Produkt der Imagination und als solches schwer zu untersuchen.

Psychoanalytisch gesprochen, könnte man bei MESMER das Vorhandensein von Problemen der Gegenübertragung vermuten. Er maß anscheinend der konvulsiven Krise des Patienten Bedeutung bei, während sich PUYSÉGUR mit einer verbalen Verbindung »begnügte«. Wir werden später sehen, warum.

Hier muß übrigens betont werden, daß das Phänomen der Krise unter verschiedenen und nicht notwendigerweise konvulsiven Erscheinungsformen schon lange als eine Wendung im Krankheitsverlauf mit begrüßenswerter Wirkung bekannt war. Auch die seit JANET und BREUER angewandte kathartische Methode ist mit dem Begriff der Krise verbunden. Man darf annehmen, daß die Vor-

---

aber seine Gegner nahmen sie wahr: Die königlichen Kommissare veröffentlichten 1784 neben dem offiziellen Bericht einen vertraulichen, in dem von einer Erregung sexueller Natur bei den magnetisierten Patienten die Rede war.

stellung von einer umfassenden emotionalen Wendung und von einem schmerzhaften Übergang zum Weg der Heilung (was von manchen vielleicht als Buße ausgelegt wurde) die von FREUD gegebene Erklärung für den Heilmechanismus der Psychoanalyse spürbar prägte. Er sagte in seinen *Vorlesungen zur Einführung in die Psychoanalyse*: »... Es widerstrebt aber unserem energetischen Denken, daß man durch eine winzige Kraftanstrengung eine große Last sollte bewegen können, wenn man sie direkt und ohne Hilfe geeigneter Vorrichtungen angreift. Soweit die Verhältnisse vergleichbar sind, lehrt auch die Erfahrung, daß dieses Kunststück bei den Neurosen nicht gelingt.« FREUD vertrat die Ansicht, daß die »hypnotische Suggestion«, die nur eine leichte Kraftanstrengung darstellt, wie »eine Kosmetik« wirke, die »psychoanalytische Suggestion« dagegen wie »eine Chirurgie«.

Man weiß, welches Schicksal dem tierischen Magnetismus beschieden war und welches Urteil die Mitglieder der *Académie des Sciences* und der *Société Royale de Médecine* (Akademie der Wissenschaften und Königliche Gesellschaft für Medizin) 1784 fällten. Die Kommissare verfaßten einen sehr gründlichen Bericht, in dem sie zahlreiche hypnotische Phänomene schilderten und sogar gewisse heilende Elemente konstatierten. Doch sie schrieben dies alles der Einbildung zu und glaubten dadurch den tierischen Magnetismus MESMERS zu verdammen. Sie bewiesen, »daß auch die Einbildung ohne Magnetimus Krämpfe erzeugen kann, dagegen der Magnetismus ohne Einbildung nichts...«

Die Mitglieder der Akademie der Wissenschaften hoben also, ohne es zu wollen, die Rolle des psychologischen Faktors in der zwischenmenschlichen Beziehung hervor. Ihre Berichte stellten somit, wie RAYMOND DE SAUSSURE bemerkte, die ersten Dokumente über die experimentelle Psychologie dar.

Interessant ist, daß PARACELSUS (1493–1541), der als einer der Vorläufer der von MESMER entwickelten Theorie des tierischen Magnetismus angesehen wird, bereits vom gewissermaßen »Psychologischen« oder »Rationalen« der »magnetischen Phänomene« sprach. »Nehmt die Einbildung und das Vertrauen weg«, pflegte er hinsichtlich der letzteren zu sagen, »und ihr werdet gar nichts erhalten.« Oder: »Der Gegenstand eures Glaubens mag wahr oder imaginär sein, ihr werdet dasselbe Resultat erzielen.«

Den Bericht der Akademie der Wissenschaften hatten neben anderen Bailly, Franklin, Guillotin und Lavoisier unterzeichnet. Die Beobachtungen der Beauftragten der Akademie basierten auf der Untersuchung von Patienten des Mesmer-Schülers Deslon. Mesmer protestierte gegen diese Art des Vorgehens und schlug ein streng wissenschaftliches Verfahren mit Kontrollgruppen vor. Er wollte, daß man 24 nach seiner Methode behandelte Patienten und eine gleiche Zahl nach den damals üblichen Methoden behandelter Patienten untersuchte. Sein Vorschlag wurde nicht angenommen.

Die wichtige Rolle der Imagination bei der Erzeugung »magnetischer« Phänomene war bereits vor den Arbeiten der Mitglieder der Akademie angedeutet worden, was Deslon schon 1780 zu folgender, von gesundem Menschenverstand geprägter Replik veranlaßt hatte: »Wenn die Therapie durch die Einbildungskraft die wirksamste ist, warum sollen wir uns dem nicht beugen und durch die Einbildungskraft heilen?« Einige Autoren sehen hierin die Anfänge der Psychotherapie.

Damals brach sofort der Kampf aus. Anfangs, während der ersten Hälfte des 19. Jahrhunderts, standen die »Fluidisten« den »Animisten« gegenüber. Dann wurde er zu einer Gegnerschaft zwischen den Anhängern der physiologischen Richtung und den Parteigängern der psychologischen Interpretation. Braid widerlegte (1843) endgültig die Theorie des Fluidums und bezeichnete, um seine Gegnerschaft deutlich zum Ausdruck zu bringen, die bis dahin unter dem Namen »tierischer Magnetismus« zusammengefaßten Phänomene als »Hypnotismus«. Er wartete mit einer neurophysiologischen Hypnosetheorie auf, derzufolge die Hypnose durch visuelles Fixieren[10] erreicht wurde (später anerkannte er auch die Verbalsuggestion). Doch Liébeault[11] gebührt das Verdienst, als erster die Suggestion auf breiter Ebene zu therapeutischen Zwecken angewandt zu haben.

Liébeault galt als entschiedener »Antifluidist«. Aber diese Meinung mußte später revidiert werden. Tatsächlich gab er 1883 in

---

[10] Diese Technik findet man bereits in den Praktiken MESMERS, doch er hielt sie nicht für ein auslösendes Mittel.

[11] *Du sommeil et des états analogues.* Masson, 1866.

seiner kleinen Schrift *Etude sur le zoomagnétisme* zu, daß die hypnotische Wirkung entweder auf psychologische Beeinflussung oder auf »die direkte nervliche Wirkung von Mensch zu Mensch« zurückgeführt werden könne.

Das hier erwähnte Werk ist kaum bekannt und scheint sogar Janet entgangen zu sein, der es in seinen *Médications psychologiques* nicht erwähnt. Wir selbst stießen bei unseren bibliographischen Recherchen über die Tierhypnose darauf, weil wir wegen des Titels glaubten, es behandle unser Thema. Doch für Liébeault war der Zoomagnetismus gleichbedeutend mit dem tierischen Magnetismus oder der Humanhypnose. Diese Kuriosität ist es wert, hier erwähnt zu werden.

Liébeault beschreibt in seinem kleinen Werk die Entwicklung, die er durchmachte, bis er von einer deutlich antifluidistischen Stellungnahme aus zu einer Ansicht gelangte, die eine direkte Einwirkung zugestand. Im Jahre 1868, nachdem er die Hypnose acht Jahre lang praktiziert hatte, waren ihm die ersten Zweifel gekommen. Eine Bemerkung Dupotets, eines bekannten Magnetiseurs der damaligen Zeit, hatte ihn stutzig gemacht. Dupotet hatte gesagt, jedes schlafende Kind könne durch Bestreichen magnetisiert werden. 1880 hatte er sich dann entschlossen, selbst mit wachen Kindern zu experimentieren, die an Diarrhö, Erbrechen, Anorexie, Bronchitis, Keuchhusten usw. litten. Er berichtete über 45 Fälle; 32 davon betrafen Patienten im Alter zwischen zwei Monaten und drei Jahren. Er hatte zufriedenstellende Ergebnisse erzielt. Sein Verfahren bestand in Berührung ohne Druck und ohne jede Verbalsuggestion (Liébeault glaubte übrigens, Verbalsuggestion sei bei Kindern unter drei Jahren wirkungslos.) Er deutete seine Erfolge als Auswirkung eines »Zoomagnetismus oder einer Nerventätigkeit, die von einem Lebewesen auf ein anderes ausgeübt wird«. Dann stellte er sich die Frage: »Kann jedermann diese Berührung praktizieren?« Seine Antwort darauf war negativ, was er mit dem Argument begründete, manche der Kinder hätten stundenlang in den Armen ihrer Mütter gelegen, ohne daß sich ihr Zustand gebessert hätte. Er stellte die Hypothese auf, wirksam »berühren« könnten einzig »Menschen mit gut entwickeltem Nervensystem oder solche, deren Energieverbrennung im Blut stark ist«. Liébeault umriß seine Position folgendermaßen:

»Obwohl psychologischer Magnetiseur und lange ein Gegner der Theorie des Fluidums, ist es mir nicht mehr möglich zu behaupten, daß gewisse Phänomene nicht auf die Wirkung eines Organismus auf einen anderen, ohne irgendeine Intervention des bewußten Denkens der Versuchsperson, zurückzuführen seien. Die Wahrheit ist auf beiden Seiten zu suchen, und es ist an der Zeit, daß man aufhört, sich gegenseitig zu beschuldigen, Opfer imaginärer Überzeugung zu sein, und daß man sich endlich versteht.«

Wie lassen sich heute die von LIÉBEAULT geschilderten Fälle beurteilen? Zuerst einmal muß man sagen, daß ihnen die wissenschaftliche Genauigkeit abgeht: So werden zum Beispiel die Resultate nicht durch Kontrollgruppen gestützt. Doch die modernen psychosomatischen Gegebenheiten erhellen diese Resultate ein wenig. Die meisten Krankheiten der beobachteten Kinder waren, wie man heute sagen würde, psychosomatischer Natur, und die enge Verbindung dieser Symptome mit der mütterlichen Angst ist bekannt. Die positiven Resultate könnte man in einigen Fällen durch die psychotherapeutische Beeinflussung erklären, die bei den Kontakten des Therapeuten mit der Mutter automatisch erfolgte und aus der sich das Verschwinden der Symptome beim Kind herleitete. (Es ist bekannt, daß bestimmte Ernährungsstörungen, wie Erbrechen, Anorexie, usw., häufig nach einer psychotherapeutischen Beeinflussung der Mutter verschwinden.)

In der Folge ging LIÉBEAULT sogar so weit, »magnetisiertes« Wasser zu verwenden (1884). Doch schon bald, als er auf Anregung BERNHEIMS pseudomagnetisiertes Wasser benutzte (Placebo-Effekt) und dieselben Resultate erzielte (1887), bekannte er sich wieder zur großen Bedeutung der Suggestion und legte seinen fluidistischen Glauben ab. Diesen Standpunkt bestätigt sein Werk *Thérapeutique suggestive*, das 1891 erschien. Es sollte jedoch noch nicht LIÉBEAULTS endgültigen Standpunkt darlegen.

Obwohl er keine schriftliche Erklärung zu diesen Thema gab, scheint LIÉBEAULT mit siebenundsiebzig Jahren (1900) den Ehrenvorsitz der *Société d'Etudes Psychiques de l'Est* angenommen zu haben (deren Mitglieder bekanntlich Fluidisten waren).

Zwei Jahre nach seinem Tod stellte BERNHEIM in einem Vortrag im Jahr 1906 fest, daß LIÉBEAULT »trotz seiner psychologischen Auffassung ... die Wirkung des Fluidums nicht völlig ablehnte«.

Das Hin- und Herschwanken LIÉBEAULTS ist zweifellos auf das Fehlen der modernen psychosomatischen Begriffe zu seiner Zeit zurückzuführen. Es erklärt sich aber auch durch irrationale Anregungen, die in der wissenschaftlichen Orientierung oft entscheidend sind.

Während LIÉBEAULT vor allem die Rolle der psychologischen Faktoren der Hypnose untersuchte, widmete sich CHARCOT vorwiegend dem Studium der physiologischen Faktoren.

JANET schrieb (1919) in *Les Médications psychologiques* über dieses Thema: »Zweifellos gab er (CHARCOT) zu, daß in diesen Zuständen seltsame und äußerst wichtige psychologische Phänomene zu beobachten waren; er kannte die Suggestion, er sprach davon und lehnte es nicht ab, sich ihrer gegebenenfalls zu bedienen. Aber er wiederholte unaufhörlich, daß diese psychologischen Phänomene sehr kompliziert und wissenschaftlich schwer nachprüfbar seien ...«

Man wünschte damals ein genaues klinisches Bild und sichere Hinweise zu erhalten. Brachte doch das Ende des 19. Jahrhunderts den Sieg positivistischer Ideen, was sich auf medizinischem Gebiet durch die Hegemonie der Virchowschen Zellularpathologie dokumentierte. Für den Mediziner schien das Psychologische keine sicheren Anhaltspunkte zu bieten. Dies dürfte aber kaum die leidenschaftliche Opposition gegen alles Psychologische hinreichend erklären, die damals aufloderte. Bestimmt haben Elemente unbewußter Natur mitgespielt, die immer zur Wirkung kommen, wenn man mit psychotherapeutischen Problemen konfrontiert wird.

Um die Opposition gegen die psychologische Theorie zu veranschaulichen, möchten wir das Studium der Metalloskopie erwähnen, eines höchst eigenartigen Kapitels in der Geschichte der Medizin, das bestimmt ein gründlicheres Studium verdienen würde. Die Metalloskopie führte übrigens CHARCOT zur Untersuchung der Hypnose. Es ist seltsam zu beobachten, daß die Zeit, von der wir sprechen, die Suggestion ablehnte, während berühmte Mediziner mit der Metalloskopie, mit der Metallotherapie, d. h. Übertragung von Symptomen durch Magneteisen, oder der Fernwirkung von Medikamenten experimentierten.

Die Wirkung von Metallen auf Hysteriker wurde um 1850 von BURQ entdeckt: Er hatte beobachtet, daß bei einer Somnambulen, die einen kupfernen Türknauf berührte, Katalepsie eintrat. Das Phänomen blieb aus, wenn man den Knauf mit einem Stück Handschuhleder abdeckte.

BURQ studierte die Metalloskopie fünfundzwanzig Jahre lang und wandte sich 1876 an CLAUDE BERNARD, den damaligen Präsidenten der *Société de Biologie*. Dieser bestimmte eine Kommission (bestehend aus CHARCOT, LUYS und DUMONTPALLIER), die die von BURQ berichteten Tatsachen prüfen sollte. Die Kommission experimentierte ein Jahr lang in der Abteilung CHARCOTS mit Hysterikern und erstellte einen Bericht, in welchem sie die Entdeckung BURQS bestätigte. »Die Erforschung der Metalloskopie«, erklärte

Dumontpallier 1889 auf dem Kongreß für Hypnotismus, »sollte die Mitglieder dieser Kommission zur Untersuchung der Wirkung von Elektrizität, Elektromagneten, Magneteisen und den verschiedenen Verfahren der Magnetiseure führen, um den Somnambulismus, die Katalepsie und die Lethargie zu ergründen.« Er fügte hinzu: »Die erwartungsvolle Aufmerksamkeit bei der Suggestion hat nichts zu suchen in bestimmten entscheidenden Situationen bei der Hypnose«, denn es seien, wie Dumontpallier meint, physikalische Kräfte, die die Hypnose bewirkten: das Licht, die Temperatur, die atmosphärischen Schwankungen, die Elektrizität, die Magneten. Alle diese Kräfte würden zu »Veränderungen des Nervensystems führen«.

Die Schule der Salpêtrière in Paris mit Charcot an der Spitze sah in der Hypnose einen pathologischen Zustand, eine künstlich herbeigeführte hysterische Neurose[12]. Die Schule von Nancy, vertreten vor allem durch Bernheim, Liébeault, Beaunis und Liégeois, bezeichnete die Hypnose dagegen als normales psychologisches Phänomen.

Zwischen den beiden Schulen fand ein erbitterter Kampf statt. Nebenbei sei erwähnt, daß Geister wie Janet und Freud anfangs die Schule der Salpêtrière verteidigten.

Janet ergriff auf dem Kongreß für Hypnotismus im Jahr 1889 nach dem Bericht Bernheims das Wort. Er sagte: »Ich stelle mich auf den ausschließlich psychologischen Standpunkt, und ich glaube, daß sogar auf diesem Gebiet Herr Bernheim gefährliche Ansichten geäußert hat, die zur Unterdrückung jeder Art von Determinismus führen würden; ich meinerseits zögere nicht zu behaupten, daß diese Interpretationen ebenfalls antipsychologisch sind, denn die Psychologie hat ebenso wie die Physiologie Gesetze, welche die Suggestion nicht drehen und wenden kann.«

Freud verteidigte 1888 in seinem Vorwort zu Bernheims Buch die Schule der Salpêtrière ebenfalls. Ihn beunruhigte eines: Wenn man annahm, daß die Suggestion alle hypnotischen Phänomene herbeiführen konnte, mußte man glauben, daß sie auch die Hysterie hervorrief; und das wollte Freud nicht anerkennen.

---

[12] Obwohl er die Hysterie als Geisteskrankheit ansah, fühlte sich Charcot nicht versucht, die psychologischen Faktoren der Hypnose gründlich zu erforschen.

FERENCZI versuchte in der Folgezeit (1909) die Standpunkte der beiden Schulen einander zu nähern, indem er die Wohlbegründetheit beider Theorien aufzeigte. Um das zu tun und die hypnotische Beziehung zu erfassen, nahm er den Begriff der Freudschen Übertragung wieder auf.

Die Symptome der Hysterie entstehen, ebenso wie die Erscheinungsformen des hypnotischen Zustands, in Zusammenwirkung mit Affekten, die der Patient im ersten Fall gegenüber einer wichtigen Person seiner Vergangenheit empfindet und im zweiten Fall gegenüber dem Hypnotiseur.

Der Sieg der Schule von Nancy wurde im Ausland anerkannt. Unter anderem bekannte sich die PAWLOW-Schule zur großen Bedeutung der Suggestion und des interpersonellen »Rapports«, untersuchte diese jedoch nicht gründlich. Sie begnügte sich damit, die Suggestion mit physiologischen Ausdrücken zu formulieren.

So schrieb NIKOLAJEW 1927 in einer Sprache, die an jene DUMONTPALLIERS erinnert, die Hypnose werde durch eine Stimulierung mittels physikalischer Kräfte[13] erzielt, die er in folgende Rangordnung brachte: Die wirksamsten seien thermische oder Wärmereize, gefolgt von den taktilen oder Berührungsreizen und den auditiven oder auf das Gehör wirkenden Reizen. Die Russen wandten oft sogar die »Passes« (magnetischen Striche) an und gaben ihnen eine physiologische Definition Es handelte sich um Berührungsreize (PAWLOW) oder Wärmereize (NIKOLAJEW). Man führte auch Licht-»Passes« ein, die für einige als visuelle Reize wirkten (IWANOW-SMOLENSKI), für andere als Wärmereize (NIKOLAJEW).

Nebenbei sei erwähnt, daß sich bestimmte amerikanische Autoren (KLEMPERER, 1947) für die »Passes« aussprachen und sie psychodynamisch interpretierten: Das leichte Streichen der Stirn begünstige den Schlaf durch die Beschwörung von Kindheitserinnerungen.

CHARCOT überzeugte die Mitglieder der Akademie (1878 bis 1882) vom wirklichen Vorhandensein der hypnotischen

---

[13] Wir werden später sehen (S. 59 ff.), daß die jüngsten Hypnosetheorien, die von der Psychologie des Ich und den Arbeiten über die »sensorielle Isolierung« beeinflußt sind, die Bedeutung der physikalischen Komponente in der Induktion und Erklärung der Hypnose unter neuem Gesichtspunkt wieder aufwerten.

Phänomene, worauf diese Gegenstand von Forschungen wurden. Die Achtung für die Hypnose überlebte jedoch den Tod CHARCOTS nicht. Man hörte in Frankreich auf, sie zu untersuchen. Im Ausland war der Niedergang weniger deutlich. Dort erwachte nach dem Ersten Weltkrieg neues Interesse an der Hypnose, doch unter den Medizinern besteht auch heute noch eine gewisse Zurückhaltung, und man muß sie unaufhörlich von der realen Existenz der Hypnose überzeugen. In die Reihe der Berichte jener wissenschaftlichen Gesellschaften, die die Geschichte der Hypnose prägten, fügt sich der Bericht der *British Medical Association* aus dem Jahr 1955 ein, welcher die Hypnose in Großbritannien offiziell rehabilitierte.

Im Jahr 1958 nahm die *American Medical Association* die Hypnose in die medizinische Therapie auf, indem sie ihre Anwendungsbedingungen präzisierte.

Im Bericht der *American Psychiatric Association* von 1961 heißt es:

»Die Hypnose ist eine psychiatrische Spezialmethode und stellt als solche einen Aspekt der Beziehungen zwischen Arzt und Patient dar. In der psychiatrischen Praxis bildet die Hypnose ein Hilfsmittel, das bei der Untersuchung, bei der Diagnostik und in der Behandlung angewandt werden kann. Sie vermag auch auf anderen Gebieten der medizinischen Praxis und Forschung Dienste zu leisten.«

Interessant ist, daß sich die von der *British Medical Association* eingesetzte Untersuchungskommission lange an dem Bericht orientierte, den HUSSON 1831 vor der *Académie Royale de Médecine* gehalten hatte. Die Mitglieder der Kommission erklärten tatsächlich, daß »die Schlußfolgerungen dieses Berichts von bemerkenswertem Weitblick und zum großen Teil heute noch gültig sind«[14]. Das macht deutlich, daß in hundertdreißig Jahren der Fortschritt auf dem Gebiet der Hypnose bemerkenswert gering war im Vergleich beispielsweise zum Fortschritt in der Physik, ganz zu schweigen von der Astronautik ...

---

[14] Angemerkt sei, daß HUSSONS Bericht von der Akademie reserviert aufgenommen, daß er nicht öffentlich diskutiert und nicht gedruckt wurde.

In Frankreich wurde die Hypnose völlig abgelehnt. Nach den letzten von Janet erschienenen Arbeiten, die aus dem Jahr 1918 stammten, herrschte (mit Ausnahme des bereits erwähnten Artikels von Parcheminey) Schweigen. Zweifellos wandten vereinzelte Forscher die Hypnose inoffiziell noch manchmal an[15]. Das allgemeine Klima aber war feindselig, was besonders deutlich bei den ehemaligen Schülern Babinskis spürbar wird[16].

Einerseits ging man so weit, die Existenz der Hypnose überhaupt zu verneinen; andererseits wurde die Hypnose für wirkungslos und gefährlich erklärt und als Mischung aus Spiel, Schwindel und Simulation hingestellt[17].

Der Verfall der Schule von Nancy hatte bekanntlich in dem Augenblick begonnen, da sie der Suggestion größere Bedeutung beimaß als der Hypnose. Und nun gab es nichts mehr als die Suggestion. Ein gutwilliger Apotheker, Coué, hielt sich für den Nachfolger dieser Schule, als er die berühmte Autosuggestion einführte, die überraschenderweise weltweites Echo fand. Doch nach dem Tode Coués (1926) begann die Beliebtheit seiner Methode zu schwinden.

In den dreißiger Jahren versuchte ein anderer Apotheker, Brotteaux, die Hypnose mittels Chemotherapie anzuwenden: » ... die hypnotische Technik von Liébeault, Richet, Janet usw.«, sagte er, »wird dank einer wirksameren und

---

[15] BERILLON, dessen Name die Glanzzeit der Hypnose beschwört (er war Generalsekretär des Hypnose-Kongresses von 1889 und Chefredakteur der *Revue de l'Hypnotisme*), praktizierte bis zu seinem Tod im Jahr 1948 die Hypnotherapie gemäß der Vorstellungen vom Ende des vorigen Jahrhunderts.

[16] Eine Psychobiographie dieses Autors offenbart vielleicht bei ihm eines Tages unbewußte Affektprobleme hinsichtlich seines Lehrers CHARCOT. Sicher ist, daß BABINSKI, obwohl ein großer Neurologe und verdienstvoller Forscher, nicht die geniale Intuition seines Lehrers besaß und die psychologischen Probleme in der Genese gewisser Krankheitserscheinungen nicht vorausahnte.

[17] Diese Haltung findet man auch heute noch, wie die Ideen bezeugen, die ein Psychiater in seiner – übrigens sehr höflichen – Kritik der zweiten Auflage des vorliegenden Werkes vorbrachte. Er vertrat tatsächlich die These von der Wirkungslosigkeit der Hypnose und ihrer betrügerischen Natur und schlug vor, man solle die alte Debatte über dieses Thema wieder eröffnen (*Ann. méd.-psychol.*, 1962, 120, I, 1, S. 190).

wissenschaftlicheren Methode der Anwendung der Hypnose rehabilitiert werden.«[18]

Er führte die medikamentöse Hypnose mittels Skopochloralose herbei und wandte anschließend therapeutische Suggestionen an. Dieses Verfahren sollte dem »Torpedieren« der Hysteriker mit faradischem Strom, das in den Krankenhäusern praktiziert wurde, ein Ende machen und es ersetzen. (Noch heute wendet man Stromstöße neben den seit dem Zweiten Weltkrieg eingeführten Amphetaminschocks an.)

Die Psychiater (BARUK und seine Schüler) jedoch, die BROTTEAUX' Arbeiten aufgriffen, ignorierten die psychologische Seite des Verfahrens und die erforderliche interpersonelle Beziehung völlig. Sie zogen den durch das Medikament geschaffenen Bewußtseinszustand nicht in Betracht und glaubten an die unmittelbare chemische Wirkung des Medikaments auf die hysterische Störung.

Seit etwa zwei Jahrzehnten aber ist eine langsame Rehabilitation der Hypnose im Gange.

Im Januar 1951 legten BACHET und PADOVANI der *Société médico-psychologique* eine Arbeit über die Behandlung von Schmerzen Amputierter durch die »averbale« Suggestion vor. Indem sie einfach den Kranken in die Augen sahen, erreichten sie eine »leicht kataleptiforme Dämpfung und manchmal Schlaf«. In einer zweiten Arbeit von BACHET vom November desselben Jahres führte dieser aus, der Zustand, den er durch seine Behandlung erziele, sei eine »Hemmung hypnotischer Art«, für die er eine Pawlowsche Erklärung gab. Es handelte sich, wie wir glauben, um einen hypnotischen Zustand, doch der Urheber vermied jede Verbalsuggestion, um – wie er später erklärte – auf einem wissenschaftlichen Gebiet zu bleiben, näher dem Tierexperiment. Im Januar 1953 legten wir, mit MONTASSUT und GACHKEL, der *Société médico-psychologique* einen Bericht über die klassische Anwendung der Hypnose und der Verbalsuggestion vor[19].

---

[18] *Revue métapsychique,* 1938.
[19] Der letzte Bericht über Hypnose wurde dieser Gesellschaft im Jahr 1889 vorgelegt. Er stammte von CHAMBARD und trug den Titel: »Diskussionsentwurf über die Gefahren des experimentellen Hypnotismus und

Sie betraf die Behandlung einer amnestischen Lücke (Fall 7) durch Suggestion unter Hypnose (die 1949 vorgenommen wurde).

1953 erschien eine weitere Studie, die von zwei Psychiatern (FAURE und BURGER) stammte. Im nächsten Jahr gab LASSNER eine Arbeit über die Anwendung der Hypnose in der Anästhesiologie heraus.

Ebenfalls 1953 erlebte eine Methode Aufschwung, die von der Hypnose abgeleitet worden war: das von J. H. SCHULTZ entwickelte Autogene Training. Seine Ausbreitung erfolgte parallel zur Entwicklung der Hypnose in anderen Ländern. Obwohl das Autogene Training in der Hypnose wurzelte, entging es dem Tabu, mit dem letztere belegt wurde. 1955 erschien der Band »Psychiatrie« der *Encyclopédie médico-chirurgicale* mit einem Kapitel über Hypnose[20]. Die Zahl der in Frankreich erscheinenden Arbeiten bleibt sehr gering. In einer bibliographischen Untersuchung über den Zeitraum von 1955–1960 zählt MONTSERRAT-ESTÈVE fünfhundertfünf der Hypnose gewidmete Titel. Nur neun davon stammen von französischen Autoren.

---

der Suggestion« (*Ann. méd.-psychol.*, 1889, 47, I S. 292–301, Tagung vom 28. Januar 1889).

[20] Es hat nur sieben Seiten, während die Entspannungstechniken acht Seiten füllen und die Narkoanalyse zehn Seiten. Diese Tatsache bezeugt das geringe Interesse, das der Hypnose in Frankreich entgegengebracht wird.

Wir möchten hier erwähnen, daß es in den Vereinigten Staaten drei Wochenschriften gibt, die der Hypnose gewidmet sind, in Großbritannien eine und in Südamerika ebenfalls eine. In Nordamerika bestehen zwei Gesellschaften für Hypnose, und der lateinamerikanische Verband für klinische Hypnose umfaßt achtzehn Gesellschaften in Amerika, drei in Spanien und eine in Italien.

2

Die Theorien

Es ist schwer, eine Definition des Hypnotismus oder der Hypnose zu geben. Die beiden Begriffe haben sehr sinnverwandte Bedeutungen. Der erstere wurde 1843 von Braid geprägt; er wurde ein paar Jahre später in Frankreich eingeführt.

In dem berühmten Wörterbuch von Littré (erschienen 1863) heißt es: »*Hypnotismus:* Begriff aus der Physiologie. Eine Art magnetischer Zustand, den man erzeugt, indem man einen Menschen auf einen glänzenden, ihm sehr nahe vor die Augen gehaltenen Gegenstand blicken läßt.«

Für das Auftauchen des Wortes »Hypnose« läßt sich kein genaues Datum angeben. Das große Universallexikon Larousse erwähnt es erstmals in der Ausgabe von 1865–1890 (Band IX, H–K, erschienen 1873) und gibt folgende Definition: »Schlaf, hervorgerufen vor allem durch länger andauerndes Betrachten glänzender Gegenstände.« Man verwendet die beiden Ausdrücke oft unterschiedslos, wir möchten jedoch darauf hinweisen, daß einige Autoren einen Unterschied machen: Sie sehen die Hypnose als einen Zustand an und den Hypnotismus als die Gesamtheit der Methoden, mit denen dieser Zustand hervorgerufen wird.

Spanische Autoren schlugen vor kurzem eine Änderung der Bezeichnung vor. Sie versuchten die Worte »Hypnose« und »Hypnotherapie« durch »Sophrose« und »Sophrotherapie« zu ersetzen. Sie wollten so von dem magischen Anstrich loskommen, den das Wort Hypnose hat. Doch dieser Versuch scheint uns keineswegs gerechtfertigt. Die vorgeschlagenen Ausdrücke zeigen keine Änderung der Theorie an, wie es der Fall war, als Braid die Bezeichnung »tierischer Magnetismus« durch »Hypnotismus« ersetzte. Man kann sich auch fragen, ob die Aura des Geheimnisvollen, die das Wort Hypnose umgibt, nicht in einigen Fällen einen motivierenden Faktor darstellt, der am Anfang die Herstellung der psychotherapeutischen Beziehung erleichtert und später seinen magischen Charakter verlieren dürfte. Es ist übrigens durchaus denkbar, daß sich Mediziner weigern, eine Beziehung zu ihren Patienten unter diesen Bedingungen herzustellen; und vielleicht bildete diese Weigerung das wirkliche, unbewußte Motiv der spanischen Autoren, als sie eine Änderung der Ausdrücke vorschlugen.

Es ist außerdem sehr gut möglich, daß, worauf uns schon der namhafte Psychosoziologe Otto Klineberg aufmerksam machte, ein neuer Begriff, falls er sich durchsetzte und die Technik dieselbe bliebe, schließlich genau den gleichen »Beiklang« bekommen würde wie der alte.

Deshalb scheint es uns besser, das Wort Hypnose beizubehalten. Im »Manuel alphabétique de psychiatrie« von Porot (1952) wird es folgendermaßen definiert:

»Die Bezeichnung Hypnose gibt man einem unvollkommenen, künstlich herbeigeführten Schlaf besonderer Art.«

Die von der Kommission der *British Medical Association* gebotene Definition (von 1955) ist etwas ausgefeilter. Darin heißt es, die Hypnose sei »ein vorübergehender Zustand veränderter Aufmerksamkeit beim Patienten, ein Zustand, der von einem anderen Menschen hervorgerufen werden kann und in dem verschiedene Phänomene spontan oder als Reaktion auf verbale oder andere Reize auftreten können. Diese Phänomene umfassen eine Bewußtseins- und Gedächtnisveränderung, gesteigerte Empfänglichkeit für die Suggestion, Antworten und Gedanken seitens des Patienten, die ihm in seinem gewohnten Geisteszustand nicht vertraut sind. Unter anderem können im hypnotischen Zustand Phänomene wie die Anästhesie, Lähmung, Muskelstarre und vasomotorische Veränderungen hervorgerufen und unterdrückt werden.«

Wir wollen uns mit diesen Beispielen begnügen. Unter den gebotenen Definitionen kann tatsächlich keine einzige befriedigen. Jede ist Ausdruck der jeweils individuellen Vorstellung, die sich ihr Verfasser von der Art des Phänomens machte, mit dem wir uns im folgenden befassen wollen. Außerdem ist das Gebiet der Hypnose schlecht umrissen, und es gibt keine objektiven Kriterien für den hypnotischen Zustand. Man weiß nicht, was ein Charakteristikum dieses Zustands und was der direkten oder indirekten Suggestion unterworfen ist. Mit anderen Worten: Enthält der hypnotische

Zustand ein Spezifikum oder besondere Elemente, die vom Hypnotiseur ausgehen?

Eine extreme Meinung vertreten jene, die behaupten, alles sei nur Suggestion. Im Gegensatz zu ihnen führen einige andere die spezifische Existenz des hypnotischen Zustandes auf eine fast organische Basis zurück und vergleichen von diesem Gesichtspunkt aus den hypnotischen Zustand mit postenzephalitischen Zuständen, also Zuständen, wie sie nach Gehirnentzündungen auftreten. Die Pawlowsche Schule spricht von einem hypnotischen Zustand als solchem, einem Zustand partiellen Schlafs. SCHULTZ bekennt sich zur Existenz einer reinen Hypnose (des Heilschlafs). Auch KRETSCHMER läßt die Hypnose als solche gelten. Sie ist für ihn sogar in ihre grundlegenden neurophysiologischen und psychophysischen Mechanismen zerlegbar.

Um die Kompliziertheit des Problems zu unterstreichen, möchten wir noch daran erinnern, daß die Trance ein labiler und dynamischer Zustand ist, der von einer Sitzung zur anderen, je nach der psychotherapeutischen Situation, Schwankungen unterworfen sein kann.

SCHILDER machte bereits 1926 auf die Tatsache aufmerksam, daß die Tiefe der Trance – im klassischen Sinn des Ausdrucks – nicht immer einem tiefen Engagement der Persönlichkeit des Patienten in der hypnotischen Beziehung entspreche: Ein Patient im Zustand des Somnambulismus kann in der hypnotischen Beziehung viel weniger engagiert sein als ein anderer, der sich nur in leichter Trance befindet. Schon die alten Autoren sagen, daß die therapeutische Wirkung der Hypnose nicht immer von der Tiefe der Trance abhänge. Unter anderem kann die Trance ihren Schwerpunkt bald stärker auf die psychologische Seite, bald stärker auf die physiologische Seite verlagern. Je nach seiner Persönlichkeit wird der Patient physiologische oder psychologische Strukturen mobilisieren.

Man könnte sich vorstellen – zweifellos eine kühne Hypothese –, daß diese Feststellung eines Tages dazu dienen könnte, um das so schwierige Problem der Organwahl zu erhellen, die der Patient bei der Entscheidung trifft, ob er sich durch eine Psychoneurose oder ein psychosomatisches Leiden ausdrücken soll. Wenden sich vielleicht jene, die in der interpersonellen Beziehung mehr auf der physiologischen Ebene reagieren, dem psychosomatischen Leiden zu und jene, die mehr auf der psychologischen Ebene reagieren, der Psychoneurose?

Obendrein läßt sich gar nicht feststellen, ob ein Patient hypnotisiert ist oder nicht. Bestimmte Patienten glauben, hypnotisiert gewesen zu sein, während sie es nicht waren; andere meinen, nicht hypnotisiert gewesen zu sein, während sie es waren. Es kann auch bewußte, vorbewußte oder unbewußte Simulation vorliegen. Übrigens ist es möglich, daß bestimmte Patienten therapeutischen Nutzen aus der Hypnose ziehen, weil sie sich wirklich in Trance befanden, während anderen derselbe Nutzen zuteil wird, weil sie sich nicht hypnotisieren ließen. Der Kranke sagt sich durch den Widerstand gegen die Behandlung vom Symptom los. Man könnte dieses Verhalten fast als »Flucht in die Heilung« bezeichnen.

Als Beispiel möchten wir den Fall eines etwa sechzigjährigen Mannes anführen, der aus dem Ausland gekommen war, um uns wegen einer reaktiven Depression zu konsultieren. Seit dem Verlust seiner Gefährtin befand er sich in einem Zustand der Trauer, Apathie und völligen Anorexie. Er war überzeugt, daß einzig die Hypnose ihn zu heilen vermöge. Nach seiner Ankunft in Paris, bevor er uns aufsuchte, kam ihm eine frühere Ausgabe des vorliegenden Buches in die Hände. Bei der Lektüre wurde ihm bewußt, wie er uns später erklärte, daß die Hypnotherapie keine so harmlose Behandlung war, wie er es sich vorgestellt hatte. Gleichzeitig wich seine Traurigkeit, und am selben Abend nahm er die erste ausgiebige Mahlzeit seit mehreren Monaten ein. Als er uns am nächsten Morgen aufsuchte, sagte er, er brauche keine hypnotische Sitzung mehr. Ein einfaches psychotherapeutisches Gespräch genügte, um ihn in dem Eindruck, geheilt zu sein, zu bestärken.

Sogar ein fruchtloser Hypnotisierungsversuch bewirkt psychodynamische Wendungen und kann nützliche Abwehrmechanismen mobilisieren.

Wir behandelten einen fünfundfünfzigjährigen Mann, der an wahnhafter Hypochondrie aufgrund depressiver Angstzustände litt. Mehrere zur Unzeit vorgenommene chirurgische Eingriffe hatten den Zustand des Kranken sehr verschlimmert, dessen ganze Sorge sich auf seinen Analbereich konzentrierte. Er ging sogar so weit, die Anlegung eines künstlichen Anus zu verlangen. Alle Behandlungen, einschließlich Ultraschallbehandlung und Schlafkur, waren wirkungslos geblieben. Der Kranke hatte Abführmittel in starken

Dosen geschluckt, um seine hartnäckige Obstipation zu bekämpfen; auch hatte er beträchtliche Mengen Drogen und Alkohol konsumiert, um seine Angstanfälle zu lindern, was sogar zu einem toxischen Zustand mit geistiger Verworrenheit geführt hatte. Es blieb nur mehr die hypnotische Psychotherapie übrig. Zweifellos handelte es sich nicht um einen Fall, der sich für diese Therapie eignete, doch auf das Drängen des behandelnden Arztes und des Patienten nahmen wir probeweise einige Hypnotisierungsversuche vor. Natürlich blieb der stark narzißtische Patient unzugänglich, doch der Widerstand gegen das Engagement im Rapport bewirkte eine Abwehr, die zu einer leichten Besserung führte. Nach vierzehn Tagen konnte er seinen Geschäften wieder nachgehen. Die Behandlung brach er mit der Feststellung ab (die er übrigens sowohl bedauernd als auch triumphierend vorbrachte), man könne ihn nicht »magnetisieren«.

Es gibt keine erschöpfenden Theorien über die Hypnose. Alle Theorien bleiben einseitig. Jede liefert nur eine Erklärung auf bestimmter Ebene.

Es lassen sich im großen ganzen drei theoretische Richtungen feststellen:
1. die aus der Pawlowschen Schule hervorgegangene Richtung;
2. die sich von den Theorien der experimentellen Psychologie herleitende Richtung;
3. und schließlich die unter dem Einfluß der Psychoanalyse stehende Richtung.

Wir werden die drei Richtungen untersuchen, werden bei den Beziehungen zwischen Hypnose und Schlaf verweilen und die Tierhypnose behandeln.

3
Die Pawlowsche Theorie

Die Pawlowsche Schule baute ihre Hypnosetheorie auf den Tierversuch auf. BIRMAN konnte 1925 durch Experimente bei einem Hund, den man an einen Trompetenton als Futtersignal gewöhnt hatte, einen »Wachpunkt« festlegen. Wenn der Hund schlief, wachte er zum Fressen nur bei dem Trompetenton auf und blieb anderen Geräuschen gegenüber, auch lauteren, unempfindlich. Die Gehirnrinde des Hundes wird ständig von »Wachpunkten« in bestimmten Zonen beeinflußt. Auf diesem Weg entwickelte die Pawlowsche Schule ihre Theorie von der Hypnose, die als partieller Schlaf angesehen wurde. Diese Theorie kündigte sich im vorigen Jahrhundert bereits bei LIÉBEAULT, BEAUNIS, BROWN-SEQUART an. Die Hypnose ist ein Zustand, der zwischen Wachen und Schlaf liegt, partieller Schlaf, partielle Hemmung[21], sowohl vom topographischen Standpunkt als auch vom Standpunkt der Intensität. Auf der Gehirnrinde verbleiben »Wachpunkte«, die beim Menschen den »Rapport« zwischen Hypnotisiertem und Hypnotiseur erlauben.

Die Hypnose umfaßt drei Phasen, die man als hypnoide Phasen bezeichnet: die Phase des Reizausgleichs, die paradoxe Phase und die ultraparadoxe Phase. In der Reizausgleichsphase wirken alle bedingten Reize, die schwachen und die starken, in gleicher Weise. In der paradoxen Phase ruft der starke Reiz eine schwache oder keine Reaktion hervor und der schwache Reiz eine starke Reaktion. In der ultraparadoxen Phase kann mit einem negativen »Stimulus« eine Reaktion erzielt werden, d. h. durch einen Reiz, auf den die Gehirnzellen im Wachzustand nicht reagieren. Die paradoxe Phase bezeichnete PAWLOW als »Suggestionsphase«.

---

[21] Der sowjetische Autor SLOBODNIAK schrieb in einer neuen Arbeit (1962): »Obwohl wir die Hypnose (und den Schlaf) mit der Hemmung erklären, kennen wir bis heute nicht einmal die Natur dieser Hemmung, dieses ›verfluchten‹ Phänomens nach Ansicht PAWLOWS.«

PLATONOW erklärt in Anlehnung an PAWLOW, daß die »Phasenzustände« in den physiologischen Zuständen vorübergehend und flüchtig sind, aber in den pathologischen Zuständen wochen- und monatelang anhalten können. Somit können die hypnoiden Phasen einerseits als physiologisches Substrat der Neurosen oder der Psychosen angesehen werden, andererseits aber stellen sie »eine normale Form der physiologischen Abwehr gegen das morbide Agens« dar.

Die Übertragung dieser Theorien auf den Menschen bereitet Schwierigkeiten, weil sich die Sprache einschaltet, die von den Pawlowianern als zweites Signalsystem bezeichnet wird. Das Wort wird zu einem Signal, einem Reiz von ebenso »materiellem« Charakter wie jeder andere physische Reiz. PAWLOW unterstreicht jedoch, daß diese beiden Arten von Reizen nicht verglichen werden können, weder vom quantitativen noch vom qualitativen Standpunkt aus, und zwar wegen der Existenz der erlebten Vergangenheit beim Menschen. Hier ergeben sich Schwierigkeiten, denn die Pawlowsche Schule beachtet die unbewußten Schichten in der affektiven Vergangenheit des Patienten nicht. Außerdem erfolgt die interpersonelle Kommunikation nicht ausschließlich auf verbaler Ebene.

Auf der berühmten Tagung der beiden Akademien (der Wissenschaften und der Medizin) im Jahre 1950, wo das Primat der Pawlowschen Physiologie in der Medizin offiziell anerkannt wurde, empfahlen viele Redner (BIRMAN, GILIAROWSKI, POPOW, PLATONOW, STRELTSCHUK, IWANOW-SMOLENSKI) das Studium und die Anwendung der Hypnose[22], da sie diese für eine Psychotherapie mit physiologischer Grundlage hielten.

Die Psychologie befindet sich seit 1956 auf dem Weg zur Rehabilitation[23] der Hypnose und befreit sich nach und nach vom Einfluß der Physiologie[24]. Immer wieder kann man hö-

---

[22] Welche Entwicklung in der Haltung der Akademieprofessoren seit 1784!

[23] Bezeichnend dafür ist das Erscheinen eines Redaktionsartikels: »Resserrer le lien entre la théorie et la pratique de la psychologie« (Das Band zwischen Theorie und Praxis der Psychologie enger knüpfen) in *Kommunist* (März 1956, Nr. 4, S. 87–93).

[24] Eine wichtige Tagung, an der rund tausend Forscher teilnahmen und die auf Initiative von Mitgliedern der Akademien der Wissenschaften,

ren, daß die Pawlowsche Theorie die Hypnose nicht ganz erklärt. Ein tschechoslowakischer Forscher Pawlowscher Prägung, HORVAI, schrieb 1959: »Die Pawlowsche Hypnosetheorie ist kein Dogma. Es gelang PAWLOW nicht, seine Ideen genügend auszuarbeiten ..., andere sind wiederum völlig hypothetisch.« Alle diese Ideen müssen als Ausgangspunkte für neue Forschungen dienen.

Medizin und Pädagogischen Wissenschaften abgehalten wurde, fand vom 8. bis 12. Mai 1962 in Moskau statt. Sie hatte » die philosophischen Fragen über die höhere nervliche Aktivität und über die Psychologie« zum Thema. Sie bezog Stellung gegen gewisse dogmatische Interpretationen der Beschlüsse, die bei der Tagung von 1950 gefaßt worden waren, und rehabilitierte offiziell die Psychologie, indem sie diese zu einer selbständigen Wissenschaft erhob.

4
Theorie der experimentellen Psychologie

In diesem Kapitel befassen wir uns nacheinander mit folgenden Autoren: HULL, WHITE, SARBIN, WEITZENHOFFER.

Der erstgenannte, HULL, studierte die Hypnose ausgehend von den auf BERNHEIM[25] basierenden Auffassungen. Letzterer hatte, ermutigt durch seine heftige Polemik mit der Schule der Salpêtrière und uneins mit LIÉBEAULT, bekanntlich die kategorische Behauptung aufgestellt, es gebe keine Hypnose, sondern nur die Suggestibilität. HULL, der als Psychologe dem Behaviourismus anhing, begann (1933)[26] die Suggestibilität in einer linearen Dimension zu erforschen. Für ihn hat sie folgende Wirkung: Die verbalen Vorgänge (»symbolic processes«) werden bei der Versuchsperson im passiven Zustand aufrechterhalten, und den verbalen Reizen (»symbolic stimulation«), die der Experimentator ihr übermittelt, wird die Umsetzung in Handlungen ermöglicht. Diese Einstellung kommt dem nahe, was BERNHEIM als »Gesetz des Ideodynamismus« bezeichnete, demzufolge sich unter gewissen Umständen die Vorstellung unmittelbar in Bewegung umsetzen kann. BERNHEIM schloß daraus, die Suggestibilität sei die »Fähigkeit, von einer vom Gehirn angenommenen Vorstellung beeinflußt zu werden und diese in Handlung umzusetzen«.

Mit WHITE erfolgte (1941) eine bemerkenswerte Änderung der Perspektive, denn er bezog den Gesichtspunkt der Motivation mit ein. WHITE definierte das Verhalten in der Hypnose als ganz bezeichnend und auf ein Ziel hin orientiert, welches im wesentlichen darin besteht, sich wie ein hypnotisierter Mensch gemäß den ständig vom Experimentator gegebenen Anweisungen und den Vorstellungen, die sich die Versuchsperson darüber macht, zu verhalten.

---

[25] *Hypnotisme, suggestion, psychothérapie.* Doin, 1891 (deutsch 1892).
[26] *Hypnotism and Suggestibility. Experimental Approach.* Appelton Century, New York 1933.

SARBIN unterstrich (1950) die Bedeutung des »Spiels« (role-taking) im Verhalten des Hypnotisierten, wobei für ihn das »Spiel« ein allgemeines sozialpsychologisches Verhalten darstellte, für das die Hypnose ein besonderes Beispiel bot.

Die Gedanken WHITES und SARBINS wurden vor kurzem (1959) von ORNE wieder aufgegriffen und beträchtlich erweitert.

ORNE war frappiert von der Tatsache, daß die Haltung der Hypnotisierten zu allen Zeiten die herrschenden Vorstellungen von der Hypnose widerspiegelte. Als Beispiel führte er zwei extreme Haltungen an: In den Sitzungen MESMERS traten bei den Patienten, ohne daß diese Verbalsuggestionen erhielten, konvulsive Krisen ein; im Gegensatz aber dazu ließen Patienten, welche die Methode COUÉS (die der Autor als eine der Hypnose zugehörige Technik betrachtet) anwandten, keinerlei äußeres Zeichen der Trance erkennen. ORNE fragte sich nun, ob die Hypnose eine spezifische Basis habe oder ausschließlich ein sozio-kulturelles Produkt sei. Um den Einfluß des Vorwissens (prior knowledge) unter Beweis zu stellen, führte der Autor folgendes Experiment durch:

In einer Vorlesung über Hypnose erklärte er den Studenten, die Katalepsie der dominanten Hand[27] sei eines der charakteristischen Phänomene des hypnotischen Zustands (in Wirklichkeit stimmt das nicht, denn die Katalepsie tritt normalerweise an beiden Händen gleichzeitig auf; doch die gegebene Erklärung schien plausibel). Daraufhin wohnten die Studenten einer Hypnose-Sitzung bei, während der die Versuchspersonen tatsächlich eine Katalepsie der dominanten Hand demonstrierten, weil sie zuvor entsprechende Verhaltensanweisungen bekommen hatten. Bei denselben Studenten trat, als *sie* anschließend hypnotisiert wurden, schließlich auch die Katalepsie der dominanten Hand ein.

In diesem Beispiel erhielten die Versuchspersonen vom Hypnotiseur genaue, wenn auch indirekte Anweisungen über ihr Verhalten. Manchmal allerdings ist es sehr schwer, festzustellen, was in der Haltung des Hypnotisierten auf den Experimentator zurückgeht, da dieser der Versuchsperson das,

---

[27] Unter Katalepsie ist hier die Tatsache zu verstehen, daß die Hand der hypnotisierten Versuchspersonen, wenn der Experimentator sie hebt, in dieser Stellung bleibt.

was er von ihr erwartet, auch unbewußt mitteilen kann. Unter der Bezeichnung *demand characteristics of the experimental situation* (spezifische Erfordernisse der experimentellen Situation) faßte ORNE die Gesamtheit der Anweisungen zusammen, welche die Absichten oder Wünsche des Hypnotiseurs übermitteln (einschließlich der stillschweigenden, averbalen Anweisungen, die vom Experimentator kommen, und der Andeutungen, die vom experimentellen Verfahren selbst ausgehen).

Die »spezifischen Erfordernisse der experimentellen Situation« wirken jedoch nicht nur auf die Person des Hypnotisierten, sondern auch auf jene des Experimentators. Die Hypnose kann in vieler Hinsicht als eine *folie à deux*[28] bezeichnet werden, da jede der beiden in die hypnotische Beziehung verwickelten Personen die Rolle spielt, welche die andere von ihr erwartet. Die Versuchsperson verhält sich, als könne sie den Suggestionen des Hypnotiseurs nicht widerstehen, und der letztere spielt die Rolle einer allmächtigen Person. So wird nicht nur die Versuchsperson eine suggerierte Halluzination erleben, sondern der Hypnotiseur wird auch handeln, als habe die Versuchsperson wirklich Halluzinationen[29].

Diese gegenseitige Beeinflussung von Hypnotiseur und Hypnotisiertem wurde in einem Fall bewiesen, wo der Experimentator, als er seine Versuchsperson kennenlernte, überzeugt war, es mit einem Simulanten zu tun zu haben. In Wirklichkeit vermochte die Versuchsperson in tiefe Trance zu sinken. Aber die folgende Sitzung war ein Mißerfolg, weil sich die Versuchsperson dem Hypnotiseur gegenüber feindlich zeigte, der zwar die üblichen Suggestionen anwandte, aber seine ergänzende Rolle nicht überzeugend zu spielen verstand.

---

[28] Im Text französisch.
[29] Dieses Beispiel stellt natürlich keinen Fall von *folie à deux* im üblichen Sinne dar. Die wahrhafte Überzeugung fehlt hier, und zwar nicht nur beim Hypnotiseur, sondern auch beim Hypnotisierten, dessen Ich immer eine bestimmte Kontrolle der Wirklichkeit bewahrt und jederzeit die wirkliche Situation wiederherstellen kann. Die wörtliche Auslegung von ORNES Ausdruck würde gewisse heutige Gegner der Hypnose mit Freude erfüllen, die gern DUPRÉS launige Frage zitieren, wer verrückter sei, der Hypnotiseur oder der Hypnotisierte.

Brotteaux sprach (1938) nachdrücklich von der unbewußten Verbindung zwischen Hypnotiseur und Versuchsperson. Er erwähnte die Arbeit eines Chirurgen, der Skopochloralose als Adjuvans bei der Anästhesie verwendete. Für Brotteaux beruhte die Hauptwirkung bei der Verabreichung dieser Droge bekanntlich in der Hypersuggestibilität. Der fragliche Chirurg war anderer Ansicht, denn »... theoretisch ließ er die Anwendung der Hypnose und der Suggestion nicht zu: Die Substitution des Willens, so sagte er (der Chirurg), sei das schwerste Vergehen, dessen sich ein menschliches Wesen an seinesgleichen schuldig machen könne«. Brotteaux fügt hinzu: »Das ist die übliche Geschichte in der Hypnose, wo man solche Versuchspersonen erhält, wie man sie wünscht ... Liégeois, Liébeault hatten sehr gelehrige Versuchspersonen, Brouardel, Babinski konnten sie nicht dazu bringen, auf die Suggestionen einzugehen, die nach Ansicht der beiden eine Auflehnung des moralischen Empfindens bewirken mußten. Im Grunde führten die Versuchspersonen in allen Fällen die fundamentale Suggestion aus, die den vorgefaßten Gedanken des Hypnotiseurs entsprach ... Zur Zeit Charcots vertrat man die Ansicht, Hysteriker müßten nervöse Manifestationen mit großem Spektakel demonstrieren ... Dann kam Babinski, der von der Realität dieser Krisen nicht überzeugt war ..., er beobachtete auch keine mehr ... ohne es zu ahnen, suggerierte er seinen Patienten, diese Merkmale der Krankheit nicht mehr zu zeigen.«

Orne hält es für schwierig, das charakteristische Hypnoseverhalten *als solches* zu bestimmen, weil praktisch keine Möglichkeit besteht, »naive« Versuchspersonen zu finden, die vor dem Einfluß ihres sozio-kulturellen Milieus völlig bewahrt blieben. Könnte man den zugrundeliegenden Prozeß von allen sozio-kulturellen Zutaten befreien, würde dieser für den Autor das Wesen der Hypnose darstellen.

Nicht nur in der Hypnose, sondern in jeder Psychotherapie spielen laut Orne die sozio-kulturellen Faktoren eine ganz wesentliche Rolle. Ein psychotherapeutischer Vorgang wird von den Vorstellungen beeinflußt, die sich zu einer gegebenen Zeit die Patienten und die Therapeuten über diese Psychotherapie machen. So entscheiden die Vorstellungen, die über die Dauer einer Psychotherapie herrschen, zum großen Teil den Fortschritt der Behandlung. Sogar ihre Wirksamkeit hängt in bestimmtem Maß von dem Vertrauen ab, das ihr im Gesellschaftsmilieu entgegengebracht wird. Um also das Wesen eines psychotherapeutischen Prozesses bestimmen zu können, müßte man ihn von allen diesen sozio-kulturellen Faktoren trennen.

Die Erwähnung des Einflusses sozio-kultureller Faktoren auf das Verhalten des Hypnotisierten ist zweifellos wichtig. Wir halten diese Faktoren jedoch nicht für so entscheidend wie Orne. Es muß die entsprechende psychobiologische Grundlage dazukommen. Verschiedene »Patterns« können nebeneinander bestehen. So machten beispielsweise am Ende des 18. Jahrhunderts keineswegs alle Hypnotisierten eine konvulsive Krise durch. Auch um den Mesmerschen Eichentrog befanden sich die Kranken nicht ständig in einer Krise; einige promenierten und unterhielten sich miteinander. Darüber gibt es zahlreiche Zeugenaussagen, von denen wir einige anführen wollen. Mahon (1752–1801), Gerichtsmediziner und Historiker der Medizin, der den Behandlungen Mesmers beiwohnte, schrieb in einer kleinen Schrift (vom 31. Juli 1784): »Ich habe Menschen in einem Zustand gesehen, der jenem gleicht, wie man ihn an Somnambulen beobachtet; sie hatten die Augen offen, aber fixiert, sprachen nicht, aber zeigten durch Zeichen, was sie wünschten, und schienen zu verstehen, was man ihnen sagte, zumindest ließ ihr Tun darauf schließen; ... versicherten anschließend, *sich an nichts von dem, was geschehen war, zu erinnern*[30]« (posthypnotische Amnesie).

Der schweizerische Theologe Charles Moulinie (1757 bis 1824) berichtet uns, ebenfalls in einer Broschüre (datiert vom 24. April 1784), daß in der Umgebung Mesmers ein junger, dreizehnjähriger Diener, wenn er magnetisiert war, das Verhalten eines Somnambulen an den Tag legte.

Der berühmte Bericht Baillys (vom 11. August 1784) enthält Beispiele von somnambulem Verhalten. »Man sah Kranke, die ausschließlich Kontakt untereinander suchten und sich, während sie aufeinander zustürzten, anlächelten, liebevoll miteinander sprachen und gegenseitig ihre Krisen linderten.«

Ein anonymer Autor, der an Mesmers Experimenten teilnahm, erklärte (am 3. September 1784), er habe Somnambule gesehen, die bei anderen Magnetisierten der Gruppe den Sitz des Leidens aufgezeigt hätten (die »diagnostische Fähigkeit« galt damals bekanntlich als Eigenschaft der Somnambulen).

Der namhafte Botaniker de Jussieu, einer der Kommissions-

---

[30] Von uns hervorgehoben.

mitglieder der *Société de Médecine*, die anders dachten, erwähnt in seinem Bericht (vom 12. September 1784) den Fall eines jungen Mannes, der ». . . ruhig durch den Saal ging und oft die Kranken berührte ... Wieder in seinem natürlichen Zustand, sprach er, konnte sich nicht mehr an das Geschehene erinnern und nicht mehr magnetisieren. Ich zog keinen Schluß aus dieser Tatsache, die sich mehrmals vor meinen Augen wiederholte.«

AUBIN-GAUTHIER berichtet in seiner *Histoire du somnambulisme* (1842) über den Fall Marguerites, eines fünfundzwanzigjährigen Mädchens, das oft in Somnambulismus verfiel, wenn es von MESMERS Assistenten Dr. AUBRY[31] magnetisiert wurde. Eines Tages, als sie in Abwesenheit dieses Arztes magnetisiert worden war, konnte niemand sie ganz wecken; sie begab sich selbst in die Wohnung von Dr. AUBRY, um sich »entmagnetisieren« zu lassen.

Ungefähr zur selben Zeit magnetisierte PUYSÉGUR den berühmten Hirten Victor, ohne daß dieser irgendeine heftige motorische Reaktion zeigte. Man kann unter diesen Umständen unmöglich sagen, daß er eine Rolle spielte (role-taking). In derselben Richtung liegt die Bemerkung, die der amerikanische Autor PATTIE machte, als er daran erinnerte, daß DE JUSSIEU die »postmagnetische Amnesie« entdeckt hatte: »Diese bislang unbekannte Amnesie konnte zu jener Zeit nicht Eingang in eine Rolle finden.« (Diese Art Amnesie war schon vor DE JUSSIEU verzeichnet worden, wie wir erwähnten, aber das ändert nichts am Problem.)

Die stürmischen Krisen blieben also zur Zeit MESMERS nicht ohne Ausnahme. Anderseits beobachtet man sie auch heute noch beim Hypnotisieren von Personen, die man frei heraus als Hysteriker bezeichnen kann.

Die erste Patientin MESMERS war übrigens höchstwahrscheinlich eine Hysterikerin. Da sich dieses »Pattern« für MESMER für die Gegenübertragung und gleichzeitig für rationelle Motive eignete (die Krise war ein heilkräftiges Nachspiel), widmete er ihm seine ganze Aufmerksamkeit, und seine

---

[31] Bei MESMER gab es zwei Behandlungsräume: einen für die Reichen und einen für die Armen. Die letzteren wurden von dem Meister selbst behandelt, während sich der Assistent den Begüterten widmete.

[32] Im Text hervorgehoben.

Patienten übernahmen es in der Folgezeit durch Imitation. Der Meister hielt den Somnambulismus für einen sekundären, keineswegs wünschenswerten Effekt des magnetischen Zustands; wir meinen jedoch ganz im Gegenteil, daß die konvulsive Krise eine hysterische Begleiterscheinung dieses Zustands ist. Tatsächlich sieht es so aus, als habe die ganze Skala der »hypnotischen Phänomene« bereits im magnetischen Zustand der Zeit Mesmers existiert. Hier stehen wir übrigens vor einem komplizierten Problem, denn es ist schwer, das Echte vom (bewußt oder unbewußt) Simulierten zu unterscheiden. Interessanterweise befaßten sich die alten Autoren bereits mit dieser Seite des Problems. In dem »Geheimbericht« (1784), der parallel zu dem öffentlichen Bericht der Kommission der *Société Royale de Médecine* erschien, hieß es: »Noch ein Mittel gibt es, Konvulsionen hervorzurufen, ein Mittel, für welches die Kommissäre keine direkten, positiven Beweise erhielten, doch sie konnten sich des Verdachts nicht erwehren, daß es sich um eine *simulierte*[33] Krise handelt, die das Signal gibt oder eine große Zahl anderer Krisen durch Imitation bewirkt.« Charles de Villiers schrieb (1887) in *Le Magnétiseur amoureux:* »Ich glaube, daß die Einbildungskraft eine sehr große Rolle beim Magnetismus spielt (und das soll gar nichts Schlechtes heißen, denn ich erkenne vor allem die moralisch wirkende Kraft an). Zweifellos war der erste Somnambulismus keine Auswirkung der Imagination, doch als diese Auswirkung einmal bekannt war, konnte ein somnambuler Kranker sehr gut durch eigene Aktionen seiner Seele in einen solchen Zustand geraten, da ihn das Vorurteil beherrschte, daß der Baum oder die Tonne diesen Zustand bei ihm hervorrufen würden. Ich bin von der Imperfektion dieser Somnambulen überzeugt.« Wir halten es für möglich, daß mehrere Arten des Somnambulismus existieren, darunter die »eigentliche« und wesentliche, die ein psychobiologisches Adaptionsverhalten darstellt, und eine andere, oberflächlichere,

---

[33] Deutet man den Gebrauch des Wortes Imagination mit unseren heutigen Begriffen, stellt man fest, daß es zwei Schichten unserer Persönlichkeit umfaßt: Bald bezieht es sich auf unser tiefes Gefühlsleben mit allen psychoaffektiven Verschiebungen, die dort vor sich gehen, bald auf den geistigen Aspekt unserer Persönlichkeit, auf ihre »bildenden« Aktivitäten (Lernen, Imitation).

erworbene, die aus der Einbildung entsteht. Unter diesen Umständen wird man nicht überrascht sein, daß WEITZENHOFFER in mehrjähriger Versuchsarbeit mit Hunderten von Personen nur auf knapp ein Dutzend wirkliche Somnambule stieß. Wir haben unsere Fälle nicht gezählt. Unsere Erfahrung ist viel begrenzter, weil unser Versuchsmaterial vorwiegend aus »Kranken« bestand und nicht aus »normalen« Versuchspersonen, wie Studenten, die in den Vereinigten Staaten gewöhnlich von den Experimentatoren verwendet werden. Aber wir wissen, daß »gute Fälle« selten sind. Interessant ist, daß unsere besten Fälle Patienten waren, bei denen spontaner Somnambulismus oder das Phänomen der multiplen Persönlichkeit auftrat. Nach den Arbeiten der alten Autoren zu urteilen, war der Somnambulismus früher häufiger. Eine Bestätigung dafür läßt sich schwer erbringen. Glaubt man es jedoch, muß man sich die Frage stellen, in welchem Verhältnis der »eigentliche« Somnambulismus zum »oberflächlicheren« stand. War die erste der beiden Arten häufiger als heute (was wahrscheinlich ist), muß man zugeben, daß sich die Art (das »Pattern«) des menschlichen Ausdruckverhaltens geändert hat. Das trifft bei der Hysterie zu. Bei den Völkern verschiedener Entwicklungsländer findet man noch Verhaltensweisen, die es bei den höherentwickelten Völkern nicht mehr gibt. Damit sind wir wieder bei den sozio-kulturellen Faktoren, auf die ORNE so großes Gewicht legte und deren Untersuchung zweifellos sehr interessant ist. Wir haben hinsichtlich seiner etwas überspitzten Hypothesen, wie beispielsweise der, daß man praktisch keine »naiven« Versuchspersonen mehr finde, gewisse Vorbehalte geltend gemacht.

Die obige Behauptung ORNES erscheint zu kategorisch. In Frankreich, wo die Hypnose noch – wie schon gesagt – in Mißkredit ist, geschieht es nicht selten, daß man Patienten behandelt, die keinerlei Vorwissen über Hypnose haben. Läßt man sie in Unkenntnis der bei ihnen angewandten Psychotherapie, unterscheidet sich ihre Reaktion nicht von derjenigen anderer Patienten. Da man schwerlich behaupten kann, die Reaktion werde völlig vom Hypnotiseur bestimmt, muß man das Vorhandensein eines spezifischen »Inhalts« annehmen, der in vielen Variationen auftritt. Dieser Inhalt wird in der Tierhypnose in elementarer Form gezeigt. Die Tierhypnose stellt ein adaptives Verhalten als Folge einer Veränderung der Beziehungen des Tiers zu seiner Umwelt dar und wird charakterisiert durch das Aufhören der motorischen Aktivität (siehe Seite 74). Auch beim Menschen ist im ersten Stadium der Hypnose das ganze System der Bewegungsabläufe lahmgelegt, dieses Instrument zur Prüfung der Realität. Man wird einwenden, daß der Somnambule geht. Dies ist der Fall, weil beim Menschen psychodynamische Phänomene ins Spiel kommen; man kann sagen, daß das Herumspazieren des Hypnotisierten nicht auf sein eigenes, sondern auf das Konto des Hypnotiseurs geht.

In die von BERNHEIM aufgezeigte Richtung weisen auch noch die Arbeiten des amerikanischen Autors BARBER. Dieser hatte tatsächlich, wie der Meister von Nancy, zu beweisen versucht, daß alle sogenannten hypnotischen Phänomene – nämlich die Veränderung der verschiedenen physiologischen Funktionen (der sensorischen, zirkulatorischen, gastrointestinalen usw.) unter Hypnose – bei empfänglichen Personen durch Suggestion im Wachzustand hervorgerufen werden können.

Diese Gleichsetzung der Hypnose mit der Suggestion ist ein Problem, auf das wir später noch zurückkommen werden. Beschränken wir uns hier auf den Hinweis, daß die Anhänger dieser Ansicht zur Erzeugung der genannten Phänomene die Induktionstechniken weiterhin anwenden, obwohl logischerweise die Suggestion genügen müßte.

Die Arbeiten BARBERS sind ohne Zweifel interessant. Sie zeigen – in unserem Sinne – die Wichtigkeit der zwischenmenschlichen Beziehungen im Wachzustand bei der Erzeugung psychophysiologischer Bewegungen. Betonen wir jedoch, daß sie das Verständnis der Hypnose nicht steigern. Die hypnotische Induktion, die eine Manipulation auf sensorisch-motorischer und emotioneller Ebene voraussetzt, führt zu einer Veränderung des Bewußtseinszustands, verbunden mit einem besonderen interpersonellen Erlebnis (das manche als regressiv einstufen). In den meisten Fällen tritt Hypersuggestibilität auf, doch gewisse psychodynamische Konstellationen können sie verhindern. Wenn sie auftritt, erlaubt sie Aktionen, die zweifellos tiefer gehen als jene, die sich durch Suggestion im Wachzustand erreichen lassen. Ein großer chirurgischer Eingriff, wie eine Laparotomie (Bauchschnitt), stellt ein Beispiel für die Möglichkeiten dar, die in der Hypnose bestehen, jedoch in BARBERS Experimenten nicht realisiert werden konnten. Ein Versuch in dieser Richtung war Gegenstand eines jämmerlichen Schauspiels in einer berühmten Sendung des französischen Fernsehens (Februar 1963): der »konditionierte«, aber nicht hypnotisierte Mann, an dem eine Blinddarmoperation vorgenommen wurde, ließ alle Anzeichen schrecklicher Schmerzen erkennen.

WEITZENHOFFER[34] orientierte sich anfangs stark an BERNHEIM und HULL und glaubte, alles in der Hypnose sei eine Angelegenheit der Suggestibilität. Er scheint jedoch von diesem Standpunkt abgegangen zu sein, denn in einer Arbeit aus jüngster Zeit gab er zu, daß die Hypnose »etwas anderes« enthält. Er fügte hinzu, BERNHEIM sei übrigens selbst nie so kategorisch gewesen, wie man gemeint habe, und hätte die Existenz eines »hypnotischen Zustands«, der nicht allein auf Suggestion zurückzuführen sei, zugegeben.

In den Schriften von 1887 unterschied BERNHEIM noch zwischen den beiden Zuständen, in den Schriften nach 1903 verwischt sich dieser Unterschied dann immer mehr: WEITZENHOFFER ist der Ansicht, daß darin im Grunde kein Widerspruch liege und BERNHEIMS Einstellung sich zwischen dem ersten und dem zweiten Datum nicht wesentlich geändert habe.

Wir sind jedoch der Meinung, daß die Schriften von 1903 eine Änderung bedeuten. Allerdings muß man in besagten Schriften eine gewisse Ambivalenz konstatieren, von der sich BERNHEIM nie befreien konnte. Sie zieht sich sogar durch seine späteren Arbeiten, wo er kategorisch die Existenz eines hypnotischen Zustands als solchen, unabhängig von der Suggestibilität, abstritt. Die Ambivalenz bleibt sogar in der endgültigen Formulierung seiner Gedanken spürbar (die er 1917 vornahm, zwei Jahre vor seinem Tod). Er schrieb über die sogenannten hypnotischen Phänomene: »Alle diese Phänomene sind keine Funktion eines besonderen, hypnotisch genannten Zustands, denn man kann sie im Wachzustand bei

---

[34] *Hypnotism. An objective study in suggestibility.* John Wiley, New York 1953.

Personen hervorrufen, die nie eingeschläfert wurden und nie gesehen haben, wie jemand eingeschläfert wurde. Ich habe festgestellt, daß man bei suggestiblen Personen mit Verbalsuggestionen im Wachzustand dieselben Merkmale, Schmerzunempfindlichkeit, Halluzinationen, die Ausführung befohlener Handlungen usw. erreicht, die man bei ihnen im Zustand des provozierten Schlafs erzeugt. *Schlafzustand und hypnotischer Zustand oder Zustand der Suggestibilität sind also keine miteinander in Zusammenhang stehende Zustände* (von uns hervorgehoben). Ich konnte deshalb sagen ...: *Es gibt keinen Hypnotismus, es gibt nur die Suggestibilität«* (von BERNHEIM hervorgehoben). Auf den Einwand, seine Behauptung erwachse nur seiner Vorliebe für das Paradoxe, und die Suggestibilität sei nichts als Hypnose im Wachzustand, antwortete BERNHEIM noch kategorischer: »Richtiger wäre es zu sagen: Die Hypnose ist Suggestion im Schlafzustand.« Hier wird die Ambivalenz sichtbar, und noch deutlicher tritt sie in seiner nächsten Behauptung zutage: »Außerdem muß, wie ich gesagt habe, der Schlaf unvollkommen sein.« Was ist »unvollkommener Schlaf«? Existiert er? Wenn ja, ist es ein »Zustand«, bei dem es sich nur um Suggestibilität handeln kann. Der Eindruck der Ambivalenz verschwindet auch dort nicht, wo sich BERNHEIM bemühte, seine Vorstellungen zu präzisieren. Er fuhr fort: »... der Schlaf ist für die Hervorrufung der Phänomene der Suggestibilität nicht erforderlich. Man hätte diese Phänomene unmittelbar im Wachzustand entdecken können, ohne die nicht zwangsläufig notwendige Mittlerphase des provozierten Schlafs, und dann wäre das Wort Hypnose nicht gebildet worden. Mit diesen Phänomenen hätte sich nicht die Vorstellung eines besonderen, durch spezielle Manipulationen erzeugten magnetischen oder hypnotischen Zustands verbunden. Die Suggestion ist aus der alten Hypnose entstanden, wie die Chemie aus der Alchimie entstanden ist.« Man sieht hier, daß in BERNHEIMS Beweisführung, die rigoros sein sollte, eine Lücke klafft: Es gibt einen Zustand, den BERNHEIM (und auch andere) als »unvollständigen Schlaf«, als »provozierten Schlaf« bezeichnet, der jedoch »etwas anderes« ist als die reine Suggestibilität. Genau dieses »andere«, dieser »unvollständige Schlaf«, der ungreifbar bleibt, aber dessen Existenz seit Jahrhunderten bezeugt ist, entfesselte seit dem Ende des achtzehnten Jahrhunderts solche Leidenschaften.

Die »Lücke« in der Theorie BERNHEIMS, von der wir eben gesprochen haben, erlaubt die Hypothese, daß BERNHEIM unbewußt nicht ganz an die absolute Identität von Hypnose und Suggestibilität glaubt und seine immer kategorischeren Stellungnahmen gegen die Hypnose nicht unbedingt einer tiefen Überzeugung entsprachen. Uns scheint, daß sie zum Teil durch die Kämpfe motiviert waren, die BERNHEIM an zwei Fronten zu führen hatte: einerseits gegen die Angriffe der Schule der Salpêtrière, die nach dem Tod CHARCOTS und dem Fehlschlag mit der somatischen Hypnosetheorie schließlich zur Verneinung der Existenz der Hypnose gelangt war; andererseits gegen die moralischen Einwände, die von der Schweizer Schule (DUBOIS in Bern) erhoben wurden. Diese Kämpfe, die ungeheure Heftigkeit annahmen, was man übrigens in den Diskussionen über psychologische Probleme oft erlebte, und in denen zugegebenermaßen nicht alle vorgebrachten Argumente wissenschaftlicher Natur waren, machten BERNHEIM unsicher und brachten ihn schließlich dazu, die Existenz der Hypnose immer nachdrücklicher abzustreiten.

Aber wenn er sich auch von der Hypnose abwandte, so behielt er doch die Suggestion bei. Diese Haltung weckte Feindseligkeit bei seinen ehemaligen Anhängern (sie bildeten eine Art dritte Front), die gegen die völlige, simple Gleichsetzung von Hypnose und Suggestion protestierten. BERNHEIM meinte 1917[35], »das bedeutet, den Hypnotiseuren ihr ganzes Ansehen nehmen«; bitter fügte er hinzu: »Sie sagen sich von mir los und schließen mich aus ihrem Kreis aus.«

Neben BERNHEIM beeinflußte auch JANET bestimmte Forscher, die Theorien über die Hypnose aufzustellen versuchten. Sie gingen von dem Begriff »Dissoziation« aus, dem zufolge – wiederholen wir es kurz – gewisse Bewußtseinsströmungen »sich freimachen« und eine »automatische« Aktivität übernehmen können. Diese Aktivität kann so weit gehen, daß eine oder mehrere Personen parallel zueinander ins Spiel gebracht werden, wie es beim spontanen Somnambulis-

---

[35] *Automatisme et suggestion.* Alcan, Paris 1917.

mus oder bei der »multiplen Persönlichkeit« der Fall ist. Die Literatur enthält eine große Zahl Beispiele dafür. Zu den berühmtesten zählen die Fälle von Mary Reynolds aus dem Jahr 1811, von Felida, über den Dr. Azam aus Bordeaux Ende des 19. Jahrhunderts berichtete, und von Helen Smith, den Théodore Flournoy Anfang des 20. Jahrhunderts in seinem Werk *Des Indes à la planète Mars* (Von Indien zum Planeten Mars) schilderte[36]. Der Vorgang der Dissoziation erklärt den provozierten Somnambulismus; andere hypnotische Phänomene wären partielle Dissoziationen.

Verschiedene amerikanische Autoren, Zeitgenossen Janets, ließen sich von seinen Arbeiten anregen. Genannt seien hier Mc Dougall, Morton Prince und Sidis.

Das Unbewußte spielt in den Dissoziationsvorgängen der Psyche eine wichtige Rolle. Janet hat zwar die Bedeutung des Unbewußten aufgezeigt, es aber nicht dynamisch interpretiert und die Bedeutung der Triebe nicht veranschaulicht. Diesen Schritt tat Freud, und wir werden in einem der nächsten Kapitel sehen, wie seine Ideen die theoretische Erfassung der Hypnose beeinflußten.

---

[36] Der letztere Fall ist besonders pittoresk und übertrifft in dieser Hinsicht sogar die Geschichte von BRIDIE MURPHY, die 1955 in Amerika Schlagzeilen machte.

5
Psychoanalytische Theorien

Ursprünglich konzentrierten sich die psychoanalytischen Theorien über die Hypnose auf das Problem der Erfüllung instinktiver Wünsche der Versuchsperson. Aus diesem Blickwinkel gesehen, besteht die hypnotische Situation aus einer Art Übertragung[37].

Für FERENCZI (1909), einen Schüler FREUDS, bewirkte die Hypnose eine Reaktivierung des Ödipuskomplexes samt allem, was er an Liebe und Angst mit einschloß; daher existierten für ihn auch zwei Arten der Hypnose: eine »Mutterhypnose«, basierend auf der Liebe, und eine auf der Angst basierende »Vaterhypnose«.

FREUD legte seine Ansichten über Hypnose 1921 in seinem Werk *Massenpsychologie und Ich-Analyse* dar. Er hob den erotischen Aspekt der hypnotischen Beziehung hervor: »Die hypnotische Beziehung ist eine uneingeschränkte verliebte Hingabe bei Ausschluß sexueller Befriedigung.« Die Hypnose enthalte aber »noch Züge..., die sich der bisherigen rationalen Erklärung – als Verliebtheit bei Ausschluß direkt sexueller Strebungen – entziehen. Es ist noch vieles an ihr als unverstanden, als mystisch anzuerkennen.« FREUD hob auch die Unterwerfung in der hypnotischen Beziehung hervor. Der Hypnotiseur nehme die Stelle des Ich-Ideals ein; er spiele die Rolle des übermächtigen Urvaters der Urhorde.

SCHILDER verwies (1922) ebenfalls auf die libidinösen Be-

---

[37] Der Ausdruck Übertragung läßt sich, obwohl er zu den gebräuchlichsten im psychoanalytischen Vokabular gehört, nicht leicht definieren. Man könnte spürbare Divergenzen zwischen den gegebenen Definitionen aufzeigen. Wenn man sich jedoch an das hält, was sie Gemeinsames bieten, kann man wohl, summarisch gesprochen, in der Übertragung die Verlagerung von Gefühlen, die der Patient in der Vergangenheit gegenüber für ihn wichtigen Personen wie Eltern oder deren Ersatzpersonen (Ernährer, Erzieher usw.) hegte, auf die Person des Therapeuten sehen. Unter Gegenübertragung kann man ein Phänomen derselben Art verstehen, das aber die Gefühle umfaßt, die der Therapeut auf die Person des Patienten verlagert.

ziehungen zwischen Hypnotiseur[38] und Hypnotisiertem sowie darauf, daß sich der Patient mit dem Arzt identifiziert. Indem der Kranke dem Mediziner magische Allmacht zuschreibt, verwirklicht er seine eigenen infantilen Phantasien.

SCHILDER war unter anderem der erste Psychoanalytiker, der auf die physiologischen, körperlichen Faktoren aufmerksam machte und die Bedeutung ihres Zusammenspiels mit dem Psychologischen aufzeigte. Er öffnete damit einen nutzbringenden Weg, der zu einer Erneuerung der Hypnosetheorie führen sollte.

JONES griff (1923) das Problem im Licht des Narzißmus und der das Ich-Ideal bildenden Elemente wieder auf. Der Narzißmus ist wichtiger Träger bei der Auto- und der Heterosuggestion; in der Hypnose gibt es die Regression in ein autoerotisches Stadium.

FENICHEL präzisierte (1946) die libidinösen Positionen des Hypnotisierten und sprach nachdrücklich von einer Befriedigung der prägenitalen (oralen) Impulse passiv-rezeptiver Art.

In den letzten Jahren kamen der Hypnose die neue Entwicklung der Psychoanalyse und vor allem der Theorien über die Psychologie des Ich zugute.

BRENMAN, GILL und KNIGHT wiesen (1952) auf die Bedeutung der Psychologie des Ich für das Verständnis der Hypnose hin. Sie untersuchten experimentell die »Schwankungen der Hypnosetiefe und ihre Auswirkungen auf die Ichfunktion«. Ihre Arbeiten veranschaulichen das Phänomen Trance in seiner ganzen Kompliziertheit, ein Phänomen, das man unmöglich nur nach seinem quantitativen Aspekt der mehr oder weniger großen Tiefe beurteilen kann.

Wir wissen, daß wir kein Instrument besitzen, um die Tiefe der Trance zu messen. Noch bilden die Erklärungen der Hypnotisierten über ihre Erlebnisse das sicherste Kriterium, vorausgesetzt natürlich, die Versuchsperson ist intelligent und vermag sich selbst zu analysieren.

BRENMAN, GILL und KNIGHT gingen bei ihrer Untersuchung

---

[38] Aufgrund ihrer Experimente glauben GILL und BRENMAN, daß die erotischen Phantasien, die während der Einleitung der Hypnose ungehindert auftauchen, hier nicht häufiger sind als in jeder anderen psychotherapeutischen Beziehung.

von den Erklärungen der Hypnotisierten aus. Nachdem sie Ausschnitte aus einer Reihe von Sitzungen gesammelt hatten, bei denen sie auf eine Veränderung der Trance aufmerksam gemacht worden waren, legten die Autoren diese Ausschnitte Gutachtern, die mit der Biographie der Kranken vertraut waren, zur Prüfung vor. Aus dem Kontext der Sitzung vermochten die Gutachter sogar vorauszusagen, ob der Patient eine Schwankung der Trance melden würde und in welcher Richtung sie voraussichtlich erfolgte.

BRENMAN, GILL und KNIGHT stellten fest, daß die Vertiefung oder Verflachung der Trance einen Abwehrmechanismus darstellen könnte. Die Tiefe der Trance veränderte sich, wenn Gefahr für das Gleichgewicht Trieb-Abwehr bestand. So kann eine Veränderung der Trance dem Auftreten aggressiver Erregungen in der Übertragungs-Beziehung folgen. Der Hypnotisierte sinkt in tiefere Trance, nicht um sich die Befriedigung infantiler libidinöser Wünsche zu ermöglichen, sondern um seine Aggressivität durch Übertreibung der Unterordnung abzuleugnen. Die Vertiefung kann, wie die Verflachung der Trance, bald im Dienst libidinöser Wunscherfüllung, bald im Dienst einer Abwehr gegen den Trieb stehen.

Wir hatten uns mit einem alten Mann zu befassen, der leidend war (Schwanken der Harnstoffkonzentration im Blut zwischen zwei und drei Gramm, chronische Schlaflosigkeit seit Erreichen des Erwachsenenalters). Starke Dosen von Schlafmitteln, die seiner Gesundheit schadeten, brachten ihm nur Schlaf auf kurze Dauer.

Dieser Patient, eine starke Persönlichkeit vom Managertyp, hatte sich trotz der erheblichen Azotämie eine Vitalität und ein stattliches Aussehen bewahrt, die seine Ärzte, denen er übrigens mit aggressiver Skepsis begegnete, in Erstaunen setzten. Die Hypnose gelang bei der ersten Sitzung, aber sehr schnell fiel er in Schlaf und begann zu schnarchen: Dieser Schlaflose, der Schlafmittel in hohen Dosen benötigte, um einschlafen zu können, schlief sofort auf ein einfaches Signal hin. Er schlief, solange wir an seiner Seite weilten. Doch die nachträglich vorgenommene suggestive Beeinflussung hatte nur vorübergehende Wirkung.

Diese Entwicklung könnte die Folge einer instinktiven Wunscherfüllung sein, die den Schlaf »zuließ«, vorausgesetzt der wachende Therapeut wäre anwesend. Sie könnte ebensogut eine Form der Abwehr sein, die das Ziel hatte, eine bestimmte Form der Kommunikation mit dem Therapeuten zu unterbrechen.

Wir begegneten übrigens bei unseren Forschungen mit Muriel Cahen oft Patienten, die ihre Erlebnisse ziemlich getreu erzählten, und konnten beobachten, daß Schwankungen in der Trance eine Auswirkung der Entwicklung der therapeutischen Beziehung und des manipulierten Materials waren.

Seit die psychoanalytischen Theorien den Ausdruck Übertragung eingeführt haben, kann man sich die hypnotische Beziehung besser vorstellen. Eine wirkliche Erklärung bieten die Theorien aber nicht, denn die Übertragung besteht in jeder psychotherapeutischen Beziehung und wird der Besonderheit der hypnotischen Beziehung nicht gerecht.

Ida Macalpine zeigt (1950), daß das Hypnotisieren die sofortige Entwicklung einer Übertragungs-Beziehung bedingt, wie sie – langsamer – im Lauf einer Psychoanalyse entsteht. In beiden Fällen, so meinte sie, sind die Mittel, welche die Übertragung bewirken, im wesentlichen die gleichen: Der Patient wird in eine Kindheitssituation gestellt, der er sich mittels Regression anpaßt.

Wir möchten hinzufügen, daß in der hypnotischen Beziehung die Übertragung im allgemeinen durch Wunscherfüllung bewirkt wird: Der Hypnotiseur macht das Geschenk seiner Worte, die Suggestion wird wie eine wohlbekömmliche Nahrung empfangen.

Fisher schrieb (1953) zu diesem Thema: »Die Suggestionen werden entsprechend dem Grad der Angst oder Wunscherfüllung, der durch die Wirkung gewisser Phantasien der Inkorporation oder Expulsion erzielt wird, angenommen oder zurückgewiesen, d. h. die Suggestion wird angenommen, wenn sie unbewußt der oralen Einnahme einer ›guten‹ Substanz gleichgesetzt wird, und zurückgewiesen, wenn sie die Bedeutung einer ›schlechten‹ Substanz erhält.« Unter diesem Blickwinkel kann man annehmen, daß die Versuchsperson, wenn sie durch Verbalsuggestion hypnotisiert wurde, eine »gute« Substanz aufgenommen hat. Der Autor fügt hinzu, daß »in dem Suggestionsprozeß, der sich bei den Patienten in der Analyse abspielt, und in den nichttherapeutischen Beziehungen bei normalen Medien dieselbe Triebdynamik enthalten ist«.

In der Psychoanalyse gibt der Therapeut offensichtlich nichts zu Beginn der Behandlung, denn er schweigt. Die Übertragung entwickelt sich in einer Atmosphäre der Frustration. Natürlich sind die Unterschiede nicht immer so ausgeprägt; die Erlebnisse des Patienten können auch Zwischenformen annehmen.

Vor kurzem stellte NACHT[39] die Regel der Frustration am Beginn der Analyse in Frage. Seiner Ansicht nach ist sie nicht notwendiger als die strenge Neutralität. Die Übertragung könne unter diesen Bedingungen nur schwer »entstehen und sich entfalten«. Die unbewußte, tiefe Haltung des Analytikers, die sich aus Wohlwollen, »aufmerksamer Offenheit« und Anpassungsfähigkeit zusammensetzt, regt den Patienten zum Engagement in der Behandlung an. Sogar hinter dem Schweigen des Analytikers muß der Patient eine »aufmerksame Gegenwart« wahrnehmen, »die eine Hilfestellung bedeutet und die er als solche empfindet«. NACHT geht sogar noch weiter; er hält die averbale Kommunikation für die wichtigere und sagt: »Das Wort ist, zumindest am Beginn der Behandlung, ein Element, das die Trennung vom anderen bestätigt und vergrößert, die Trennung, die ... Furcht erzeugt.« Der Australier MEARES wiederum ist der Ansicht, daß in der Hypnose die verbale Kommunikation bis zu einem bestimmten Grad die Regressionsbewegung hemmt; er beschreibt eine averbale Induktionstechnik, bei der die Hypnose durch die Atmosphäre herbeigeführt wird (siehe S. 164). Wir sehen, wie verschieden die Autoren die Rollen des Worts und des Schweigens in der therapeutischen Beziehung beurteilen. Sicher ist, daß beide Faktoren eine variable Wirkung haben, je nach dem Entwicklungsstadium der therapeutischen Situation.

Ein entscheidender Schritt zum Verständnis der Beziehungen zwischen Übertragung und Hypnose geschah mit dem Erscheinen eines Artikels von KUBIE und MARGOLIN im *American Journal of Psychiatry* im Jahr 1944. Der Artikel trug den Titel: »Der Hypnosevorgang und die Natur des hypnotischen Zustands«. Er stellte tatsächlich – nach den befruchtenden Ausführungen SCHILDERS – den ersten Versuch dar, auf psychoanalytischer Grundlage eine Hypnosetheorie zu formulieren, die gleichzeitig die physiologischen und die psychologischen Faktoren berücksichtigte. Die beiden Ver-

---

[39] *Int. J. Psycho-anal.*, 1962, 43.

fasser arbeiteten hinsichtlich der Hypnose bedeutende Unterscheidungsmerkmale heraus, die sie in folgende Worte faßten:

»Die Wissenschaft hat die Hypnose nach und nach als Tatsache akzeptiert; doch es fehlt uns immer noch eine zufriedenstellende Erklärung dafür. Das hat unter anderem folgenden Grund: Man erkannte nicht, daß es zwei völlig verschiedene Aspekte des Phänomens zu beschreiben und zu deuten galt, nämlich die Induktion der Hypnose und den hypnotischen Zustand. Sie unterscheiden sich sowohl auf physiologischer wie auch auf psychologischer Ebene.«

Interessant ist diese Unterscheidung im Hinblick auf die Übertragung. KUBIE und MARGOLIN konstatierten, daß die Übertragung keine unerläßliche Voraussetzung für die Induktion der Hypnose darstellt, denn sie könne ja auch durch rein physische Manipulation erreicht werden[40].

Somit wäre als die Übertragung, wenn sie im Stadium der Induktion zustande kommt, nicht unbedingt die Ursache des nachfolgenden hypnotischen Zustands[41]. Anderseits genügen, wie man sieht, sensorisch-motorische Manipulationen, um den hypnotischen Zustand mit allen seinen psychologischen Veränderungen beim Medium hervorzurufen. KUBIE und MARGOLIN stützten sich auf diese Gegebenheiten[42], um eine

---

[40] In einer Abhandlung aus dem Jahr 1942 beschrieben die beiden Autoren eine physiologische Induktionsmethode, bei welcher die Versuchsperson ihre Aufmerksamkeit auf ihren eigenen Atem richtet, der als hypnogener Reiz dient.

[41] Die Frage, ob die Übertragung allein die Rolle des Auslösers zu spielen vermag, wurde noch nicht geklärt. Man kann sich übrigens fragen, ob die Übertragung jemals isoliert zur Wirkung kommt. Sind beispielsweise die hypnoiden Zustände, die im Lauf einer psychoanalytischen Sitzung spontan auftreten, einzig auf die vom Patienten erlebte zwischenmenschliche Beziehung zurückzuführen oder resultieren sie teilweise aus physischen Faktoren (Stille, liegende Stellung, Bewegungslosigkeit usw.), die einer sensorisch-motorischen Manipulation gleichkommen und einen Fall »sensorischer Isolierung« darstellen? (Siehe S. 59). Tatsächlich erlebt man immer wieder Patienten, die bei ihrem Kontakt mit dem Arzt sofort in hypnotischen Zustand geraten, noch bevor einer der eben erwähnten Faktoren hätte wirken können. Man wäre versucht, hierin die ausschließliche Wirkung der Übertragung zu sehen.

[42] Der Gedanke an die Möglichkeit, psychologische Regressionsphänomene durch sensorisch-motorische Manipulation (»sensorische Deprivation«) hervorzurufen, ist bereits in der Studie von KUBIE und MARGOLIN (1944) enthalten.

Synthese der psychoanalytischen und Pawlowschen Theorien zu versuchen. Ihrer Meinung nach fand in der Induktion eine schrittweise Eliminierung der Reize statt, mit Ausnahme jener, die vom Hypnotiseur kamen. Die Erklärung dafür böte eine konzentrierte, kortikale Erregungszone, umgeben von einer Hemmungszone. Auf psychologischer Ebene interpretierten die beiden Autoren dies als fehlende Differenzierung zwischen Ich und Außenwelt, welch letztere der Hypnotiseur vertritt, mit dem der Patient schließlich verschmilzt. Der Patient kehrt in ein Stadium zurück, das dem Säuglingsalter vergleichbar ist, und der Hypnotiseur übernimmt die Rolle, die einst die Eltern spielten.

Das Werk der Psychoanalytiker GILL und BRENMAN[43], das 1959 erschien[44], leistete einen erstrangigen Beitrag zur Hypnologie. In die neuen psychoanalytischen Begriffe (Psychologie des Ich), die sie bereits verwendeten, versuchten die Autoren gewisse Gegebenheiten der experimentellen Psychologie und sogar der Physiologie zu integrieren.

Die beiden Autoren beanstandeten, daß sich die psychoanalytischen Erklärungen der Hypnose bis zur Gegenwart um den Masochismus (die Beziehung zwischen Hypnotisiertem und Hypnotiseur sei masochistischer Natur) und die Übertragung (die Reaktivierung des Ödipuskomplexes) drehten. Es war im Grunde immer nur die Rede von Kräften der Instinkte.

Die »sensorisch-motorische«, die körperliche Seite der Hypnose, wurde nicht in Betracht gezogen (außer 1925 von SCHILDER und KAUDERS sowie 1944 von KUBIE und MARGOLIN). Sie blieb die Domäne der Experimentalpsychologen.

Die Kluft zwischen ihnen und den Psychoanalytikern scheint sich zu schließen: Die Psychologen beginnen unbe-

---

[43] GILL und BRENMAN sind gegenwärtig unterrichtende Psychoanalytiker (training analysts): MERTON MAX GILL am Psychoanalytischen Institut in San Francisco, MARGARET BRENMAN am Austen Riggs Center in Stockbridge. Ihr Werk ist die Frucht zwanzigjähriger Forschung, bei der ihnen umfangreiche Mittel und viel Material zur Verfügung standen (Subventionen mehrerer wissenschaftlicher Stiftungen, die Möglichkeit zu Experimenten mit mehreren tausend Psychologiestudenten, hundert Pflichtassistenten für Psychiatrie und einer großen Zahl Patienten).

[44] *Hypnosis and related states.* Int. Universities Press, New York.

wußte Motivationen in Erwägung zu ziehen, und die Psychoanalytiker untersuchen die Rolle der sensorisch-motorischen Phänomene. GILL und BRENMAN gingen von den Arbeiten KUBIES und MARGOLINS aus, in denen sie den ersten systematischen Versuch sahen, die psychologischen und physiologischen Phänomene miteinander in Verbindung zu bringen. Sie inspirierten sich an den Ideen HARTMANNS über die Funktionssysteme des Ichs (»ego apparatuses«) und ihre primäre Autonomie und konnten dadurch das sensorisch-motorische Problem in der Hypnose studieren. Schließlich erlaubten ihnen die Arbeiten von KRIS über die Regression im Dienste des Ichs, die Hypnose als eine Regression derselben Art zu sehen.

Andererseits ließen sich GILL und BRENMAN stark von den Arbeiten der Schule von HEBB (1954) in Montreal über die »sensorische Deprivation« (sensory deprivation) anregen. Denselben Vorgang bezeichnet man auch als »sensorische Isolierung« (sensory isolation oder afferent isolation [KUBIE]). Es handelt sich in jedem Fall darum, dem Menschen die Sinneseindrücke zu entziehen, indem man ihn beispielsweise in einem kubischen Käfig (BEXTON und Kollegen) oder mit einer Atemmaske in einem Wasserfaß einschließt (LILLY). Nach einer gewissen Zeit treten Regressionsphänomene auf, manchmal begleitet von ernsten geistigen Störungen (Halluzinationen, Depressionen, Traumzuständen usw.)[45]. In den letzten Jahren erschien eine zunehmende Zahl von Arbeiten über die sensorische Deprivation.

Für GILL und BRENMAN enthält die Hypnose zwei Regressionsfaktoren: den Beziehungs- und Motivationsfaktor

---

[45] In einer Mitteilung aus dem Jahr 1960 machte KUBIE die Voraussage, daß ein in den Weltraum geschickter Mensch einer solchen sensorischen Deprivation (Schwerelosigkeit, Bewegungslosigkeit, völlige Stille, Fehlen jeder Verbindung) ausgesetzt sei, daß er in einen hypnoiden Traumzustand (waking dream) sinke. Bekanntlich war dies bei den Kosmonauten, die mehrere Tage im Weltraum verbrachten, nicht der Fall. Sie lebten in keiner so vollkommenen Isolierung, wie KUBIE sie sich vorgestellt hatte, denn zwischen ihnen und der Erde bestand ständige Verbindung. Zweifellos spielten bei ihrem Verhalten auch das Training und die Motivation eine Rolle. Doch diese Faktoren haben nicht verhindert, daß die Raumfahrerin Valentina Tereschkowa im Laufe ihres Fluges ein nicht vorgesehenes Nickerchen machte.

(Übertragung) sowie die physische Manipulation (sensorische Deprivation). Letztere besteht, wie schon KUBIE und MARGOLIN sahen, in der Beschränkung einzig auf die Reize, die der Hypnotiseur als Kontakt des Mediums zur Außenwelt setzt. In der Hypnose findet also ein doppelter Vorgang statt: Der Arzt führt die Regression durch zwei Mechanismen herbei, die Einwirkung auf die infantilen Impulse und die Einengung des sensorisch-motorischen und des Vorstellungs-Feldes. Die Hypnose ist also für diese Autoren »eine Art Regressionsprozeß, der durch die Einschränkung der Vorstellungs sowie der sensorisch-motorischen Aktivität *oder* durch die Schaffung einer archaischen Beziehung zum Hypnotiseur ausgelöst wird«. Sie fügen hinzu: »Wenn der Regressionsprozeß durch die eine der beiden Arten von Faktoren eingeleitet wurde, treten die für die andere Art charakteristischen Phänomene auf. In der Praxis wendet der Hypnotiseur die einen und die anderen *gleichzeitig*[46] an.« Den eigentlichen hypnotischen Zustand definieren die Autoren als »eine herbeigeführte psychologische Regression, die auf der Basis einer interpersonellen Beziehung regressiven Typs zu einem relativ stabilen Zustand führt, welcher ein untergeordnetes System des Ichs mit mehreren Kontrollstufen der Ichfunktionen mit einbezieht«.

Somit wird beim hypnotisierten Subjekt das Ich nicht eliminert, wie man früher glaubte. Es handelt sich um ein durch einen besonderen Regressionsprozeß verwandeltes Ich. GILL und BRENMAN stellen eine Hypothese auf: »Jede psychotherapeutische Situation regt in gewissem Maße den Kranken zu einer Regression an; ein derartiger Regressionsprozeß findet mehr oder weniger in jeder Psychotherapie statt, wo man Kontakt mit dem Kranken hat; wendet man die Hypnose an, ist dieses Phänomen deutlicher zu beobachten, denn es nimmt dann intensivere Form an.« Die Autoren fügen hinzu: »Wir gehen sogar so weit, die Hypothese aufzustellen, daß genau in dieser Regression und in der Art ihrer Behandlung durch den Therapeuten – ob mit oder ohne Hilfe der Hypnose – das Geheimnis der Aufrechterhaltung eines optimalen affektiven Engagements des Patienten im

---

[46] Von uns hervorgehoben.

therapeutischen Prozeß liegt.« Über ihre eigenen klinischen Erfahrungen meinten die Autoren, daß »in gewissen Fällen das, was wir als die der Hypnose innewohnenden ›regressiven Tendenzen‹ bezeichnet haben, in der Psychotherapie genutzt werden kann; in anderen wäre es nutzlos, wenn nicht schädlich«.

Hier muß erwähnt werden, daß Gill und Brenman zwar, wie wir gesehen haben, von den Arbeiten Kubies und Margolins ausgingen, ihre Schlußfolgerungen aber in bestimmten Punkten von Kubie angefochten wurden (1961).

Erinnern wir uns vor allem, daß Kubie und Margolin die Meinung vertraten, die Hypnose lasse sich ohne Hypnotiseur herbeiführen. Sie warfen damit die Frage auf, ob die Hypnose naturgemäß eine interpersonelle Beziehung voraussetzte.

Auf diese so strittige Frage gab Kubie eine Antwort, der es nicht an Subtilität und Brillanz gebricht, die aber kaum mehr darstellt als eine Arbeitshypothese. Paradoxerweise besteht für ihn in der Hypnose ohne Hypnotiseur eine stärkere Beziehung als in der Hypnose mit Hypnotiseur. Über die erstere schreibt er:

»Es ist da etwas gegenwärtig ... das schwebt, unsichtbar und unbekannt, das bewußt wahrgenommen wird, meist aber vorbewußt oder unbewußt. Dieses Etwas kann schützende Gestalten aus der frühen Kindheit darstellen oder viel später Figuren, die Autorität und Schutz verkörperten ... Tatsächlich handelt es sich da um eine Übertragung in reinem Zustand[47], auch wenn es kein gegenwärtiges, wirkliches oder imaginäres, bewußtes oder unterschwellig vorhandenes Objekt gibt, dem man die Schutzfunktion übertragen kann, die wir im Lauf unserer Kindheit nach und nach für uns selbst auszuüben lernten. Hierin liegen vielleicht Ursprung und Wesen des uralten Phantasmas eines Schutzengels, eines Geschöpfs, das die Aufgabe hat, über mich zu wachen, wenn ich eingeschlafen, wehrlos bin.«

Der Autor fügt hinzu, die Unfähigkeit, diese Schutzfunktionen auszuüben, sei die Quelle der menschlichen Psychopathologie. Deshalb biete »das Studium der Phänomenologie

---

[47] Man könnte auch sagen: autogene Übertragung, endogene oder anonyme Übertragung, im Gegensatz zu heterogener, exogener oder personifizierter Übertragung.

der Hypnose das Mittel zum völligen Verständnis der menschlichen Natur in gesundem und krankem Zustand[48]«.

Im Gegensatz zu dem, was KUBIE und MARGOLIN denken, halten GILL und BRENMAN die wirkliche Hypnose nur für möglich, wenn sich ein Kontakt zwischen Medium und Hypnotiseur herstellt. »Es ist eine der Hauptthesen dieses Werks«, sagen sie, »daß die Beziehung zum Hypnotiseur in der Hypnose wesentlich ist und daß bei der Anwendung von Verfahren, deren Charakteristika jenen der von uns beschriebenen Induktionsmanipulationen gleichen, die aber keinen menschlichen Kontakt voraussetzen (beispielsweise die Experimente von BEXTON und anderen), die auftretenden Phänomene große Ähnlichkeit mit der Hypnose haben, doch sich von ihr völlig unterscheiden.« Also wäre die Übertragung »in reinem Zustand« (die autogene Übertragung), die nach KUBIE in den Fällen erfolgt, wo kein Hypnotiseur anwesend ist, keine Begleiterscheinung des echten hypnotischen Zustands. Eine »heterogene« Übertragung ist folglich laut GILL und BRENMAN eine unerläßliche Voraussetzung für die Hypnose.

Die Divergenz in den Auffassungen von GILL und BRENMAN einerseits sowie KUBIE anderseits läuft letzten Endes auf eine Frage der Definition hinaus. Man könnte sie folgendermaßen formulieren: Die drei Autoren anerkennen einen Beginn der Induktion durch Manipulation auf sensorisch-motorischer, physischer Ebene. Damit man aber den daraus resultierenden Zustand als Hypnose bezeichnen kann, muß für GILL und BRENMAN unter anderem die Übertragung hinzukommen. KUBIE dagegen dehnt den Ausdruck Hypnose auf Zustände ohne Übertragung aus (bringt allerdings die Nuance der Übertragung »in reinem Zustand« herein). Er hält an der Tatsache fest, daß die Induktion ohne lebende Gegenwart eines anderen menschlichen Wesens erreicht werden kann. In diesem Fall sprechen GILL und BRENMAN nicht

---

[48] Diese Antizipation geht mit den Vorstellungen PAWLOWS von der Hypnose als einem Weg zum Verständnis der Schizophrenie einig. Vor kurzem (1957) konnte der amerikanische Autor KING behaupten, die Schizophrenie sei ein suggestives Phänomen, analog der Hypnose. MARGARETTA BOWERS vertrat (1961) gleichfalls die Meinung, die Schizophrenie sei eine Art maligner, permanenter Autohypnose.

von Hypnose (sondern von verwandten Zuständen), die für sie immer einen *inter*personellen Vorgang beinhaltet. Für KUBIE entspricht der Ausdruck einem ausschließlich *intra*personellen Erlebnis. Das Wesentliche ist für ihn, daß in der Hypnose das Subjekt »auf den Gebrauch angeborener Mechanismen, die ihm zu seinem Schutz dienen und seine Wachsamkeit sicherstellen, verzichtet, um seine Person und sein ›Sicherheits‹-Gefühl in die Hände eines anderen zu legen« (mag dieser andere nun wirklich oder imaginär sein).

Laut GILL und BRENMAN kommt es unter anderem automatisch zur Übertragung, wenn ein Hypnotiseur anwesend ist. Für KUBIE nicht unbedingt. Der Hypnotiseur kann auch lediglich ein physisches sensorisch-motorisches Feld darstellen, ohne daß seine Anwesenheit eine Beziehung der heterogenen Übertragung entstehen läßt.

KUBIE meint außerdem, es sei keineswegs erwiesen, daß die archaische Beziehung (die Übertragung) unweigerlich mit dem Regressionsprozeß einhergehe, sei es im Stadium der Induktion oder im hypnotischen Zustand selbst, welche Formen der Hypnose auch zur Anwendung kämen, ob ein Hypnotiseur anwesend sei oder nicht[49]. In der Regression selbst sieht KUBIE eine Begleiterscheinung der Hypnose, doch er bezweifelt, daß sie aufschlußreich ist. Sie ist »eine Metapher, die zur Beschreibung des Erlebnisses mehrerer Prozesse dient«. KUBIE verwies mit viel Nachdruck auf die Gefahr, die darin liege, ein Phänomen durch eine seiner Folgen zu erklären. Für ihn sind die Übertragung, die Gegenübertragung und die verschiedenen regressiven und progressiven Ströme nur Begleiterscheinungen.

Wichtig ist jedoch vor allem, daß man versteht, durch welche »Auslösung« (trigger mechanism) der Übergang in den (oder aus dem) hypnotischen Zustand erfolgt. KUBIE mißt diesen Übergangsprozessen[50] (transitional processes) sehr

---

[49] Man könnte hierin einen Widerspruch zu dem sehen, was der Autor andernorts über die »autogene Übertragung« sagt, bei der es zu einer imaginären Präsenz von Gestalten aus der frühen Kindheit kommt. Wahrscheinlich aber macht der Autor einen Unterschied zwischen »autogener« und »heterogener« Übertragung, und diese Diskussion mit GILL und BRENMAN bezieht sich vorwiegend auf die heterogene Übertragung.
[50] Der sowjetische Autor SLOBODNIAK, der sich auf die Arbeiten WEDENSKIS über die Nervenparabiose stützte, hat vor kurzem (1962)

große Bedeutung bei, weil seiner Meinung nach das Verständnis der gesamten menschlichen Psychologie, der normalen und der pathologischen, weitgehend von der Kenntnis der Prozesse abhängt, durch welche wir von einer Geistesstruktur in eine andere wechseln. Die Hypnose erscheint ihm in dieser Hinsicht als privilegiertes Forschungsgebiet, weil die fraglichen Prozesse hier kontrollierbar sind. Man sollte also feststellen, wie sie in Gang kommen, und ihre vielfältigen physiologischen und psychologischen Faktoren sollten von Psychologen, Psychoanalytikern, Neurophysiologen, Neurobiochemikern, Pharmakologen usw. gemeinsam studiert werden.

Die Beziehungen zwischen Hypnose und Übertragung sind kompliziert, nicht minder aber sind es jene zwischen Übertragung und Suggestion.

Der Ausdruck Suggestion wurde nie treffend definiert. Und von der Übertragung meint IDA MACALPINE, ihr Mechanismus und ihre Entstehungsweise würden besonders schlecht verstanden. Sie stellt fest, daß die psychoanalytische Literatur, die dieses Thema behandelt, sehr begrenzt ist und daß das Werk von FENICHEL *The Psychoanalytic Theory of Neurosis* in einer Bibliographie mit 1640 Stichwörtern nur einen einzigen Hinweis darauf enthält.

IDA MACALPINE betont, die neue psychoanalytische Technik habe dazu tendiert, den Ausdruck Suggestion zu verwerfen, ein wenig später aber habe FREUD ihn wieder eingeführt, als er in seinen *Vorlesungen zur Einführung in die Psychoanalyse* (1917) sagte: »... wir müssen gewahr werden, daß wir in unserer Technik die Hypnose nur aufgegeben haben, um die Suggestion in der Gestalt der Übertragung wiederzuentdecken.« In seiner *Selbstdarstellung* (1925) schrieb er: »Unschwer erkennt man in ihr (der Übertragung) denselben dynamischen Faktor, den die Hypnotiker Suggestibilität genannt haben, der der Träger des hypnotischen Rapports ist.« Im nächsten Absatz meinte er: »Es ist ganz richtig, daß auch die Psychoanalyse mit dem Mittel der Suggestion arbei-

---

die Bedeutung des Begriffs *Labilität* der physiologischen Prozesse für das Verständnis der Hypnose hervorgehoben (er versuchte diese Labilität sogar zu messen, indem er sie mit Hilfe des Bourguignon-Geräts zur meßbaren Chronaxie in Beziehung brachte).

tet wie andere psychotherapeutische Methoden. Der Unterschied ist aber, daß ihr – der Suggestion oder Übertragung – hier nicht die Entscheidung über den therapeutischen Erfolg überlassen wird.« In den *Vorlesungen zur Einführung in die Psychoanalyse* gebraucht FREUD die Ausdrücke Übertragung und Suggestion so, daß sie gegeneinander austauschbar sind; er betont jedoch, die direkte Suggestion sei aufgegeben worden.

Er verweist darauf, daß die Suggestion (oder die Übertragung) in der Psychoanalyse anders angewendet werde als in den übrigen Psychotherapien. In der Psychoanalyse werde die Übertragung ständig analysiert und aufgelöst. Die Suggestion werde so durch die Überwindung der Übertragung eliminiert. IDA MACALPINE meint, das alles stimme zwar, erkläre aber weder die Übertragung noch die Suggestion. Sie schreibt: »Es ist vom wissenschaftlichen Standpunkt her anfechtbar, daß man in die Definition der Suggestion die nachfolgende Beziehung zwischen Therapeut und Patient mit einschließt; es ist auch nicht wissenschaftlich korrekt, die ›Suggestion‹ durch ihre Funktion zu definieren: je nachdem, ob es das Ziel der Suggestion ist, zu verbergen oder zu enthüllen, daß es eine Suggestion gibt oder daß es keine gibt. Man würde auf der methodologischen Ebene wenig gewinnen, wollte man das Wort ›Suggestion‹ gemäß diesen Erwägungen anwenden und dann die Begriffe ›Suggestion‹, ›Suggestibilität‹, ›Übertragung‹ als Synonyme behandeln. Es überrascht somit nicht, daß das Verständnis der analytischen Übertragung unter einer stets ungenauen und unwissenschaftlichen Formulierung litt.«[51]

Sie gibt selbst eine Definition: »Wenn ein Mensch, der ein gewisses Quantum natürlicher Suggestibilität besitzt, einem suggestiven Stimulus ausgesetzt wird und darauf reagiert, kann man sagen, daß er unter dem Einfluß der Suggestion steht. Um zu einer Definition der analytischen Übertragung zu gelangen, muß man zuerst einen Begriff einführen, der dem Begriff Suggestibilität in der Hypnose entspricht, und von der Fähigkeit oder natürlichen Veranlagung eines Menschen zur Herstellung der Übertragung sprechen. Diese Ver-

---

[51] »The development of the transference.« *Psychoanal. Quart.*, 1950.

anlagung ist genau der gleiche Faktor wie die Suggestibilität und kann in derselben Weise definiert werden, nämlich: als eine Fähigkeit, sich durch Regression anzupassen. Während in der Hypnose der Präzipitationsfaktor der suggestive Stimulus ist, gefolgt von der Suggestion, wird in der Psychoanalyse die Fähigkeit des Menschen, sich mittels Regression anzupassen, durch den äußeren Stimulus (oder Präzipitationsfaktor) aktiviert, den die infantile Situation des Analysierten darstellt. In der Psychoanalyse wird das Subjekt nicht als Folge einer vom Analytiker bewirkten Suggestion, sondern mittels einer fortlaufenden Aktion, indem man es in die infantile Situation der Analyse stellt, zur Regression gebracht. Wenn der Mensch reagiert, wird er eine Übertragungs-Beziehung herstellen, d. h. eine Regression durchmachen und Beziehungen zu Bildern aus seiner frühen Kindheit knüpfen. Die analytische Übertragung kann somit als stufenweise Anpassung des Menschen mittels Regression an die infantile Situation der Analyse definiert werden.«

Das Problem der Beziehungen zwischen Suggestion, Übertragung und Hypnose wird noch komplizierter, wenn man diesen Begriffen, die bisher eine rein psychologische, instinktive und Motivations-Ebene nicht verließen, psychophysiologische Inhalte beifügt. Dieser Versuch einer Synthese wurde, wie wir gesehen haben, von KUBIE und MARGOLIN (1944) sowie von GILL und BRENMAN (1959) unternommen. Eine neue Bedeutung kam hinzu. Die physische Manipulation, eine Art »sensorischer Deprivation«, bewirkt von sich aus, ohne Übertragung, körperliche und geistige Regressionsbewegungen.

Der jüngste Beitrag zur psychoanalytischen Hypnosetheorie stammt von HAROLD STEWART[52]. Auch er teilt FREUDS und FERENCZIS Ansichten nicht, daß die hypnotische Beziehung vor allem eine masochistische, libidinöse Unterordnung des hypnotisierten Mediums unter den Hypnotiseur sei. STEWART entwickelt die Vorstellungen von GILL und BRENMAN weiter, denen zufolge die hypnotische Beziehung nicht nur eine Erfüllung instinktiver Wünsche voraussetzt, sondern auch ein kompliziertes Gleichgewicht zwischen Trieben und Abwehrmechanismen, bei welchen die Aggressivität eine

---

[52] *Int. J. Psycho-anal.*, 1963.

wichtige Rolle spielt. Mit anderen Worten, STEWART läßt die Vorstellung gelten, daß das hypnotisierte Medium eine ambivalente Haltung gegenüber dem Hypnotiseur einnimmt, den es liebt und gleichzeitig haßt, wobei der letztere Aspekt der Situation tatsächlich der wichtigere ist. STEWART erklärt, er habe beobachtet, daß man die Tiefe der Hypnose nicht beeinflusse, wenn man dem Medium seine libidinösen Triebe interpretiere, wogegen man, wenn man die Aufmerksamkeit des Mediums auf seine feindseligen Gefühle lenke, die Trance abschwäche oder sogar auflöse. Beim hypnotisierten Patienten wären somit die feindseligen Gefühle irgendwie integriert, so daß er sie ertragen könne. STEWART fragt sich, wie es dazu kommen könne. Er vermutet, wenn das hypnotisierte Medium das Gefühl habe und sage, es stehe unter der Kontrolle des Hypnotiseurs, geschehe dies nur auf bewußter Ebene. Tatsächlich sei für das Unbewußte genau das Gegenteil der Fall: Das Medium kontrolliere die Situation. Der Autor argumentiert folgendermaßen:

Der hypnotische Zustand basiert auf einer Fiktion: der Hypnotiseur muß gegenüber dem Patienten so tun, als sei er allmächtig, wenn er eine hypnotische Trance herbeiführen will. Aber *das Unbewußte* des Mediums »weiß«, daß er nur so tut, und kompensiert diese Situation durch das Gefühl, daß es selbst »durch seine Macht den Hypnotiseur zu dieser Fiktion zwingt und dadurch die hypnotische Situation kontrolliert«. Also ist die Beziehung in der Trance nicht ausschließlich eine passive, masochistische Identifizierung und eine Unterordnung seitens des Mediums, sondern ihr »unbewußter dynamischer Inhalt ist auch ein Angriff gegen den Hypnotiseur ... Die hypnotische Trance kann als eine Komplicenschaft zwischen Hypnotiseur und Medium zur Ableugnung des aggressiven Angriffs des letzteren auf den Hypnotiseur aufgefaßt werden und ist gleichzeitig eine Manifestation dieses Angriffs.«

Auf der Basis dieser theoretischen Erwägungen stellt STEWART neue Hypothesen auf, um die hypnotischen Phänomene zu erklären. Seiner Meinung nach können zwei Situationen auftreten. »In der ersten erreicht die Anwendung der Fähigkeit des Mediums die Realität zu prüfen (reality testing), ein hohes Niveau, weil die Ängste vor dem Hypnotiseur, der als Rivale auf diesem Gebiet angesehen wird, ausgeräumt werden können. Die zweite Situation ist die Umkehrung der ersten, d. h. sie ist die Verneinung der Fähigkeit der Realitätsprüfung, wozu es beispielsweise in den positiven und negativen Halluzinationen kommt, in den Analgesien, Aphonien usw., und das kann als innerer Angriff angesehen werden, der sich unter dem Druck des ›Wirklichkeitsprinzips‹ gegen das Selbst (self) richtet und aus der Furcht vor Repressalien seitens des angegriffenen Hypnotiseurs oder aus dem damit zusammenhängenden unbewußten Schuldgefühl resultiert.«

Stewart gibt auch eine Erklärung für die Fähigkeit, sich zu erinnern und verborgene Erinnerungen abzureagieren. »Freud behauptete (1921)«, schrieb er, »daß der Hypnotiseur an die Stelle des Ich-Ideals des Mediums (Über-Ich) tritt, aber ich behaupte, daß das Über-Ich an die Stelle des Hypnotiseurs tritt und daß dieses projizierte Über-Ich vom Medium kontrolliert wird, unter Komplicenschaft des Hypnotiseurs. So fühlt sich das Medium jetzt in hohem Maß von der Macht des Über-Ich befreit[53] und kann die bislang verdrängten Erinnerungen ungehemmt auftreten lassen.«

---

[53] Das läßt sich natürlich auf die sehr umstrittene Frage des antisozialen Verhaltens des Hypnotisierten beziehen.

6
Beziehungen zwischen Hypnose und Schlaf

Der Abbé Faria war (1819) der erste, der für die Beziehung des hynotischen Zustands den Ausdruck »klarsichtigen Schlaf« verwendete. Seither wurden die Bezeichnungen hypnotischer Schlaf, provozierter, künstlicher Schlaf usw. gebraucht. Autoren wie Schilder und Kauders, Kretschmer, Stokvis und andere verteidigten die »Verwandtschaft« zwischen Schlaf und hypnotischem Zustand vom physiologischen Standpunkt, indem sie den Ausgangspunkt der Hypnose in die subkortikalen Zentren legen, die den Schlaf regulieren. Die Pawlowsche Schule spricht von einer partiellen kortikalen Hemmung. Mit der Entdeckung der grundlegenden Rolle der retikularen Formation des Hirnstamms für das Wachsein bildet sich eine Theorie, die dieser Formation eine besondere Bedeutung im Hypnosemechanismus zuschrieb. Amerikanische Autoren stellten sie der Schlaftheorie entgegen. Ihrer Ansicht nach sind Atmung, Puls und alle anderen physiologischen Faktoren der Hypnose identisch mit jenen des Wachzustands. Vor allem ist bei der Hypnose der Kniesehnenreflex stets vorhanden.

Nach der Einführung der Elektroenzephalographie bekam die Kontroverse neue Nahrung. Die russischen Autoren glaubten, die Ähnlichkeit der Hypnose mit dem Schlaf elektrographisch beweisen zu können. Ihre Schlußfolgerungen erscheinen uns nicht sehr fundiert. Sie unterscheiden tatsächlich zwischen den elektrischen Charakteristika der drei Hypnosestadien, obwohl es für die klinische Existenz dieser Stadien keine objektiven Kriterien gibt. Die amerikanischen Autoren dagegen stellten keine elektroenzephalographische Gleichartigkeit von Hypnose und Schlaf fest. Andere Forscher, wie Israël und Rohmer, sprechen von einem Vorschlaf. Wir selbst nahmen mit Kramarz elektroenzephalographische Untersuchungen bei Personen vor, die sich im Hypnosezustand befanden. Bei der Mehrheit veränderte die Hypnose die EEG-Wellen nicht. Doch bei einigen stellten wir Kurven fest, die sich nicht eindeutig interpretieren ließen. Wir erhielten elektrographische Bilder, die auf Veränderungen des Bewußtseinszustands in Form von Über- oder Unterfunktionen hindeuteten: Verlangsamung der EEG-Wellen, die an einen Zustand des Vorschlafs denken ließ; Dissynchronisation der Alpha-Aktivität, ausgeprägte okulare Artefakte, was auf einen überwachen Zustand hinwies.

Man entdeckte jedoch nicht nur Ähnlichkeiten physiologischer Natur; auch auf psychologischer Ebene bestand die Tendenz, bei Schlaf und Hypnose gemeinsame Züge zu ermitteln, vor allem unter den Psychoanalytikern. BRENMAN meint, wie FREUD, Hypnose und Schlaf seien in verschiedener Hinsicht vom psychologischen Standpunkt vergleichbar. BELLAK hält die Hypnose für einen besonderen Fall der sich selbst ausschließenden Ichfunktion, wie man sie im Schlaf findet. In der Hypnose geschieht das, was sich bei der Arbeit zuträgt, die man automatisch erledigt: es kommt quasi zu einer topologischen Regression auf eine vorbewußte Arbeitsweise. Bei der automatisch erledigten Arbeit bleibt ein Bruchteil der Wahrnehmungsfunktion erhalten, in der Hypnose wird sie dem Hypnotiseur zugewiesen.

Für BELLAK gibt es aus psychodynamischer Sicht keine grundlegenden Unterschiede zwischen Hypnose und Schlaf, es sei denn quantitative Unterschiede hinsichtlich des Grades der Ich-Ausschließung von seiten des Patienten. KUBIE warnt mit seiner üblichen Umsicht vor Versuchen, die Hypnose durch den Schlaf zu erklären. Damit, sagt er, würden wir vorgehen, »als verstünden wir den Schlaf und als seien die Beziehungen zwischen dem hypnotischen Zustand, dem Schlaf und dem Traum klar definiert, während das in Wirklichkeit bei keinem dieser Punkte erreicht wurde«. Für KUBIE würde ganz im Gegenteil die Hypnose, wenn man ihre Natur wirklich begriffe, die Erklärung des Schlafmechanismus ermöglichen.

7
Die Tierhypnose

Die Experimente in der Tierhypnose gingen jenen in der menschlichen Hypnose voraus. Bereits 1646 fand in Rom das »Experimentum mirabile de imaginatione gallinae« des Jesuiten ATHANASIUS KIRCHER statt. In diesem berühmten Experiment haben verschiedene später angewandte Techniken ihren Ursprung. Seine Interpretation warf schon die wesentlichen theoretischen Probleme auf, über die man heute diskutiert. Deshalb verdient es in großen Zügen beschrieben zu werden:

Ein Huhn, dem man die Flügel zusammengebunden hatte, lag auf einem Brett, auf dem Bauch oder auf der Seite. Nach

Abb. 1 – *Das wunderbare Experiment* (nach KIRCHER).

einer Agitationsperiode wurde es ruhig, und nun zog man auf dem Brett in Höhe des Schnabels einen Kreidestrich. Band man nun dem Huhn die Flügel los, blieb es reglos liegen (Abb. 1). Um es zu »wecken«, mußte man es leicht schlagen oder Lärm machen. Laut Pater KIRCHER beruhigte sich das Huhn von dem Augenblick an, wo es sich angesichts der Vergeblichkeit seiner Befreiungsversuche »seinem Besieger unterwirft«. Befreite dieser es von seinen Fesseln, verharrte es dennoch an derselben Stelle, denn seine »vehemens animalis imaginatio« deutete den Strich als eine Fessel, und deshalb blieb es erstarrt liegen. Pater KIRCHER gab also, indem er die Furcht, die Unterwerfung und die Imagination des Huhns beschwor, seiner Erklärung gewissermaßen eine psychologische Richtung, die von zahlreichen Forschern später wieder aufgegriffen wurde und sich auch für die Deutung der menschlichen Hypnose als nützlich erweisen sollte.

Unter den vielen Experimentatoren, die sich für die Tierhypnose interessierten, vor allem seit dem ausgehenden 19. Jahrhundert, sind CZERMAK, PREYER, DANIELEWSKI, MANGOLD, VÖLGYESI und SVORAD zu erwähnen. Sie und auch andere Autoren experimentierten mit Tieren der verschiedensten Gattungen: Säugetieren, Vögeln, Reptilien, Lurchen, Spinnen, Krebsen, Fischen usw. Den von ihnen beobachteten Phänomenen gaben sie unterschiedliche Benennungen, die vielleicht den jeweiligen Gegebenheiten entsprachen, andererseits aber auch oft die Orientierung der Autoren, ob physiologisch oder psychologisch, verdeutlichten. Das Experiment KIRCHERS wurde, was die Technik anbelangt, oft nachgeahmt und übrigens sehr vereinfacht. Schließlich wurde es darauf reduziert, das Huhn in einer ungewohnten Stellung bewegungslos zu machen. Man wandte allerdings mehrere Verfahren an, die alle darauf hinausliefen, das Tier in eine ungewöhnliche Lage oder Situation zu bringen: es plötzlich auf den Rücken zu drehen (»klassisches« Verfahren), es durch den Blick zu fixieren, ihm eine Kapuze aufzusetzen oder es wiederholt von oben nach unten zu schwingen (letzteres wurde insbesondere bei Vögeln angewandt).

Die Hypnotisierbarkeit ist bei Tieren sehr verschieden: Während sich das Huhn als besonders gefügig erweist, gelten Hund und Katze als höchst widerspenstige Medien.

Zu erwähnen ist, daß in der Tierwelt Fälle von Hypnose auch außerhalb des Experiments auftreten. Einige Wirbellose geraten von selbst in einen kataleptischen Zustand, wie die Spinne, die in ihrem Netz von starkem Licht getroffen wird. Andererseits können auch gewisse Tiere auf andere so wirken, daß diese in einen hypnotischen Zustand geraten. Bei einer großen Spinnenart, der Walzenspinne *Galeodes caspicus turcestanus,* versucht das Weibchen, wie HEYMONS beschreibt, das Männchen zu fressen, während dieses sie umwirbt. Um die Paarung vorzunehmen, »hypnotisiert« das Männchen das Weibchen, indem es ihm seine Zangen in den Unterleib schlägt[54]. Nach der Begattung greift das Weibchen seinen meist schwächeren, aber flinkeren Partner an; dank seiner Schnelligkeit vermag das Männchen häufig sein Leben zu retten. Schließlich und endlich kennt man die – manchmal wechselseitigen – Faszinationsmanöver, die zwischen den Schlangen und Nattern einerseits und Ratten oder Vögeln anderseits stattfinden.

Vom theoretischen Standpunkt wirft die Tierhypnose vor allem die Frage nach ihrer biologischen Bedeutung auf. Die Ansichten über diesen Punkt gehen stark auseinander. Für PAWLOW war die Tierhypnose ein Selbsterhaltungsreflex: Wenn das Tier nicht sein Heil im Kampf oder in der Flucht suchte, verhielt es sich reglos, um nicht durch seine Bewegungen den Angreifer zu provozieren. FREUD drückte sich ähnlich aus: Die Hypnose »enthält einen Zusatz von Lähmung aus dem Verhältnis eines Übermächtigen zu einem Ohnmächtigen, Hilflosen, was etwa zur Schreckhypnose der Tiere überleitet«. Andere Autoren aber (MANGOLD, RABAUD, SVORAD) weisen darauf hin, daß der Erstarrungsreflex bei gewissen Tieren keinerlei praktischen Sinn hat, während andere, die ihn brauchen könnten, nicht darüber verfügen (z. B. der Laufkäfer *Scarites lavigatus*). Und bei einigen Gliederfüßlern (*Nehria psammodes,* Bombardierkäfer) wirkt sich dieser Reflex sogar nachteilig aus.

Ein weiteres Problem bildet die Natur der Hypnose. In ihren Erklärungen gaben die Autoren diesem oder jenem Aspekt der Phänomene den Vorzug: die einen dem emotionalen Aspekt (Angst, Unterwerfung usw.), die anderen dem neurophysiologischen Aspekt (tonischer Reflex, kortikale Hemmung usw.). Doch keine der Erklärungen kann wirklich befriedigen, denn sie sind alle einseitig und ziehen eine zu starre Grenze zwischen psychischen und physischen Faktoren. Einen synthetischeren Standpunkt nehmen SCHILDER

---

[54] SCHILDER stützte sich (1922) auf dieses Beispiel, um die Hypothese von einer libidinösen Komponente in der menschlichen Hypnose zu untermauern.

und KAUDERS[55] ein. Sie gestehen zwar den physiologischen Faktoren große Bedeutung zu, betonen aber, daß diese zweifellos nicht allein wirken: So könne man keineswegs mit Sicherheit sagen, »ob die motorische Hemmung bei den Tieren lediglich motorisch sei oder mit Abänderungen des Psychischen verbunden ist«. Das Ineinandergreifen physiologischer und psychologischer Faktoren ist auch in der menschlichen Hypnose zu verzeichnen. SCHILDER und KAUDERS sind übrigens der Ansicht, daß – trotz der Verschiedenheiten, die auf eine unterschiedliche Hirnorganisation zurückzuführen sind – eine »grundsätzliche Identität« zwischen der menschlichen und der tierischen Hypnose besteht.

SCHILDER eröffnete eine neue Perspektive in der Erklärung der menschlichen Hypnose, da er sowohl der Motivation als auch dem Körperlichen, dem organischen Substrat, Beachtung schenkte. Einer seiner Mitarbeiter, H. HARTMANN (1939), gab der Psychoanalyse eine neue Richtung, indem er das Ich und damit den Körper im Verhältnis zu den Kräften der Instinkte aufwertete. Diese Neuorientierung wirkte sich auf die Hypnosetheorie aus und ist besonders in den Arbeiten von GILL und BRENMAN (1959) zu spüren. Die beiden zogen, wie wir gesehen haben, eine Synthese (siehe S. 58) aus den psychoanalytischen Vorstellungen von der Psychologie des Ich und aus gewissen neuen Theorien über die experimentelle Psychologie. Für sie ist die Hypnose ein Regressionsprozeß, der durch physische (sensorisch-motorische Deprivation) oder durch psychische Mittel ausgelöst werden kann.

In ihrem Werk *Hypnosis and related states* (Hypnose und verwandte Zustände) spielen GILL und BRENMAN ein einziges Mal auf die Tierhypnose an, und zwar bei der Erwähnung der Gedanken KUBIES und MARGOLINS über die Bedeutung von Beeinträchtigungen der motorischen Aktivität bei Lebewesen. KUBIE und MARGOLIN gingen von der Beobachtung PAWLOWS aus, daß jede Beeinträchtigung der motorischen Aktivität beim Tier der erste Schritt zur Herbeiführung der hypnotischen Muskelstarre sei. Für KUBIE und MARGOLIN befindet sich die menschliche Versuchsperson, auf die man einen langen, festen Blick richtet, in einer ähnlichen

---

[55] *Lehrbuch der Hypnose*. Springer, Wien und Berlin 1926.

Lage wie ein Tier, das man daran hindert, den Kopf zu bewegen. Diese Argumentation, so betonen GILL und BRENMAN, stellt zum erstenmal die Verbindung zwischen der »Tierhypnose« und der Humanhypnose her, und zwar »über jenen Apparat im Organismus, der lebenswichtige Bedeutung für die Aufrechterhaltung des Kontakts zu den Reizen der Außenwelt hat«.

GILL und BRENMAN arbeiteten jedoch selbst keine Erklärung der Tierhypnose aus, die auf ihrer Konzeption von der Humanhypnose fußte. Unserer Ansicht nach gibt es aber einen interessanten Ausgangspunkt, von dem aus man zu einer neuen Formulierung der Tierhypnose gelangen kann. In dieser Formulierung erscheint uns die momentane Situation wichtig, d. h. die Veränderung, die in den physischen und emotionellen Beziehungen des Tiers zu seiner Umwelt erfolgt. Als Folge verschiedener Manipulationen, die man mit ihm vornimmt, befindet sich das Tier gewissermaßen in einem Zustand »sensorischer Deprivation«, auf den es durch eine Starre reagiert, eine Unbeweglichkeit, die als regressiv verstanden werden kann.

Festzustellen ist hier, daß der Entzug der Bewegungsfreiheit nicht immer genügt, um die hypnotische Starre herbeizuführen. Manchmal muß man das Tier außerdem noch in eine unbequeme oder ihm ungewohnte Lage bringen. Diese Lage bewirkt bei dem Tier eine Veränderung seiner gewohnten Existenz, was »psychischem Streß« gleichkommt. Die Experimente von BONFILS und LAMBLING in Frankreich mit Ratten sind in dieser Hinsicht sehr lehrreich. Ratten, die man bewegungslos machte, kämpften mehrere Stunden gegen ihre Fesseln an, dann bekamen sie ein Ulkus. Auch Meerschweinchen, die man diesem Experiment unterzog, gerieten in Erregung und bekamen schließlich dieselbe Krankheit (allerdings war bei ihnen der Prozentsatz der Erkrankungen geringer). Drehte man die Meerschweinchen jedoch auf den Rücken, konnte man sie leicht in einen Zustand hypnotischer Bewegungslosigkeit versetzen. Gefesselte Meerschweinchen oder Ratten behalten Kontakt zur Umwelt. Sie stehen unter fortgesetztem Streß und ziehen sich dadurch ein Ulkus zu. Dreht man das Meerschweinchen auf den Rücken, geht der Kontakt mit der Außenwelt offenbar verloren, und das Tier reagiert auf diese ungewohnte Situation mit »Bewegungslosigkeit«, mit einer globalen Regression, die für seinen Organismus wohltuend zu sein scheint.

Das Meerschweinchen verharrte jedoch nur ein paar Sekunden in dieser Stellung, und man kann nicht sagen, ob sein Zustand derselbe geblieben wäre, wenn es die gleiche Zeit darin verharrt hätte, die bei den obigen Experimenten mit gefesselten Ratten für die Entstehung eines Ulkus notwendig war. Interessant sind in diesem Zusammenhang die Arbeiten von LIBERSON (1961), dem es gelang, bei den Meerschweinchen hypnotische Zustände von längerer Dauer hervorzurufen. Er setzte sie einer Reihe von Immobilisationen aus, die er durch plötzliches Erwecken unterbrach. Die Zeit der Bewegungslosigkeit stieg mit dem Fortschreiten der Manipulation. Zu einem gewissen Zeitpunkt, den LIBERSON als »Zerreißpunkt« bezeichnet, traten den Tieren, die an dem Brett, auf dem sie lagen, festgeklebt schienen, die Augen aus den Höhlen, ihre Glieder waren aufs äußerste gespannt, und von Zeit zu Zeit überlief sie ein leises Zittern. Sie wurden schwächer und verendeten.

Kann man dieses Ende auf die hypnotische Starre zurückführen? Betonen wir zunächst, daß in der Bewegungslosigkeit die Spannungen erst bei Erreichen des »Zerreißpunktes« auftraten. Die Spannung dürfte also am ehesten die Folge einer psychologischen Frustration sein, das Resultat aller vergeblichen Versuche des Tieres, auf die Beine zu kommen. Es ist deshalb nicht sicher, daß die durch diesen Frustrationsmechanismus erzielte andauernde Bewegungslosigkeit einer echten hypnotischen Starre entspricht. Die letztere wird charakterisiert durch die »Ruhe« und kann als »Spontanhaltung« des Tieres gedeutet werden, die statt einer Verteidigung eingenommen wird. Die Bewegungslosigkeit mit Spannung dagegen, die in LIBERSONS Experimenten bei den Tieren auftritt, scheint die Folge oftmals wiederholter Ausübung von Zwang zu sein. Man befindet sich hier, wohlgemerkt, auf dem Gebiet der Spekulation, da experimentelle Arbeiten fehlen, die eindeutigere Ansichten erlauben würden.

Wir können nun folgende Definition zur Diskussion stellen:

Der Hypnosezustand beim Tier ist ein durch Unbeweglichkeit und Starre regressiver Na ur charakterisiertes Verhalten des Tieres. Man kann dieses Verhalten durch verschiedene Verfahren herbeiführen, durch die man das Tier in eine ungewohnte Situation oder Lage bringt und die alle das Ziel haben, den normalen Ablauf des sensorisch-motorischen und emotionalen Austauschs zwischen dem Tier und seiner

Umwelt zu ändern. Wenn man in der Rangordnung der Tiere weiter nach oben geht, spielen die emotionalen Faktoren (die zweifellos in elementarer Form auch schon bei den niedrigen Tieren zur Wirkung kommen) mit zunehmender Entwicklung der Psyche, eine immer bedeutendere Rolle bei der Induktion der Hypnose. Dies besagt, daß auch beim Menschen die sensorische Deprivation als solche bedeutungsvoll bleibt. Außerdem benötigt jedes Lebewesen in allen Fällen eine Austauschströmung zur Außenwelt, und wenn diese Strömung unterbrochen oder verändert wird, kann das betreffende Lebewesen durch Annahme einer regressiven Haltung reagieren. Genau dies geschieht in der Tierhypnose, ebenso wie in der menschlichen Hypnose, und auf dieser Übereinstimmung der Situation beruht die grundlegende Gleichheit der beiden Hypnoseformen[56].

Man versteht nun, warum wir uns näher mit theoretischen Problemen der Tierhypnose befaßten. Die menschliche Hypnose fand bis heute noch keine befriedigenden theoretischen Erklärungen, und unter diesen Umständen erscheint das Studium der Tierhypnose als nützliches »Zurück zu den Ursprüngen«. Die tierische Verhaltensforschung ist, allgemein gesehen, wertvoll für das Verständnis von Instinkthandlungen beim Menschen[57]. Deshalb ist es bedauerlich, daß Arbeiten über die Tierhypnose seit einigen Jahren immer seltener werden. Da die Tierhypnose sich im Experiment als einfacher und zugänglicher erweist, wird sie vielleicht eines Tages den Weg zur teilweisen Lösung jener Probleme öffnen, die bei der menschlichen Hypnose auftreten.

[56] Wir haben gesehen, welche Bedeutung KUBIE (siehe S. 61) der Unterdrückung der »Selbstschutzmechanismen usw.« im Erlebnis der menschlichen Hypnose beimißt. Er gebraucht ähnliche Ausdrücke, wenn er von der Tierhypnose spricht. Bei der Schilderung der Psychophysiologie der Hypnose schrieb er: »Fordern Sie einen Menschen auf, die Augen auf eine sich langsam drehende zentrifugale Spirale zu richten; oder halten Sie den Kopf und den Hals eines Huhns, während dieses auf dem Rücken liegt, an einen längs verlaufenden Kreidestrich. Alle diese Manipulationen, welche die Kritikmechanismen des Wachzustands vollkommen lahmlegen, können zur Entstehung derartiger Phänomene (hypnoider Zustände) führen.«

[57] Das ist der Grund, warum HENRY EY bei der Abfassung des Kollektivwerkes *Psychiatrie Animale* (Desclée de Brouwer, 1965) unter seiner Leitung Zoologen, Veterinäre und Psychiater versammelte. Das Werk enthält im Kapitel über Tierhypnose unseren Beitrag, der im wesentlichen die hier gegebenen Hinweise beinhaltet.

8
Hypnotisierbarkeit

Die Hypnotisierbarkeit ist ein grundlegendes Problem. Zwei Fragen, die Mediziner wie Nichtmediziner unweigerlich stellen, lauten: Kann jeder Mensch hypnotisiert werden? Und: Kann jeder Mensch hypnotisieren?

Beginnen wir mit der ersten Frage. Bevor wir das Problem in seiner ganzen Kompliziertheit behandeln, sei folgendes festgestellt: Auf der einen Seite gibt es Menschen, die von allen hypnotisiert werden können, sie sind ausgezeichnete Somnambule; auf der anderen Seite gibt es Personen, die nicht zu hypnotisieren sind, sie sind völlig refraktär.

Zwischen den beiden Kategorien findet man mehr oder weniger hypnotisierbare Menschen, die von bestimmten Ärzten hypnotisiert werden können, von anderen aber wiederum nicht.

Die obige Ansicht ist allgemein verbreitet, doch GILL und BRENMAN meinten (1959), die Hypnotisierbarkeit eines Menschen sei relativ konstant; in einer Versuchsreihe, die das Ziel hatte, bei wenig begabten Versuchspersonen die Hypnotisierbarkeit durch Variation der Methode und Wechsel der Hypnotiseure zu steigern, stellten sie nur geringe Unterschiede in den Ergebnissen fest.

Wenn man jedoch von Hypnotisierbarkeit spricht, muß man auch den Grad der Hypnose berücksichtigen, das, was man die Tiefe der Trance nennt, auch wenn diese jeweils relativ zu bewerten ist.

Man hat versucht, diese Werte in Prozentzahlen auszudrükken. Die Resultate waren sehr unterschiedlich, denn derartige Untersuchungen sind aus einem einfachen Grund ziemlich schwierig: Wir besitzen keine objektiven Kriterien, um festzustellen, ob ein Mensch hypnotisiert ist und bis zu welchem Grad.

Der englische Autor BRAMWELL äußerte (1903) die Ansicht, alle Menschen seien bis zu einem bestimmten Punkt hypnotisierbar und man könne bei 10 bis 20 Prozent eine tiefe

Trance erreichen. Hier möchten wir eine interessante Beobachtung BERNHEIMS anführen, der sagte, vier Fünftel der Krankenhauspatienten könnten in tiefe Trance sinken, von seinen ambulanten Patienten aber nur ein Fünftel bis ein Sechstel.

Wovon hängt die Hypnotisierbarkeit ab?

Diese Frage muß unter zwei Gesichtspunkten betrachtet werden, denn sie betrifft sowohl den *Hypnotisierten* als auch den *Hypnotiseur*.

Die Persönlichkeit des *Hypnotisierten* wurde aus allen Blickwinkeln untersucht. Man fand jedoch keine sicheren Kriterien für die Hypnotisierbarkeit. Es ließen sich keine Wechselbeziehungen feststellen zwischen der Hypnotisierbarkeit und der physischen oder psychischen Verfassung, dem extravertierten oder introvertierten Charakter, der Rasse, dem Geschlecht, dem gesellschaftlichen Status usw. Man machte Projektionstests, doch ohne überzeugende Ergebnisse. Auch Relationen zwischen der Hypnotisierbarkeit und pathologischem Wesen ließen sich nicht mit Sicherheit nachweisen.

Unseren eigenen Beobachtungen zufolge waren jedoch Jugendliche und Erwachsene, die an Enuresis litten, fast immer hypnotisierbar. Dasselbe galt, wenn auch in etwas geringerem Maß für Asthmatiker. Übrigens macht der amerikanische Psychoanalytiker KAUFMAN darauf aufmerksam, daß Soldaten im allgemeinen einen hohen Grad an Hypnotisierbarkeit haben: Während des Zweiten Weltkriegs, im Pazifikfeldzug, behandelte er rund 2500 Frontsoldaten mit Hypnose, und die meisten erwiesen sich als Personen mit hoher Hypnotisierbarkeit. Diese Beobachtung stimmt mit den Feststellungen überein, die man bereits bei den alten Autoren wie LIÉBEAULT und BERNHEIM findet. Die beiden letzteren erklärten dies mit dem passiven Gehorsam, dem die Soldaten unterworfen waren. Doch KUBIE meinte in seiner Deutung der Resultate KAUFMANS, ein Arzt, der einen Soldaten aus der vorderen Frontlinie herausziehe, werde für diesen eine allmächtige Gestalt, der er die Sorge um seinen Schutz übertrage (siehe S. 61).

Sehr lange sah man eine enge Verbindung zwischen Hypnotisierbarkeit und Suggestibilität. Für BERNHEIM ließ sich die

Hypnose auf die Suggestibilität zurückführen. JANET war anderer Ansicht. Er schrieb über dieses Thema in *l'Automatisme psychologique* (1889): »Die Phänomene der Suggestion sind unabhängig vom hypnotischen Zustand. Die Suggestibilität kann auch ohne künstlichen Somnambulismus sehr vollkommen sein, und sie kann in einem Zustand vollkommenen Somnambulismus völlig fehlen, mit einem Wort, sie ändert sich nicht in derselben Zeit und in derselben Richtung wie dieser Zustand.«

In jüngster Zeit, vor einigen Jahren, behauptete KUBIE, die Suggestibilität sei nicht die Ursache des hypnotischen Zustands, sondern eine Folge davon. Zur Unterstützung seiner Behauptung führt er Experimente an, in denen er einen Patienten mit Hilfe eines Apparats ohne jede Verbalsuggestion in hypnotischen Zustand versetzte. Der so hypnotisierte Patient nahm dann die Worte des Hypnotiseurs als Ausdruck seiner eigenen Persönlichkeit auf. Die Grenze zwischen Hypnotiseur und Hypnotisiertem war auf diese Weise aufgehoben. Somit würde die Hypnotisierbarkeit davon abhängen, »mit welcher Leichtigkeit ein Individuum einen äußeren Reiz in sein Inneres aufzunehmen und zu einem Teil seiner selbst zu machen vermag«.

Wir haben selbst, zusammen mit MURIEL CAHEN, das Problem der Persönlichkeit des Hypnotisierten an rund vierzig Patienten studiert, zum Großteil »Psychosomatischen«, »guten« und »schlechten« hypnotischen Medien. Unsere Untersuchung umfaßte Gespräche und Tests. Eine statistische Auswertung (Bestimmung der Prozentzahlen, Analyse der Ergebnisse) nahmen wir nicht vor, da unsere Arbeit nur Kranke betraf und keine Kontrollgruppe zur Verfügung stand. (In anderen Ländern, wo die Experimente mit gesunden Personen durchgeführt werden, verwendet man hauptsächlich Psychologiestudenten.)

Wir glauben, unter den *Refraktären* zwei Arten unterscheiden zu können: Fälle, in denen bewußte Ablehnung vorlag, und solche, in denen Unempfindlichkeit gegenüber Hypnose herrschte. Die meisten befanden sich schon lange in ärztlicher Behandlung und waren chirurgischen Eingriffen unterzogen worden, die jedoch ihre Symptome nicht zum Verschwinden gebracht hatten. Keiner hatte sich an die

Gesellschaft anzupassen vermocht. Bei allen war die Persönlichkeit stark gestört, und sie demonstrierten etwas, das man als »Somatopsychose« mit stark narzißtischer Struktur bezeichnen könnte. Wir hatten den Eindruck, daß diesen Menschen ihr somatisches Leiden die Aufrechterhaltung eines relativen psychischen Gleichgewichts erlaubte. Der Kontakt mit der Wirklichkeit war unstabil, die Kontrolle ungenügend.

Die *gut Hypnotisierbaren* waren alle an die Gesellschaft angepaßt. Sie hatten ein gutes Verhältnis zur Wirklichkeit. Wenn sie unter Konfliktproblemen litten, verfügten sie über einen recht guten Anpassungsspielraum. Wir stießen bei ihnen auf keine Zwangsstrukturen... Soweit sich die hysterische Struktur in die Normalität fortsetzt, kann man bei diesem Personenkreis von einer hysterischen Komponente sprechen.

Damit kommen wir zum Problem der *Hysteriker*. Über dieses Problem ist viel geschrieben worden. Lange sah man den hypnotischen Zustand als gleichbedeutend mit der Hysterie an. Man glaubte, nur Hysteriker seien hypnotisierbar. Heute dagegen ist man der Auffassung, daß Neurotiker im allgemeinen weniger gut hypnotisierbar sind als normale Menschen. Was die hysterische Neurose betrifft, so kann man behaupten, daß Menschen mit schwerer Charakterhysterie unempfindlich gegenüber der Hypnose sind. Da das hysterische Symptom mit Emotionen gegenüber Personen aus der Vergangenheit verknüpft ist, lehnen diese Kranken neue Übertragungsbeziehungen zum Hypnotiseur ab: Dies spielt sich so ab, als weigerten sie sich, ihr Problem nochmals zu betrachten, und als könnten sie auf den zweitrangigen Gewinn dieser Betrachtung verzichten. Leichtere Fälle von Hysterikern sind gute Medien. Man kann in der Hypnotisierbarkeit sogar ein prognostisches Element sehen. Ist ein hysterischer Patient hypnotisierbar, dann ist er der Psychotherapie noch zugänglich.

Unsere klinischen Eindrücke wurden durch jüngere Beobachtungen von GILL und BRENMAN bestätigt. Sie wiesen durch Experimente nach, daß normale Menschen leichter hypnotisierbar sind als Neurotiker und daß unter den letzteren die Hysteriker die besten Versuchspersonen darstellen.

Noch ein Wort zur Ausdauer bei der Herbeiführung

der Trance. Gewisse Autoren beschränken sich auf drei oder vier Versuche, andere gehen weiter: Der deutsche Autor VOGT erzielte (1894) in der dreihundertsten Sitzung einen Erfolg. Unserer Ansicht nach ist die erste Sitzung sehr wichtig. Dies ist jedoch keine allgemeingültige Regel. Wir konnten beispielsweise einen stationär behandelten Patienten beim zweiten Versuch, der drei Monate nach dem ersten erfolgte, in Trance versetzen. Gewisse Personen, die unempfindlich gegen die individuelle Hypnose sind, lassen sich in einer Gruppe hypnotisieren, da die Gruppe die Abwehrfunktion gegen die unbewußten Ängste dieser Kranken übernimmt.

Wenden wir uns nun dem *Hypnotiseur* zu. Hier sind zwei Probleme zu behandeln: die Technik und die Persönlichkeit des Hypnotiseurs.

Es versteht sich von selbst, daß lange Erfahrung und technisches Geschick eine wesentliche Rolle spielen. Die Technik muß vor allem elastisch sein und sich den verschiedenen Patienten anpassen können. Bei den »guten« Versuchspersonen wird jede Technik gut sein; bei schwierigen Personen muß die Technik ausgefeilter sein (siehe Teil 2 dieses Bandes). Besondere Bedeutung kommt dem ersten Versuch zu. Das ist vielleicht der Grund dafür, daß man in der psychiatrischen Klinik in Wien mit »professionellen« Somnambulen arbeitete. Es ist von Vorteil für den Studenten, wenn er beim erstenmal Erfolg hat.

Für den Einfluß der *Persönlichkeit* des Hypnotiseurs auf die Hypnotisierbarkeit besitzen wir keine gültigen Kriterien. Ihr wandte man viel weniger Aufmerksamkeit zu als der Persönlichkeit des Hypnotisierten. Wir verfügen nur über ein paar Bemerkungen von verschiedenen Autoren. Schon die Autoren aus der Zeit des tierischen Magnetismus meinten im allgemeinen, »der Magnetiseur sollte sehr ruhig, nicht leidend sein und seiner Imagination mißtrauen, denn der Somnambule spürt alle Ängste des Magnetiseurs«. Man kann keinesfalls behaupten, daß die Fähigkeit zu hypnotisieren auf eine spezifische Struktur zurückzuführen sei. Wie es verschiedene Arten der Hypnose gibt (Vaterhypnose, Mutterhypnose), wie ein Mensch aus unterschiedlichen Gründen hypnotisierbar sein kann, so können auch die Motivationen der Therapeuten verschieden sein. SCHILDER meinte, der Hypnotiseur müsse von dem unbewußten Wunsch nach magischer Kraft und nach libidinöser Beherrschung des Patienten getrieben werden.

Die Angst vor diesen Trieben verstärkt bei gewissen Menschen den Widerstand gegen die Hypnose. Bekannt ist die Geschichte von BREUER, der die Behandlung der Anna O. aus Gründen der Gegenübertragung und wegen der Eifersucht seiner Frau abbrach. Bei Anna O. trat eine eingebildete Schwangerschaft auf, und die imaginäre Geburt erfolgte an dem Tag, da BREUER ihr sagte, daß er mit der Behandlung aufhöre.

JONES berichtet in seiner FREUD-Biographie, daß sich die spätere Frau FREUD mit der Frau BREUER identifizierte und fürchtete, eines Tages in dieselbe Situation zu kommen wie diese. Ihr Mann mußte sie beruhigen. Fest steht, daß sich FREUD, obwohl durch die Behandlung von Anna O., die er im November 1882 kennengelernt hatte, sein Interesse an der Hypnose erwacht war, erst im Dezember 1887 zu ihrer ernsthaften Anwendung entschloß. Er hatte sie seit dem Sommer 1885 gelegentlich angewandt, jedoch ab April 1886, als sich bei ihm Privatpatienten einzustellen begannen, vorwiegend die Elektrotherapie praktiziert.

Von Dezember 1887 bis Mai 1889 wandte er nur die hypnotische Suggestion an, dann auch die kathartische Methode. JONES führte die verspätete Anwendung der kathartischen Methode auf die mehr als reservierte Einstellung CHARCOTS gegenüber BREUERS Methode zurück, über die ihm FREUD berichtet hatte. Möglicherweise spielten auch Probleme der Gegenübertragung eine Rolle. Man kennt den späteren Zwischenfall, wo eine Patientin FREUD die Arme um den Hals schlang, und seine Reaktion, die er in seiner *Selbstdarstellung* schildert: »Ich war nüchtern genug, diesen Zufall nicht auf die Rechnung meiner persönlichen Unwiderstehlichkeit zu setzen und meinte, jetzt die Natur des mystischen Elements, welches hinter der Hypnose wirkte, erfaßt zu haben. Um es auszuschalten oder wenigstens zu isolieren, mußte ich die Hypnose aufgeben.« Ein fruchtbarer Verzicht, denn er sollte FREUD zur Entdeckung der Psychoanalyse führen ...

Wir halten es für nützlich, hier wegen der Wichtigkeit des Problems ein wenig beim Engagement in der hypnotischen Beziehung zu verweilen. Die Widerstände des Therapeuten gegen dieses Engagement verzögerten zwar die Entwicklung der Psychotherapie, waren aber trotzdem nicht ohne nutzbringende Wirkung: Einerseits begünstigten sie die Entfaltung der Chemotherapie, anderseits kann man der Ansicht sein, daß sie, wie wir später sehen werden, in der Psychotherapie auf überraschende Weise zu grundlegenden Entdeckungen, wie der Konzeption der Übertragung, führten.

Wenn man den Beginn der wissenschaftlichen Psychotherapie in die Mesmersche Periode verlegt, dann deshalb, weil die zwischenmenschliche Beziehung seinerseits erstmals zutage trat und experimentell untersucht wurde, vor allem von den damaligen Akademien in ihren berühmten Berichten über den tierischen Magnetismus. Die Untersuchungen der Akademiemitglieder sollten ermitteln, ob eine physische Ursache des tierischen Magnetismus existierte: das Fluidum. Da sie es nicht fanden, verdammten sie den tierischen Magnetismus. In den Berichten werden die durch die zwischenmenschlichen Beziehungen erzeugten Phänomene beschrieben, aber keiner versuchte auf den Grund zu gehen. Der Geheimbericht, der gleichzeitig mit dem öffentlichen Bericht von BAILLY erschien, verweist jedoch auf den erotischen Aspekt dieser Phänomene, und damit dürfte sich der Widerstand der Mitglieder der Akademie erklären. In dem Geheimbericht heißt es:

»Immer magnetisieren Männer die Frauen: Bei den dabei entstehenden Beziehungen handelt es sich zweifellos nur um die des Kranken zu seinem Arzt, aber dieser Arzt ist ein Mann. Wie auch immer der Krankheitszustand sein mag, er beraubt uns nicht unseres Geschlechts, er entzieht uns nicht ganz der Macht des anderen.«

Die magnetische Sitzung wird folgendermaßen geschildert: »Oft führt der Mann ... die rechte Hand hinter den Körper der Frau; beide neigen sich gegeneinander, um diese doppelte Berührung zu begünstigen. Die Nähe wird so groß wie möglich, Gesicht berührt fast Gesicht, jeder atmet den Atem des anderen ein, alle physischen Eindrücke teilen sich sofort dem andern mit, und die gegenseitige Anziehung der Geschlechter muß mit aller Macht wirken. Es ist nicht ungewöhnlich, daß sich die Sinne entzünden; die Einbildung, die gleichzeitig wirkt, bringt eine gewisse Unruhe in die ganze Maschinerie; sie überrumpelt die Urteilsfähigkeit, lenkt die Aufmerksamkeit ab, die Frauen können sich nicht über das klar werden, was sie empfinden, sie wissen nicht, in welchem Zustand sie sind.«

Der Bericht schließt:

»Die magnetische Behandlung kann nur gefährlich für die Sitten sein.«

MESMER selbst war sich über die Bande, die zwischen ihm und seinen Kranken bestanden, im klaren. Er beschrieb sogar die affektive Natur: Der tierische Magnetismus, sagte er, müsse sich in erster Linie durch das Gefühl übertragen. Einzig das Gefühl könne darüber einen theoretischen Aufschluß liefern. Ein Patient MESMERS beispielsweise, der es gewohnt sei, die von MESMER bei ihm erzeugten Effekte zu empfinden, besitze gegenüber dem Rest der Menschheit eine Fähigkeit mehr, um ihn, MESMER, zu verstehen.

Irgendeine psychologische Erklärung suchte Mesmer jedoch nicht, er hielt sich immer ans Fluidum. Die fluidistische Theorie ermöglichte gewissermaßen die »Entpersönlichung« des Therapeuten. Sie setzte die Intervention einer »dritten Kraft« voraus, die zwar im Therapeuten lag, aber von ihm unabhängig war. Der Therapeut war nur der Träger dieser universellen Kraft.

Mesmer lehnte die mit dem Somnambulismus eingeführte verbale Beziehung ab, sie war für ihn zweifellos eine Abwehr. Das Verdienst, die verbale Kommunikation erstmals als therapeutisches Verfahren angewandt zu haben, gebührt bekanntlich Puységur. Es ist jedoch möglich, daß dieser Entdeckung eine unbewußte Motivation zugrunde lag, daß für Puységur das Wort eine Distanz zum Patienten schuf und damit eine andere Form der Abwehr darstellte. Erinnern wir uns, daß in unseren Tagen aus psychoanalytischer Perspektive betont wurde, das Wort könne die Trennung vom anderen verschärfen (Nacht, S. 52).

Gewisse Zeitgenossen und Schüler Mesmers begegneten dem Begriff des Fluidums mit Zurückhaltung und stellten seine Bedeutung als geringfügig dar. Diese »Voluntaristen« behaupteten, um bei einem Kranken Resultate zu erzielen, müsse man den Willen zu heilen haben und den Kranken *lieben*. Interessant ist in diesem Zusammenhang das bereits erwähnte Werk eines Schülers von Puységur, Charles de Villers[58]: *Le Magnétiseur amoureux*. In Romanform legt der Autor seine Ideen dar: Die Hypothese vom Fluidum ist gegenstandslos, der Magnetismus besteht in dem »entschiedenen Willen«, den Kranken zu heilen, der Erfolg des Arztes beruht auf einer Haltung, in der sich Herzlichkeit mit Liebe paart.

Man glaubt hinter der spiritualistischen Sprache von Villers manchmal eine ferne Andeutung der Ideen zu spüren, die heute bestimmte Psychoanalytiker über die Heilfaktoren ihrer Methode vorbringen. Diese Psychoanalytiker glauben tatsächlich, daß Hyp-

---

[58] CHARLES DE VILLERS war Artillerieoffizier, wie PUYSÉGUR (und LACLOS, der berühmte Verfasser der *Gefährlichen Liebschaften*). Es ist bekannt, daß sich die Offiziere damals dem Magnetismus widmeten und in ihren Leuten ausgezeichnete Versuchspersonen fanden. Wie LOUIS FIGUIER in *Histoire du Merveilleux* (Geschichte des Wunderbaren, 1860) schrieb: »Der Magnetismus mit all seinem Zauber schien so zur Hauptübung des militärischen Lebens geworden zu sein: Es war eine goldene Zeit für die Soldaten.«
Wir danken Dr. RAYMOND DE SAUSSURE, daß er uns auf das Werk von VILLERS aufmerksam gemacht hat; eines der sehr seltenen Exemplare besitzt die Bibliothek der medizinischen Hochschule in Besançon. Zweifellos rückt VILLERS als einer der ersten hier ganz klar das Problem ins Licht, welches man heute als »Objektbeziehung« bezeichnet.

noseinterpretationen, auch wenn sie richtig sind, an Wirksamkeit verlieren, sofern nicht eine unbewußte Haltung hinzukommt, die der von VILLERS vorausgeahnten entspricht. Bei VILLERS liest man beispielsweise:

»Die Seele des Magnetiseurs vereinigt sich mit jener des Somnambulen, sie wird von da an mit der seinen identifiziert.«

Eine Perspektive, die der von NACHT angedeuteten nahekommt: »Wir behaupten, daß alle Interventionen des Analytikers um so fruchtbarer sind, je besser es ihm gelingt, mit dem Unbewußten des Kranken in Verbindung zu treten, so weit, daß er buchstäblich an dessen Stelle treten kann, wobei er aber dennoch er selbst bleibt« (NACHT, S. 52).

VILLERS sagt, der Einfluß auf einen Kranken »wird abhängen ... von dem mehr oder weniger guten Kontakt unserer inneren Fähigkeiten und vor allem von der Herzlichkeit, die ich in meinen Willen lege«. Auch NACHT ist der Meinung, daß »die Haltung des Analytikers, wenn sie aus unbedingter Güte besteht, aber nur dann, zu der Stütze und der Kraft wird, die der Kranke benötigt, um die Angst zu besiegen, die ihm den Weg zur Heilung verbaut«.

Das Romanwerk von VILLERS enthält auch eine Vielzahl von Erklärungen zur grundlegenden Rolle der Liebe. Ein Beispiel:

»Ich trage also etwas in mir, um meinesgleichen wohlzutun; der sublimste Teil meines Wesens ist dieser Beschäftigung gewidmet; und in dem Gefühl zartester Anteilnahme wird mein Freund bestimmt ein Heilmittel für seine Leiden finden.«

Auch hier kann man nicht umhin, eine Ähnlichkeit mit folgender Behauptung NACHTS festzustellen: »Niemand vermag einen anderen zu heilen, wenn er nicht den echten Wunsch hat, ihm zu helfen. Und niemand kann den Wunsch haben zu helfen, wenn er nicht *liebt* im wahrsten Sinn des Wortes.« Diese Fähigkeiten sind teilweise angeboren. Doch NACHT glaubt, »die richtige Haltung ist nur möglich, wenn der Analytiker bei sich selbst die unvermeidliche, ewige Ambivalenz des Menschen auf ein Minimum zu reduzieren vermochte«. Das müßte der Therapeut selbstverständlich durch eine gute Analyse seiner eigenen Person erreichen.

Natürlich ist heute die Situation des Psychoanalytikers in der therapeutischen Beziehung zu einem Patienten anders, da er sich der Übertragung und der Gegenübertragung bewußt ist und sie meistert.

Man sieht also, daß bestimmten Schülern MESMERS, besonders VILLERS, das Engagement in der gegenseitigen Beziehung bewußt wurde. VILLERS selbst war sich über die erotischen Aspekte, die dieses Engagement in gewissen Fällen bekommen konnte, voll und ganz im klaren und warnte vor den Gefahren, die daraus entstehen konnten. Doch im Gegensatz zu den Akademiemitgliedern lehnte er es nicht ab, die dem Magnetismus innewohnende interpersonelle Beziehung zu untersuchen.

Er akzeptierte das Engagement in der Beziehung, allerdings nur teilweise. Er sah diese Beziehung zwar undeutlich als »Kontakt der inneren Dispositionen« zwischen zwei Individuen, und andere nach ihm sprachen von dem Gefühl des Vertrauens, in gewissen Fällen sogar der Zuneigung, die der Kranke seinem Arzt entgegenbringen kann, aber trotzdem spielt im therapeutischen Prozeß in erster Linie der Therapeut die wesentliche Rolle. Der *Wille* des Arztes *zu heilen* ist der entscheidende Faktor bei der Heilung. Dies war der Punkt bei VILLERS und anderen Magnetiseuren der damaligen Zeit, ob sie nun an die ausschließliche Wirkung des Willens oder an die kombinierte von Willen und Fluidum glaubten. Man kann also mit RAYMOND DE SAUSSURE sagen, dies alles habe sich abgespielt, als ginge die Übertragung nicht vom Kranken aus, sondern vom Arzt, der *ihn heilen will.*

Die Meinung der Magnetiseure, daß eine einseitige Beziehung bestehe, kann man auch als Abwehr und Widerstand ihrerseits gegen ein totales, zweiseitiges Engagement auslegen. Der Therapeut schützte sich so gegen die affektiven Manifestationen des Patienten; er wahrte eine gewisse Distanz. (Interessant ist, daß sogar auf physischer Ebene eine technische Änderung erfolgte: An die Stelle des unmittelbaren Kontakts mit dem Körper des Patienten mittels der »Passes« traten magnetische Striche, die in einem bestimmten Abstand vom Körper vorgenommen wurden.)

Bei einigen Magnetiseuren bestand also am Beginn des 19. Jahrhunderts teilweise die Bereitschaft zum Engagement in der interpersonellen Beziehung, doch insgesamt gesehen erlosch der Widerstand dagegen nicht. Noch Ende des 19. Jahrhunderts wollten namhafte Ärzte, die sich mit der Hypnose befaßten, ein Engagement in der Beziehung nicht auf sich nehmen. Um den Ausdruck Suggestion zu umgehen, einen psychologischen Ausdruck, erfand man die Metallotherapie, bei der eine physische Kraft zur Wirkung kam (ein Überrest der Theorie des Fluidums). Sogar Ärzte, die bereitwillig den psychotherapeutischen Weg beschritten, ließen noch gewisse unbewußte Widerstände erkennen, die paradoxerweise manchmal zum Fortschritt der Psychotherapie beitrugen. Auf diese Weise darf man die Entdeckung der Konzeption der Übertragung durch FREUD erklären. Wir erwähnten bereits die berühmte Episode von der Patientin, die ihre Zuneigung zu FREUD zu erkennen gab, und die entsetzte Reaktion des letzteren. Er schrieb den Zwischenfall nicht seiner »persönlichen Unwiderstehlichkeit« zu. Zweifellos zog er es vor, sich zu »entpersönlichen«, sich die Rolle eines Ersatzes für die von der Patientin wirklich geliebte Person zu übertragen. Diese Sicht der Dinge sollte einen Ausgangspunkt bei der Ausarbeitung der Theorie von der Übertragung bilden (obwohl FREUDS Patientin für ihn durchaus ein anziehendes Äußeres gehabt haben mochte) . . .

BREUER erlebte, wie wir gesehen haben, mit seiner berühmten Patientin Anna O. ein ähnliches Abenteuer wie FREUD. Als Folge davon gab er das Studium der Hysterie auf. JONES berichtet, daß FREUD, um BREUER zur Wiederaufnahme der Untersuchungen zu bewegen, ihm erzählte, »wie eine Patientin ihm selber einmal in einer zärtlichen Aufwallung plötzlich ihre Arme um den Hals geschlungen hatte, und erklärte ihm, weshalb solche unerwünschten Vorfälle nach seiner Ansicht zu den Übertragungsphänomenen gehörten« . . .

SZÁSZ hat vor kurzem die Übertragung unter dem Gesichtspunkt der Abwehr untersucht. »Die Gefahr der Erotik beim Patienten wurde von FREUD effektiv reduziert«, sagt er, als dieser den Begriff Übertragung bildete. Für SZÁSZ entwickelte FREUD den Begriff auf den Zwischenfall hin, den BREUER erlebte: Da er nicht persönlich in die Angelegenheit verwickelt war, konnte er kühler beobachten und seine Erklärungen finden. Wir halten es jedoch für plausibel, daß FREUD in seinem eigenen Erlebnis, d. h. in der berichteten Episode, die affektive Motivation für die Bildung des Begriffs der Übertragung fand. Denn wenn die Übertragung, wie SZÁSZ sagt, die Gefahr der Erotik seitens des Patienten bannt, ist es wahrscheinlicher, daß FREUD den Begriff in einer Situation fand, in welcher er sich persönlich anvisiert fühlte.

Wie es auch immer um den Abwehrcharakter der Übertragung bestellt sein mag, FREUD gab die Hypnose auf. Er sollte die Übertragung in seiner neuen Technik wiederfinden. FENICHEL hebt in seinem Werk *The Psychoanalytic Theory of Neurosis* hervor, daß FREUD zuerst überrascht gewesen sei, als er sich dem Phänomen gegenübersah. Empfand FREUD die Überraschung bei der Anwendung der Hypnose oder der neuen Technik? FENICHELS Buch erlaubte die Beantwortung unserer Frage nicht. Die bibliographische Angabe, die FENICHEL macht, verweist auf einen Artikel (Die Dynamik der Übertragung, 1912), der nichts über die angebliche Überraschung enthält.

FREUD drückt sich allerdings in seiner Schrift *Zur Geschichte der psychoanalytischen Bewegung* (1914) folgendermaßen aus: »Man darf daher sagen, die psychoanalytische Theorie ist ein Versuch, zwei Erfahrungen verständlich zu machen, die sich in auffälliger und unerwarteter Weise bei dem Versuche ergeben, die Leidenssymptome eines Neurotikers auf ihre Quellen in seiner Lebensgeschichte zurückzuführen: die Tatsache der Übertragung und die des Widerstandes.«

Dachte Fenichel an diesen Text? Freud spricht darin zwar von einem überraschenden Phänomen, aber das obige Zitat scheint uns nichts über die Umstände zu enthüllen, unter denen er diese Überraschung *zum erstenmal* empfand.

Wie dem auch sei, trotz seiner Überraschung akzeptierte Freud die Übertragung und eröffnete damit eine neue Ära in der Psychotherapie.

Nach Ferenczi gibt es gewaltige Unterschiede, was den Erfolg des einzelnen Hypnotiseurs anbetrifft. Er reicht von 10 Prozent bei dem einen Hypnotiseur bis zu 80 oder 90, ja sogar 96 Prozent beim anderen Hypnotiseur. Ferenczi lenkt die Aufmerksamkeit auf die große Bedeutung von stattlichem Aussehen, gesellschaftlichem Ansehen und Sicherheit des Therapeuten, ja sogar physischer Besonderheiten wie dem schwarzen Bart (der dem üblichen Bild vom Hypnotiseur der damaligen Zeit entsprach, während heute die Hypnotiseure der Varietétheater gewöhnlich bartlos sind und sportlich aussehen. Schließlich bekennt Ferenczi, daß er in der ersten Zeit, als er die Hypnose praktizierte, infolge seiner Unwissenheit beachtliches Selbstvertrauen hatte, das seine Erfolge begünstigte, das er aber in der Folgezeit verlor.

Ein amerikanischer Psychoanalytiker, der auf dem Gebiet der Hypnose Bedeutendes geleistet hat, berichtet uns von seinen Schwierigkeiten, nach seiner eigenen Lehranalyse weiterhin zu hypnotisieren; er hatte sich während ihrer Dauer gefragt, ob seine Motivation beim Hypnotisieren nicht neurotisch gewesen sei. Seine Bedenken waren nicht stichhaltig, worauf wir ihn aufmerksam machten. Man könnte ebensogut auch seine jetzige Unfähigkeit, ein als wichtig eingestuftes Forschungsinstrument zu benutzen, als neurotisch ansehen. Das gab er gerne zu.

Man kann also behaupten, daß sich die Motivation beim Hypnotisieren nach einer Analyse unter Umständen ändert: Grob gesprochen, könnte man sagen, daß das, was im Dienste der Befriedigung stand, zu einer Art Sublimation wird. Vielleicht hatte den obenerwähnten Arzt, der Psychoanalytiker geworden war, auch die lange unter den Psychoanalytikern herrschende Meinung beeinflußt, daß die Psychoanalyse, da sie auf die Hypnose gefolgt sei, ihrer nicht bedürfe. So wäre sein Unvermögen zu hypnotisieren nicht allein durch die analytische Lösung seiner tiefenpsychologischen Probleme verursacht worden, sondern auch durch Motive, die in soziokulturellen Faktoren wurzeln, auf deren Bedeutung ORNE (siehe S. 40) hinweist. Die ersten Psychoanalytiker, die sich für die Hypnose interessierten, mußten ein gewisses Maß an Nonkonformismus besitzen. Die wachsende (aber noch begrenzte) Zahl der Hypnose Ausübenden unter ihnen erklärt sich aus der Tatsache, daß die Hypnose ein privilegiertes Forschungsinstrument auf dem gesamten Gebiet der experimentellen Psychopathologie und Psychotherapie zu sein scheint. Die Psychoanalye, die aus der Hypnose hervorgegangen ist und deren besseres Verständnis ermöglichte, könnte selbst wiederum von der Hypnose erhellt werden. Es ist bedauerlich, daß sich bis heute nur eine verhältnismäßig kleine Zahl von Psychoanalytikern für die Hypnose interessiert. Der Verzicht auf die Hypnose kann seinerzeit für FREUD nützlich gewesen sein, aber seine heutigen Nachfolger können sich nicht mehr derselben Rechtfertigung bedienen, um in der Haltung zu verharren, die FREUD einnahm.

Einen neuen Versuch, die Problematik der Persönlichkeit des Hypnotiseurs zu durchleuchten, machten (1959) GILL und BRENMAN. Sie verwerteten die Selbstbeobachtungen zahlreicher Hypnotiseure, sammelten die Beobachtungen von Psychoanalytikern, die Hypnotiseure behandelt hatten oder selbst die Hypnose praktizierten, und ließen verschiedene Forscher Fragebogen ausfüllen. Sie bekannten, daß sie keine charakteristischen Motivationen in der Persönlichkeit des Hypnotiseurs entdeckt hatten. Ihre Resultate liefen auf ein paar Andeutungen hinaus. Sie stellten beim Hypnotiseur den Wunsch fest, beim Patienten die Rolle einer allmächtigen Vaterfigur zu spielen, ein Wunsch, der übrigens jeder Neigung zum Arztberuf und besonders zum Beruf des Psychiaters zugrunde liegt. Ein anderer, bei Hypnotiseuren häufig auftretender Zug ist ein Hang zum »Schauspielerischen«, die Neigung, eine Rolle in der Hypnosesitzung als Spiel anzusehen. Viele Hypnotiseure scheinen auch das Bedürfnis zu haben, viel zu sprechen. Ein Motiv schließlich, das offenbar eine sehr große Rolle spielt, ist das »paradoxe Bedürfnis nach Intimität und Distanz«. Den Wunsch, eine derartige Beziehung zu einem anderen Menschenwesen herzustellen, hegt jeder Psychotherapeut, ganz besonders der Hypnotiseur.

Abschließend kann man sagen, daß weder in der Persönlichkeit des Hypnotisierten noch in jener des Hypnotiseurs charakteristische Züge entdeckt wurden, mit denen sich die Hypnotisierbarkeit erklären ließe. Größte Berücksichtigung muß bei dieser Untersuchung die Tatsache finden, daß die Hypnose eine Beziehung ist, in welcher zwei Persönlichkeiten einander begegnen und im Verhältnis zueinander eine ergänzende Rolle spielen. Deshalb hängt die Hypnotisierbarkeit von mannigfaltigen, zur Wirkung kommenden inter- und intrapersonellen Beziehungen ab.

9
Therapeutische Anwendungen

Schematisch kann man unterscheiden zwischen einer Therapie *mittels Hypnose* und einer Therapie *unter Hypnose*. Die erstere, die in Form kürzerer oder längerer Sitzungen erfolgt, beruht auf der Heilwirkung des eigentlichen hypnotischen Zustands. Den Mechanismus der therapeutischen Wirkung legen die verschiedenen Schulen gemäß ihren theoretischen Ansichten aus. Die Pawlowianer erklären, es handle sich um eine längerdauernde restaurative Hemmung, die Psychoanalytiker sprechen von einer Regression und einer Erfüllung instinktiver Wünsche, und ein Autor wie J. M. SCHULTZ schließlich gebraucht den Begriff der »organismischen Umschaltung«, die wohltue.

SCHILDER und KAUDERS glauben, »daß neben der physischen Wirkung des Schlafes auch die psychische Verarbeitung von Erlebnissen von Bedeutung ist, welche der Mensch während des Schlafes erfährt.«

Diese psychische Verarbeitung oder, anders ausgedrückt, die Regression in die erlebten Beziehungen stellt für GILL und BRENMAN die Plattform dar, auf welcher sich der psychotherapeutische Prozeß abspielt. Dieser Prozeß könnte auch durch andere Mittel ausgelöst werden; die hypnotische Beziehung beschleunigt ihn lediglich. Sie enthält jedoch nichts Spezifisches, und aus diesem Grund, meinen GILL und BRENMAN, sollte der Ausdruck Hypnotherapie nicht gebraucht werden. Für sie ist die Hypnose keine gesonderte Therapieform, sie hat nur als Adjuvans Anspruch, Eingang in die einzelne Psychotherapie zu finden. Gegen diese Einstellung, die im großen und ganzen begründet erscheint, müssen einige Vorbehalte erhoben werden. Würde man sich an die beiden Autoren halten, müßte man behaupten, daß in der langdauernden Hypnose der Heilprozeß einzig auf den Beziehungsfaktor zurückzuführen sei. Doch welche Bedeutung dieser Faktor auch haben mag, es scheint uns, daß man den *physischen oder psychischen* Wert des hypnotischen *Schlafs,* der seit dem Altertum bekannt ist, hier nicht außer acht lassen darf. Es handelt sich dabei um ein spezifisches biologisches Verhalten, für welches die Tierhypnose ein Grundmodell bietet (siehe S. 71). Uns scheint, daß man zumindest in diesem Fall zu Recht von Hypnotherapie sprechen kann.

Der verlängerte hypnotische Schlaf, der sich über mehrere Tage und sogar mehrere Wochen erstreckt, wurde von JANET in Frankreich, WETTERSTRAND in Schweden, VAN RENTERGHEM in Holland sowie SCHILDER und KAUDERS in Österreich angewendet. Russische Autoren wenden ihn gegenwärtig in Sitzungen an, die von eineinhalb Stunden bis achtzehn oder vierundzwanzig Stunden dauern. In diesen Sitzungen werden therapeutische Suggestionen gegeben.

Wir konnten uns selbst überzeugen, daß der Zeitfaktor eine Rolle spielt. Manchmal erzielten wir tatsächlich Resultate mit längerdauernden Sitzungen, während kurze Sitzungen ohne Wirkung geblieben waren. Damit der Beziehungsfaktor und die physiologische Aktion voll und ganz zur Wirkung kommen können, bedarf es einer gewissen Zeit.

Wir versuchten, die Heilwirkung des medikamentösen Schlafs mit der Hypnose zu verbinden. Der Schlaf wurde bei diesen Kuren durch Verabreichung von Medikamenten in regelmäßigen Intervallen erzielt. Eine dieser Medikationen am Tag konnten wir durch eine Hypnosesitzung ersetzen, die bei der Aufrechterhaltung des Schlafs genau dieselbe Wirksamkeit besaß wie das Medikament.

Sitzungen hypnotischen Schlafs, in denen keine oder nur wenige verbale Interventionen stattfinden, sind manchmal für den Therapeuten schwer zu ertragen, weil sie etwas scheinbar Magisches haben. Der Therapeut fühlt sich in seiner passiven Rolle nicht wohl, er fühlt sich veranlaßt, hier durch das gesprochene Wort ein übriges zu tun. Indessen verhält es sich sicher manchmal so, daß der Patient, der ein wohltuendes regressives Erlebnis hat, lieber auf dieser averbalen Ebene bleiben möchte.

Einen wichtigen Teil der Hypnotherapie bildet die direkte Suggestion, die auf die *Beseitigung der Symptome* abzielt: Es handelt sich hier um eine »zudeckende Therapie«, die das anstrebt, was man als Übertragungsheilung bezeichnet.

Die Einführung der Freudschen Psychopathologie und die Vorstellung vom »funktionellen« Wert des Symptoms veränderten die psychotherapeutischen Bestrebungen. Die Psychotherapie wurde ehrgeiziger, ihr Ziel war von nun an die Umstrukturierung der Persönlichkeit des Patienten. Die einfache »Beseitigung« der Symptome war durch das Auftreten von Ersatzsymptomen wertlos geworden. Diese Auffassung kann sich vom theoretischen Standpunkt als nützlich erweisen, ist aber manchmal auf praktischer Ebene wenig wirksam. Nicht alle Patienten sind zu innerer Arbeit fähig und können die Kosten für eine Umstrukturierung bestreiten. BRENMAN und GILL formulieren die therapeutische Wirkung der direkten hypnotischen Suggestion folgendermaßen:

»Die therapeutische Wirksamkeit beruht zum großen Teil auf tiefen unbewußten Bedürfnissen, die beim Patienten in seiner Beziehung zum Therapeuten während der Hypnose aktiviert werden können. Wir kennen die Natur dieser Beziehung nicht, aber das tut der Tatsache keinen Abbruch, daß der Patient dank ihrer Wirkung eine Linderung seiner Symptome erfahren kann, manchmal eine vorübergehende, oft eine dauernde.«

KUBIE und MARGOLIN stellten eine Hypothese über den wohltuenden Prozeß der hypnotischen Beziehung auf: Bei der Einleitung der Hypnose komme es zu einer Auflösung der Grenzen zwischen Hypnotiseur und Patienten, und im hypnotischen Zustand vollziehe der Patient die Einverleibung des Bildes des Hypnotiseurs. Für die beiden Autoren handelt es sich hier um die »experimentelle Reproduktion eines natürlichen Entwicklungsvorgangs«.

Fügen wir hinzu, daß der Patient, indem er sich in der Übertragungsbeziehung engagiert, nicht immer einzig und allein seine früheren Erlebnisse in sie hineinlegt (eine einfache Wiederholung infantiler Emotionen). Wenn diese Erlebnisse von zu starker Frustration geprägt waren, will der Kranke möglicherweise versuchen, ein befriedigenderes und »reparierendes« Erlebnis zu haben. Man könnte sich vorstellen, daß in gewissen Sonderfällen (z. B. Fall 4) diese Heilbedeutung überwiegt. Der Heilmechanismus beruht ja nicht ausschließlich auf Elementen der »Verdrängung«, sondern kann auch einen Reifungsprozeß auslösen.

Wir haben selbst festgestellt, daß die Ersatzsymptome nicht immer auftreten. Wenn wir derart behandelte Patienten nach mehreren Jahren wieder zu uns bestellten, konnten wir manchmal Dauerheilungen oder Besserungen konstatieren. Auch die direktesten Suggestionen stehen ja immer in einem psychotherapeutischen Zusammenhang, der sich in ihnen auswirkt. In dieser psychotherapeutischen Beziehung kommen komplizierte psychodynamische Faktoren zur Wirkung, die sich nicht immer erklären lassen.

Eine andere Form der Therapie unter Hypnose ist die therapeutische Einwirkung, die auf die *Bewußtmachung* abzielt. Man könnte drei Methoden unterscheiden:

a) eine Therapie, welche die einstellungsmäßige Umerziehung anstrebt;
b) die kathartische Methode;
c) die Hypnoanalyse.

a) Das erste Verfahren bedient sich oft direkter Suggestionen. Die Bewußtmachung ist noch rudimentär. Der Therapeut nimmt eine überredende, erzieherische Haltung ein. Diese Methode wird in der UdSSR viel praktiziert. In ihr verbindet sich die Behandlung durch »motivierte Suggestion« mit der »rationellen Psychotherapie« von DUBOIS[59] (in Bern) und der »emotionellen Therapie« von DEJERINE. Der Arzt fügt der direkten Suggestion Elemente der Information, Erklärung und Überzeugung bei.

b) Die kathartische Methode ist die bekannteste und spektakulärste. Sie besteht aus einer Befreiung der Affekte infolge des Wiederauflebens verdrängter Emotionen, was ein Zurückgehen zum Ursprung der Störungen erlaubt und zu einem Verschwinden der Symptome führt. Noch während des Zweiten Weltkriegs hat sie, bei der Behandlung von Kriegsneurosen, beste Dienste geleistet. Sie scheint jedoch, sobald man sie zur Behandlung von Neurosen der Zivilbevölkerung anwendete, viel von der ihr einst zugeschriebenen Wirksamkeit verloren zu haben. Es ist schwierig, hierzu Stellung zu nehmen. Wir wissen nicht genau, ob die damals erzielten Resultate von Dauer waren. Es ist auch möglich, daß die modernen Psychotherapeuten weniger Vertrauen zu der Metho-

---

[59] Man kennt die leidenschaftlichen Kontroversen, zu denen es zu Beginn des Jahrhunderts zwischen BERNHEIM und DUBOIS kam, weil der letztere die Suggestionstherapie durch eine Persuasionstherapie ersetzen wollte.

de haben und sie deshalb nicht so wirksam anwenden. Außerdem stellt man fest, daß die heutigen Kranken weniger fähig zum abreagierenden Erlebnis sind.

Die sowjetischen Autoren lassen eine Aversion gegen die kathartische Methode erkennen. Diese Haltung dürfte auf die Tatsache zurückzuführen sein, daß die Katharsis irrationale Beweggründe ins Spiel bringt und so das Gebiet der Psychoanalyse betritt, die in der UdSSR abgelehnt wird. Der russische Autor KONSTORUM gab (1959) zu, daß die kathartische Methode nicht immer nur von Psychoanalytikern angewandt worden ist und nicht zwangsläufig eine Freudsche Interpretation erfahren muß, aber er glaubt nicht an ihre Wirksamkeit. Im äußersten Fall könne sie zur anamnestischen Vertiefung dienen, aber man müsse bei ihrer Anwendung äußerste Vorsicht walten lassen: Die erzielten Resultate seien nicht immer exakt, und die Anwendung der Methode sei nicht ohne Gefahr für den Patienten. In Moskau erklärte uns ein junger Psychotherapeut, der die Methode nicht anwandte: »Diese Methode stellt einen zu großen Streß für das Nervensystem des Kranken dar« (oder des Arztes, würden möglicherweise die Anhänger der Tiefenpsychologie zu verstehen geben).

Jedermann kennt die Diskussion über das Primat dieser Entdeckung, das sowohl BREUER als auch JANET für sich in Anspruch nahmen. Wir werden diese Frage nicht erörtern.

Verweilen wir einen Augenblick bei einer Tatsache am Rande, die lediglich von historischem Interesse ist. Sie ist in einem Bericht enthalten, auf den wir bei unseren Recherchen stießen. Es handelt sich um »Einen Fall hysterischer Neurasthenie mit doppelter Persönlichkeit«, den BOURRU und BUROT auf dem Kongreß für Hypnotismus im Jahr 1889 (8.–12. August) vortrugen. Die Autoren waren vor allem durch ihr Buch *Les variations de la personnalité*[60] (1888) bekannt, das JANET bereits in *L'Automatisme psychologique* (1889) erwähnte.

In dem genannten Bericht wiesen die Autoren auf ein Verfahren hin, das der kathartischen Methode sehr nahekommt. BOURRU und BUROT griffen die Beobachtung wieder auf, die sie bereits in

---

[60] Dieses Werk enthält eine detaillierte Beschreibung dessen, was man heute als experimentelle Regression mittels hypnotischer Suggestion bezeichnet, eine Technik, die zahlreiche zeitgenössische Forscher anwenden.

ihrem obenerwähnten Werk summarisch dargestellt hatten. Ihr Patient, den sie um das Jahr 1881 behandelten, zeigte eine Reihe hysterischer Symptome, die jenen der Anna O. glichen. Die Autoren erzielten vorübergehende Besserungen, dann die Heilung, indem sie bestimmte Situationen halluzinatorisch wiederaufleben ließen. Diese Situationen bezogen sich auf glückliche Umstände, die der Patient dennoch in Form einer sehr heftigen Krise wiedererlebte. Auf solche Krisen folgte die Besserung. BOURRU und BUROT meinten, diese heilsame halluzinatorische Krise sei eine Behandlung der Ursachen und nicht nur eine Behandlung der Symptome wie die direkte Suggestion: »Es ist nichts damit getan«, sagten sie, »die Krankheitsphänomene nacheinander mit der Suggestion zu bekämpfen. Die Phänomene können verschwinden, und die Krankheit kann weiter bestehen. Diese Therapie richtet sich nur gegen die Symptome, sie ist lediglich ein Notbehelf. Die wirkliche, dauerhafte Besserung trat erst ein, nachdem aufmerksame Beobachtung und logische Deduktion uns zum eigentlichen Ursprung der Krankheit geführt hatten.« Die »heilsamen Reaktionskrisen ... waren vor allem halluzinatorische Krisen, die im moralischen Wesen heftige Erschütterungen verursachten und Affekte aktivierten, die die Krankheit verursacht hatten.« Seltsam ist, daß weder JANET noch FREUD, die beide bei dem Kongreß als Teilnehmer eingetragen waren, eine Gegenüberstellung dieser Stellungnahme mit ihren eigenen Erkenntnissen auf diesem Gebiet vornahmen.

JANET scheint am 10. August (dem Datum des besagten Vortrags) den ganzen Tag auf einem anderen Kongreß gewesen zu sein, von dem wir noch sprechen werden: dem Kongreß für Psychologie (dort schaltete er sich vor allem in den Vortrag BABINSKIS ein). Hätte er den Vortrag von BOURRU und BUROT gehört, würde er ihm vermutlich gar keine besondere Aufmerksamkeit geschenkt haben. Tatsächlich brachte der Vortrag, allerdings in wesentlich angereicherter Form, lediglich eine Beobachtung, die JANET schon aus *Les variations de la personnalité* entnommen hatte. Falls JANET, was wahrscheinlich ist, den Vortrag später gelesen hat, so spürte er das Neue, das darin enthalten war, kaum heraus, denn er erwähnte unseres Wissens nie etwas davon.

Was FREUD betrifft, so wandten wir uns der neuen Biographie von ERNEST JONES zu, um zu erfahren, wie es sich mit seiner Teilnahme an dem Kongreß tatsächlich verhielt.

Nach der Aussage JONES' traf FREUD in Begleitung von BERNHEIM und LIÉBEAULT Ende Juli 1889 aus Nancy in Paris ein, um am Kongreß für Hypnotismus teilzunehmen. JONES schreibt, FREUD habe den Kongreß »sehr langweilig« gefunden, deshalb sei er am Abend des 9. August, also am zweiten Kongreßtag, nach Wien abgereist. Aber unter diesen Umständen dürfte Freud kaum Zeit gehabt haben, um sich zu langweilen. Hier muß JONES eine Verwechslung unterlaufen sein: FREUD war (wie übrigens auch LIÉBEAULT und BERNHEIM) außerdem beim Kongreß für physiologische Psychologie[61] als Teilnehmer eingetragen. Dieser Kongreß, der vom 6. bis 10. August dauerte, befaßte sich auch ausführlich mit dem Hypnotismus, der vor allem in seinen psychologischen Aspekten behandelt wurde; beim Hypnosekongreß dagegen ging es hauptsächlich um die medizinischen Probleme. Seltsam ist, daß FREUD, der zur Vervollkommnung seiner Hypnosetechnik nach Nancy gefahren war, sich nicht stärker für die Debatten interessiert haben soll, die auf den beiden Kongressen über dieses Thema stattfanden und an denen sich die angesehensten Spezialisten der damaligen Zeit beteiligten.

Halten wir fest, daß FREUD Paris am Abend des 9. August verließ. Am Morgen desselben Tages hatte BERNHEIM den Vorsitz des Psychologiekongresses geführt, und am Nachmittag hatte er vor dem Hypnosekongreß seinen Vortrag gehalten. Man darf wohl annehmen, daß FREUD aus Höflichkeit nicht vor dem Ende dieser beiden Sitzungen abreisen wollte.

Der Vortrag von BOURRU und BUROT fand am nächsten Tag statt. Hätte FREUD ihn gehört, würde er vielleicht die Ähnlichkeit mit der kathartischen Methode erkannt haben, wie er sie, BREUER folgend, anwandte. Er hätte vielleicht das Wort ergriffen, auf seine eigenen sowie BREUERS Arbeiten aufmerksam gemacht und dadurch die Frage nach der Entdeckung der kathartischen Methode geklärt.

c) Die Grenzen zwischen der kathartischen Methode und der Hypnoanalyse sind nicht immer klar gezogen.

Der Ausdruck *Hypnoanalyse*, dem man ab 1917 sporadisch begegnete, bezeichnete zunächst eine Technik, die sich nicht mit der Beseitigung der Symptome begnügte, sondern Heilung der Ursachen anstrebte. Sie enthielt deshalb Elemen-

---

[61] Es handelt sich um den Ersten Internationalen Kongreß für Psychologie. Der zweite, der 1892 stattfand, legte sich die neue Bezeichnung Kongreß für experimentelle Psychologie zu. Der dritte Kongreß, im Jahr 1896, nannte sich Kongreß für Psychologie (diese Bezeichnung blieb bis heute bestehen) und verzichtete auf jedes Beiwort.
Erwähnt sei, daß der August 1889, in dem auch die Weltausstellung stattfand, reich an Kongressen war. Anführen möchten wir vor allem den Internationalen Kongreß für die Behandlung von Geisteskrankheiten (5.–10. August). Mehrere Kongreßteilnehmer beteiligten sich an den Arbeiten der drei eben erwähnten Kongresse.

te der Analyse und Introspektion durch kathartische oder erzieherische Prozesse. Die Autoren konnten psychoanalytisch orientiert sein oder auch nicht.

SIMMEL arbeitete mit einer psychoanalytischen Perspektive. FREUD erwähnt ihn in seiner *Selbstdarstellung* und sagt, er habe die kathartische Methode während des Ersten Weltkriegs mit Erfolg bei der Behandlung von Kriegsneurotikern im deutschen Heer angewandt. In Wirklichkeit war SIMMEL weiter gegangen; er hatte sich zusätzlich zum kathartischen Verfahren analytischer Gespräche oder der Traumdeutung im Wachzustand und unter Hypnose bedient. Andere Autoren wandten während des Zweiten Weltkriegs ähnliche Techniken an.

Heute ist die Hypnoanalyse eine Technik, in der die Psychoanalyse und die Hypnose zusammen angewandt werden. Das praktische Ziel dieser Methode ist eine Abkürzung der klassischen Psychoanalyse. Gewisse Autoren begnügen sich manchmal mit sehr wenigen Sitzungen, doch laut BRENMAN und GILL schwankt die mittlere Dauer einer hypnoanalytischen Behandlung zwischen vierzig und hundert oder mehr Sitzungen.

Man kann heute zwei Arten angewandter Techniken unterscheiden: eine *streng festgelegte Technik* (R. LINDNER) und eine *anpassungsfähigere Technik* (ERICKSON, WOLBERG, BRENMAN und GILL, SCHNECK, KLINE usw.). Alle Methoden beginnen mit einer Übungsperiode, in welcher der Patient lernt, auf ein gegebenes Signal in hypnotischen Zustand zu sinken. Mehrere Autoren glauben, in der Hypnoanalyse sei eine tiefe Trance erforderlich; andere halten eine leichte Trance für ausreichend.

LINDNERS Methode umfaßt neben der Übungsphase zwei weitere Phasen. Die zweite Phase besteht bei ihm aus Sitzungen klassischer Psychoanalyse mit freien Assoziationen. Die Hypnose wird zur Überwindung der Widerstände angewandt. Wenn diese auftauchen, hypnotisiert man den Patienten und versucht das Material zu erhalten, welches der Patient im Wachzustand nicht liefern konnte. Die Behandlung schließt mit einer Periode der Umorientierung und Umerziehung ab, in der sogar direkte Suggestionen angewandt werden.

Die zweite Technik ist sehr anpassungsfähig; eine ganze Skala von Spezialtechniken wird angewandt, um Erlebnismaterial zu erhalten: Hervorrufung von Träumen, Regression, automatische Schrift, Veranschaulichung von Szenen, die sich auf das Konfliktmaterial beziehen, usw.

Vom theoretischen Standpunkt wirft man der Hypnose vor, sie verschleiere die Übertragung und umgehe die Widerstände. Die Hypnoanalytiker glauben, daß das Spiel der Abwehr und des Widerstands nicht wegfällt, daß man damit arbeiten und eine Umstrukturierung der Persönlichkeit erreichen kann wie in der klassischen Psychoanalyse.

Diese Technik befindet sich noch im Versuchsstadium. Die veröffentlichten Beobachtungen und die erzielten Resultate erlauben bis jetzt keine definitiven Schlüsse über ihre therapeutische Wirksamkeit. Doch die diversen in dieser Technik angewandten Verfahren ermöglichen aufschlußreiche Versuche.

Wer soll hypnotisieren?

Soll die Hypnotherapie den Psychotherapeuten vorbehalten bleiben, oder können alle Ärzte sie anwenden? Dieses Problem stellt sich für sämtliche Psychotherapien. Der praktische Arzt bedient sich immer der Psychotherapie, ohne daß er es weiß, denn jede medizinische Handlung umfaßt ein Stück Psychotherapie. Es besteht eine immer deutlichere Tendenz, den praktischen Arzt in die Psychotherapie einzuführen, damit er sich dessen bewußt ist, was er tut, und seine »kleine« Alltags-Psychotherapie praktizieren kann.

Darf man die Hypnotherapie als »kleine« Psychotherapie ansehen? Wir glauben nicht.

Man könnte zu einer solchen Ansicht neigen, weil die Technik der Hypnotherapie verhältnismäßig einfach ist, weil sie schnell Ergebnisse erbringt und der Eingriff scheinbar nicht sehr tief geht. In Wirklichkeit ist die Hypnose, wie schon gesagt, nur selten ausschließliche Behandlungsart. Sie dient vielmehr dazu, die Herstellung der therapeutischen Beziehung zu beschleunigen und die Beziehung zu intensivieren. Analytisch gesprochen, aktiviert sie mächtige Strömungen der Übertragung und Gegenübertragung, die man zu steuern und manchmal einzudämmen verstehen muß.

Es ist deshalb unlogisch zu glauben, eine Psychotherapie, die sich der Hypnose bedient, sei leichter zu bewältigen als eine Psychotherapie ohne Hypnose. Wir möchten gern bestätigen, was der amerikanische Autor ROSEN sagte: »Niemand sollte jemals eine Therapie an Kranken mittels Hypnose durchführen, sofern er nicht die entsprechenden beruflichen Qualifikationen hat, dieselbe Art von Patienten auch durch nichthypnotische Techniken zu behandeln.«

Eine psychotherapeutische Schulung ist also unerläßlich für den, der die Hypnose anwenden will. Der praktische Arzt, der kein Spezialist ist, kann sie in bestimmten Fällen anwenden, vorausgesetzt er hat sich in die Psychotherapie einführen lassen.

Diese Einstellung ist in Großbritannien verbreitet. In einer Nummer des *British Medical Journal*[62] veröffentlichten praktische Ärzte mehrere Artikel über Hypnose.

Die Bedingungen für die Ausübung der Hypnotherapie wurden 1958 in dem Bericht einer eigens dafür eingesetzten Kommission der *American Medical Association* (A.M.A.) genauer umrissen. Die Mitglieder der Kommission sind folgender Ansicht:

»Eine Ausbildung in den Disziplinen der psychodynamischen Psychologie und der Psychiatrie ist wichtig für das Verständnis der hypnotischen Phänomene... Die Anwendung der hypnotischen Techniken zu therapeutischen Zwecken soll jenen vorbehalten bleiben, die durch ihre theoretische und praktische Ausbildung alle Kriterien erfüllen, welche Voraussetzung für die Erstellung einer vollständigen Diagnose der zu behandelnden Krankheit sind. Die Hypnose soll auf streng begrenzter Basis von Ärzten vorgenommen werden, die sich an diese Bedingungen halten, und sie soll nie zu einer eigenen Technik werden, die ein Therapeut bei allen Gelegenheiten anwendet.«

In den Vereinigten Staaten wird die Hypnose bekanntlich von den Zahnärzten laufend angewandt. Mehrere europäische Autoren (STOKVIS) wenden sich dagegen. Man kann

---

[62] 8. Juni 1957.

hier vom theoretischen Standpunkt der Ansicht sein, daß der Zahnarzt damit in symbolischer Weise auf unbewußte, tiefe, sehr verletzliche Regionen einwirkt[63]. Wir können uns fragen, ob für den Patienten das Risiko eines traumatischen Effekts besteht. Es stehen uns keine umfangreichen Untersuchungen von Patienten, die von hypnotisierenden Zahnärzten behandelt wurden, zur Verfügung; deshalb können wir nicht beurteilen, ob die Intervention in der Psyche der Patienten Spuren hinterließ.

Da sich jedoch die Begegnung zwischen Zahnarzt und Patient auf einem eng begrenzten Gebiet abspielt, sollte man glauben, daß das Risiko begrenzt ist (wohlverstanden nur, wenn der Zahnarzt auf seinem Terrain bleibt). Übrigens vertiefen sich mehrere amerikanische Zahnärzte in die moderne dynamische Psychologie, um diese Probleme klar erkennen zu können.

Der Bericht der *American Medical Association* führt die Anwendungsarten der Hypnose für Ärzte an, die keine Spezialisten auf dem Gebiet der Psychotherapie sind:

»Kein Arzt oder Zahnarzt soll die Hypnose zu Zwecken anwenden, die nicht mit seinem Spezialfach in Verbindung stehen und seine normalen Kompetenzen überschreiten. Zum Beispiel könnte ein erfahrener, qualifizierter Zahnarzt die Hypnose zur Hypnoanästhesie oder Hypnoanalgesie oder zur Linderung der mit verschiedenen zahnärztlichen Arbeiten verbundenen Angst anwenden. Auf keinen Fall wäre es angebracht, daß er neurotische Störungen seines Patienten mit Hypnose behandelt. Der Chirurg, der Geburtshelfer, der Anästhesist, der Gynäkologe und der praktische Arzt können diese Techniken im Rahmen ihres Kompetenzbereichs legitim anwenden.«

---

[63] Die besondere Rolle des Zahnarztes wurde von MARIE BONAPARTE (1933) untersucht. Sie hebt die Rolle des Zahnarztes als »Kastrator«, aber auch als »Rephallisator« hervor. Daher die ambivalente Übertragung des Patienten hinsichtlich des praktischen Arztes. R. HELD hat die Frage vor kurzem (1958) wieder aufgegriffen.

Gefahren bei der Anwendung der Hypnose

Die Frage nach den Gefahren bei der Anwendung der Hypnose in der Psychotherapie wurde verschieden beantwortet.

Es gibt keine Arbeiten, die wissenschaftlichen Maßstäben genügen (Kontrollgruppen, Studien von Katamnesen usw.) und eine genaue Beurteilung der Unzuträglichkeiten der Hypnose erlauben würden.

Doch wenn die Hypnotherapie keinerlei Gefahr bergen würde, könnte ihre therapeutische Wirksamkeit vielleicht in Zweifel gezogen werden. Ausgehend von der Annahme, daß ein Medikament nur wirklich wirksam sei, wenn es eine Gefahr darstelle, sagte Janet: »Die Hypnose und die Suggestion sind leider kaum gefährlich.«

Jede Therapie birgt Risiken, und im Falle des Einsatzes von Antibiotika kann die Therapie sogar zum Tod führen. Natürlich ist Sachkenntnis hier ein außerordentlich wichtiger Faktor, doch es kommt auch vor, daß erfahrenen Spezialisten Fehler unterlaufen oder daß sie, ohne Fehler zu machen, unerwartete Resultate erzielen. Das sind Zufälle, die bei allen therapeutischen Eingriffen ins Spiel treten können.

Als Folge der Hypnose-»Epidemie«, die in den Vereinigten Staaten noch vor wenigen Jahren wütete, erhoben sich Stimmen, die auf gewisse nachteilige Wirkungen der Hypnotherapie und auf Nachwirkungen aufmerksam machen, zu denen es kommen kann. Rosen vertrat (1960) folgende Meinung:

»Die hier geschilderten Fälle zeigen, daß weder diagnostische Aufdeckungstechniken noch die vermutlich therapeutisch wirkende Altersregression mit Abreaktion in den Händen von Menschen ungefährlich sind, die keine Kenntnisse über die Psychodynamik haben. Die Fehlschläge sind genauso frappierend wie die Erfolge.«

Hilgard und seine Mitarbeiter überprüften (1961) die in den letzten Jahren veröffentlichten Arbeiten über nachteilige Hypnosefolgen, verursacht durch qualifizierte oder unqualifizierte Hypnotiseure. Fünfzehn Fälle waren behandelt worden, in denen die Unterdrückung der Symptome ein Auftreten ernsterer Symptome zur Folge hatte und bis zu psychotischen Reaktionen führte. »Sie traten vor allem bei Kranken auf«, so stellten die Autoren fest, »die eine lange medizinische Vergangenheit hatten und schon früher in der Therapie psychotische Tendenzen erkennen ließen; es ist nicht möglich, das Gesamtbild kennenzulernen, aus dem diese fünfzehn Fälle herausgenommen wurden, oder zu erfahren, bis zu welchem Punkt die Folgen aus kontraindizierten psychotherapeutischen Techniken resultierten und nicht aus der Hypnose selbst. Die Unterdrückung von Symptomen durch andere Techniken als die Hypnose hat manchmal ähnliche Folgen.«

Die genannten Autoren experimentierten selbst mit einer Gruppe von 220 gesunden Studenten. Sie stellten in 17 Fällen (7,7 Prozent) vorübergehende kleinere Sekundäreffekte fest. In 5 Fällen vergingen diese Effekte ein paar Stunden nach dem Experiment. Die Autoren gelangten zu dem Schluß, daß ihre Experimente insgesamt unschädlich waren. Sie fanden heraus – eine interessante Beobachtung –, daß die Versuchspersonen, bei denen Sekundäreffekte auftraten, eine schlechte Erinnerung an eine frühere, chemisch herbeigeführte Anästhesie hatten.

Wir möchten darauf hinweisen, daß bei der Unterdrückung von Symptomen, insbesondere durch Hypnoseanwendung, äußerste Vorsicht geboten ist. Tatsächlich erleichtert die Hypnose die Unterdrückung der Symptome, doch diese kann manchmal zu abrupt erfolgen, wodurch die Gefahr entsteht, daß nicht nur mehr oder weniger schwere Ersatzsymptome auftreten, sondern sogar katastrophale Auswirkungen, die bis zu Selbstmordreaktionen beim Patienten gehen können. Eine vorherige psychiatrische Untersuchung ist deshalb, wir wiederholen es, ganz besonders vor der Anwendung einer mit Hypnose arbeitenden Psychotherapie bei psychiatrischen oder psychosomatischen Patienten unbedingt anzuraten. Doch trotz aller Vorsichtsmaßnahmen können manchmal schwierige Situationen auftreten, und darum ist psychotherapeutische Erfahrung notwendig, damit der Therapeut sie zu meistern vermag. Man kann wohl sagen, daß die Hypnotherapie Risiken mit sich bringt, wenn sie von unqualifizierten Personen praktiziert wird. Da jedoch statistische Angaben fehlen, lassen sich diese Risiken mit denen anderer Medikationen nur schwer vergleichen.

Wir selbst stellten bei Patienten, die der Hypnotherapie unterzogen wurden, vorübergehende Exazerbationen fest. Bei Kranken, die wir nach mehreren Jahren wiedersahen, konnten wir keine Dauerschäden ermitteln. Natürlich sahen wir nicht alle unsere Patienten wieder, wie es übrigens auch bei den anderen Therapien der Fall ist.

Fügen wir noch hinzu, daß der Kranke glücklicherweise oft selbst Vorsichtsmaßnahmen trifft, indem er eine defensive Haltung einnimmt. Patienten mit einem »schwachen« Ich oder Patienten, die eine Gefahr für ihre Persönlichkeit spüren, besitzen ausreichende Abwehrmechanismen, die ein Engagement in der hypnotischen Beziehung zulassen oder auch nicht. Sogar wenn sich der Patient engagiert, wird er nie vollständig zum Automaten: Die Abwehrmechanismen und Widerstände sind nicht ganz außer Funktion gesetzt. Wir haben selbst festgestellt, daß Patienten in Tiefhypnose noch genügend Freiheit bewahren, um bei bestimmten Gelegenheiten die Wahrheit zu entstellen.

Man hat bei der Hypnose auch von einer Toxikomanie gesprochen, doch dasselbe Übel kann bei allen Psychotherapien auftreten. Der Therapeut muß die Beziehung Arzt–Patient voll Geschicklichkeit steuern, um diese Klippe zu umgehen. Der moderne Psychotherapeut kennt die Gesetze besser, denen diese Beziehung unterliegt: Weil er sich der Übertragungs- und Gegenübertragungs-Situation bewußt ist, bewältigt er sie besser. Das erklärt, warum heute anscheinend weniger Zwischenfälle passieren als zur Zeit des berühmten Falls der Anna O., wo der Abbruch der Behandlung BREUER einigen Ärger bereitete (siehe S. 83).

Hypnose und Psychoanalyse

FREUD leugnete die Bande nie ab, welche die Hypnose und die Psychoanalyse verknüpften. 1923 sagte er ausdrücklich: »Man kann die Bedeutung des Hypnotismus für die Entstehungsgeschichte der Psychoanalyse nicht überschätzen. In theoretischer wie therapeutischer Hinsicht verwaltet die Psychoanalyse ein Erbe, das sie vom Hypnotismus übernommen hat.«

Die Situation der Hypnose in der analytischen Psychotherapie wurde von FREUD selbst vorausschauend umrissen. 1918 sagte er: »Wir werden auch sehr wahrscheinlich genötigt sein, in der Massenanwendung unserer Therapie das reine Gold der Analyse reichlich mit dem Kupfer der direkten Suggestion zu legieren, und auch die hypnotische Beeinflussung könnte dort ... wieder eine Stelle finden. Aber wie immer sich auch diese Psychotherapie fürs Volk gestalten, aus welchen Elementen sie sich zusammensetzen mag, ihre wirksamsten und wichtigsten Bestandteile werden gewiß die bleiben, die von der strengen, der tendenzlosen Psychoanalyse entlehnt worden sind.«

Wir werden sehen, unter welchen Formen sich die Hypnose in die analytische Psychotherapie integrieren kann.

Den ehrgeizigsten Versuch stellt die Hypnoanalyse dar, deren Anhänger sie für eine Therapie halten, welche die klassische Therapie ersetzen könnte, da sie diese abkürzt. Doch wie wir schon gesagt haben, die Hypnoanalyse befindet sich erst im experimentellen Stadium, und es ist noch zu früh, sich über ihre Möglichkeiten zu äußern.

Dafür kann die Hypnose als Element Aufnahme in die PIP (psychoanalytisch inspirierten Psychotherapien) finden.

Erinnern wir uns, daß das Gebiet der PIP nicht klar abgegrenzt ist. Man könnte, schematisch gesehen, drei Kriterien herausstellen:

1. Das Symptomverständnis gemäß den psychoanalytischen Begriffen.
2. Die tiefgründige Einstellung des Therapeuten gegenüber dem Patienten, bedingt durch seine eigene Persönlichkeit und seine psychoanalytische Schulung (Gegenübertragung).
3. Die eventuelle umsichtige Bewußtmachung von tiefliegenden Konflikten durch Analyse der Übertragung und der Widerstände.

Von diesen drei Kriterien erscheint das zweite bei weitem als wichtigstes. Denn liegt nicht sogar die oberflächlichere Psychotherapie (die lenkende, rationale, die Unterstützung, Kontakt usw. bietet), wenn sie von einem Psychoanalytiker praktiziert und aus einer psychodynamischen Perspektive durchgeführt wird, noch innerhalb des Rahmens der PIP?

Der Arzt muß daher berücksichtigen, daß die hypnotische Beziehung durch besondere Formen (massive Regression) der Übertragung (und Gegenübertragung) charakterisiert wird. Manche Ärzte halten den Einsatz dieser Beziehung für zu mühsam. Wie uns einer unserer Lehrer in der Psychoanalyse sagte, rührt dies daher, daß in der hypnotischen Beziehung »die Sphären des Unterbewußtseins sich zu nahe berühren, was unweigerlich ermüdend ist«.

Abschließend möchten wir uns gern die Meinung von KAUFMAN zu eigen machen, für den die Anwendung der Hypnose weder einen Anachronismus noch eine Fixation, noch einen Rückschritt im Verhältnis zu den modernen Psychotherapien darstellt, sondern Gegenstand einer nützlichen Applikation sein kann, nämlich »als Psychotherapie mit einem Ziel, das sich im Rahmen der analytischen Psychologie hält«[64].

Einen Punkt möchten wir noch ins Gespräch bringen, der vielleicht die geringere Wirksamkeit der Hypnose in unserer Zeit im Vergleich zum vorigen Jahrhundert erklärt. Zweifellos übertrieb man damals die therapeutischen Möglichkeiten der Hypnose beträchtlich, und bei der Bewertung der Resultate wurden keine strengen wissenschaftlichen Maßstäbe angelegt. Trotzdem darf man annehmen, daß diese Art der Behandlung seinerzeit wirksamer war als heute. Das scheint einmal auf die größere milieubedingte Suggestibilität zurückzuführen sein; zum anderen ist es möglich, daß wir heute diese Technik nicht mehr so gut zu praktizieren vermögen. Wir glauben vielleicht weniger an die therapeutische Wirkung, verlieren die Sicherheit, und der Patient spürt dies.

Der zeitgenössische sowjetische Autor KARTAMISCHEW, der die Hypnose in der Dermatologie anwendet, schilderte die ausgezeichneten Ergebnisse, die er in der Behandlung von Warzen mit der direkten und der indirekten Suggestion erzielte. Doch angesichts des »mokanten Lächelns« seiner Mitarbeiter hat er, wie er selbst sagt, seine Sicherheit und die Kraft zu heilen verloren.

Die Haltung der ersten Hypnotiseure, die sich ein wundertätiges, magisches, Übergriffe nicht ausschließendes Benehmen

---

[64] Äußerung auf der Gemeinschaftstagung des amerikanischen psychiatrischen Verbandes und des psychoanalytischen Verbandes (9. Mai 1960).

zulegten, konnte sicher zum Lächeln verleiten. Unsere heutigen Kenntnisse auf dem Gebiet der Psychopathologie zwingen uns zu mehr Vernunft. Auch das Wissen um die Übertragung veranlaßt uns zu einem umsichtigeren Verhalten. Man kann sich jedoch fragen, ob uns diese Reserviertheit nicht jene Spontaneität nimmt, die unsere Suggestivkraft steigerte.

Gegen unsere Bemerkung wurde der Einwand erhoben, die Kenntnis und die Beherrschung der Gegenübertragung müßten eigentlich eine noch größere Spontaneität erlauben. Idealerweise müßte der vollkommene Analytiker tatsächlich zu jeder Form der Psychotherapie fähig sein, aber wir halten das Problem für zu kompliziert, als daß man hier allgemeine Schlüsse ziehen könnte.

Die Entdeckung und bewußte Erfassung der Gegenübertragung stellt einen der bedeutendsten Fortschritte in der Psychotherapie dar. Sie schützt die Kranken vor unbewußten Projektionen des Therapeuten. Die Reserve, die sich daraus ergibt, kann von bestimmten Kranken als tatsächliches Abstandnehmen empfunden werden. Es stimmt, daß wir manchmal zu sehr in der Neutralität verharren und zu träge sind, um diese Haltung zu ändern. Anders verhält es sich bei der Psychotherapie von Psychosen und bei den anaklitischen Behandlungen bestimmter schwerer psychosomatischer Leiden, wo der Therapeut eine Haltung ähnlich einer Mutter zu ihrem Säugling einnimmt. MARGOLIN, der die anaklitische Behandlung beschrieb, die eine massive Befriedigung beim Kranken notwendig macht, hält sie für so schwierig, daß er sogar rät, der Psychotherapeut solle bei einer derartigen Behandlung einen Kollegen hinzuziehen, auf den er sich stützen kann.

Die gelegentliche Anwendung der Hypnose könnte für jeden Psychotherapeuten eine nützliche Übung sein. Sie würde ihm ermöglichen, seine Geschmeidigkeit zu bewahren, seine Haltung zu variieren.

Der argentinische Psychoanalytiker GRINBERG wies (1963) nachdrücklich auf die Notwendigkeit hin, daß die Psychoanalytiker die Zeit einschränken, welche sie den klassischen Heilverfahren widmen. Denn bei ausschließlicher Ausübung dieser Tätigkeit blieben sie in einer besonderen Beziehung verhaftet, der psychoanalytischen Beziehung, die auf die Dauer »eine Isolation, einen Mangel an normaler Kommunikation« mit anderen bewirke, folglich ein gewisses Maß an Regression darstellt. Diese Situation könnte auf »die Intensivierung der Verfolgungsängste und den Einsatz schizoparanoider Mechanismen sowie gesteigerte Reaktionen der Rivalität, des Neids und der Feindseligkeit« hinauslaufen. GRINBERG erklärt damit die Schärfe und Häufigkeit der Konflikte zwischen Psychoanalytikern.

Gleich FREUD glaubt er an »die Möglichkeit des Auftretens von Trieben, die einen nachteiligen Einfluß auf die Persönlichkeit des Analytikers haben können, weil sie sich nicht in angemessener Weise auf seine Patienten entladen dürfen. Von Zeit zu Zeit wählt der Analytiker in einem Ersatzvorgang – der ihn dazu bringt, sich abzureagieren – unbewußt eine Zielscheibe, um sich zu befreien. Diese Zielscheibe, das sind seine Kollegen.« GRINBERG empfiehlt als psychohygienische Maßnahmen einen regeren zwischenmenschlichen Austausch, bei dem es zu einer nicht-analytischen Kommunikation kommt: Kurse, Vorträge, Arbeit in Krankenhäusern usw. Man kann sich fragen, ob so gesehen die Kommunikation auf der Ebene der Hypnose, die dem Therapeuten keine strenge Neutralität auferlegt, für ihn nicht eine nützliche Ablenkung darstellen würde, eine Art »Sicherheitsventil«.

GRINBERG vergleicht in derselben Arbeit, in welcher er sich auf FREUD und MELANIE KLEIN bezieht, eine gute Analyse mit einer guten Stillung an der Mutterbrust und verweist auf die Befriedigung, die sie dem Individuum gewähre. Diese Befriedigung bedeute für den Menschen einen Glückszustand, und davon hängen seine guten Beziehungen zu anderen ab.

Um auf dem Gebiet der Ernährung zu bleiben, doch auf einer anderen Eebene: Es ist eine Tatsache, daß auch die Mutter Genugtuung hat; das Stillen bereitet ihr ein Vergnügen, das sich als wichtig für ihr affektives Gleichgewicht und ihre Fähigkeit zu »spenden« erweist. So gesehen und wenn man akzeptiert, daß sich der Austausch zwischen Hypnotiseur und Hypnotisiertem auf oraler Ebene abspielt, zieht der Hypnotiseur aus dem Hynosevorgang dieselbe Bestätigung wie die Mutter aus dem Stillen.

Nebenbei sei gesagt, daß die Qualität der Nahrung, die der Therapeut dem Hypnotisierten spendet, auch von der Qualität der »Kost« abhängt, die er selbst in seiner eigenen Analyse erhielt, wenn er sich einer unterzog.

KARL MENNINGER meinte (1958), es sei für Psychoanalytiker nützlich, wenn sie sich nicht auf die Anwendung der klassischen Heilverfahren beschränken. Er empfiehlt ihnen, einen

Teil ihrer Zeit anderen Formen der analytischen Psychotherapie zu widmen. Gewisse Psychoanalytiker ziehen es jedoch vor, ausschließlich die klassischen Verfahren zu praktizieren, womit sie sich (um einen Ausdruck HELDS zu gebrauchen) an die »Sessel-Diwan-Dialektik« halten. Andere sind in den *psychoanalytisch inspirierten Psychotherapien* zu Behandlungen bereit, die sie in eine Situation bringen, wo sie sich dem Patienten gegenüber befinden (»Sessel-Sessel«, um wieder mit HELD zu sprechen). Wofür sich der Analytiker entscheidet, hängt von seiner Persönlichkeit ab (und natürlich von den verschiedenen Faktoren, die in jedem behandelten Fall auftreten).

Fügen wir hinzu, daß auch die ausschließende Anwendung der Hypnotherapie nicht ratsam ist. Vor allem würde, wenn man unserem obenerwähnten Lehrer glauben darf, eine solche Beziehung zwischen dem Unbewußten des Kranken und dem des Therapeuten, wenn sie von längerer Dauer wäre, einen affektiven Streß für den Therapeuten darstellen. Außerdem kann die Anwendung einer einzigen Technik auf anderer Ebene Nachteile mit sich bringen: Der Psychotherapeut wird dazu neigen, die Indikationen seiner Methode auszuweiten, und Gefahr laufen, sie in Fällen anzuwenden, in denen eine andere Methode angebracht wäre.

10
Unterricht

In den Vereinigten Staaten beginnt man damit, Hypnose an den medizinischen Fakultäten sowohl für Studenten als auch im Rahmen ärztlicher Fortbildung zu lehren. Die *American Medical Association* hat einen Lehrplan ausgearbeitet, der 1960 auf einer Tagung diskutiert wurde, an welcher Vertreter von zweiundzwanzig medizinischen Hochschulen der Vereinigten Staaten und Kanadas teilnahmen.

Die allgemeinen Richtlinien des Lehrprogramms sind:

1. Der Unterricht in Hypnose soll sich auf die Erkenntnisse der Psychodynamik und der modernen Psychopathologie stützen, besonders was die Entstehung der Symptome, die Beziehung zwischen Arzt und Kranken und die Natur der unbewußten seelischen Vorgänge anbelangt.

2. Sorgfältig ausgewählte Fälle sollen im Unterricht behandelt werden; die Schüler, die am Unterricht teilnehmen, sollen tatsächliche Verantwortung bei der Behandlung tragen, doch von den Unterrichtenden überwacht werden.

3. Die individuelle Kontrolle ist während der gesamten Ausbildung wichtig, nicht nur im Interesse der Patienten, sondern auch, um bei den Unterrichteten eine konstante Führung in der Ausbildung sicherzustellen und ihnen zu gestatten, alle ihnen gebotenen Ausbildungsmöglichkeiten maximal zu nutzen.

4. Bei der Auswahl der Personen, die sich nach der Universitätsausbildung in der Hypnose fortbilden wollen, sind Beschränkungen geboten. Diese Personen müssen unter Berücksichtigung ihrer Allgemeinbildung, ihrer fachlichen Vorbildung und ihrer Motivation sowie ihrer geistigen und gefühlsmäßigen Gesundheit und Stabilität ausgewählt werden.

5. Der Unterricht in Hypnose hat auf verschiedenen Ebenen zu erfolgen.

Das Programm für Assistenzärzte der Psychiatrie soll höhere Anforderungen stellen und spezialisierter sein. Ein gutes Programm für die Studenten und ein gutes Fortbildungsprogramm für Nicht-Psychiater nach der Universitätsausbildung können jedoch viele gemeinsame Punkte umfassen.

Teile dieser beiden Unterrichtskategorien können sinnvoll kombiniert werden.

Die *American Psychiatric Association* veröffentlichte 1961 selbst Empfehlungen für den Unterricht:

1. Von Einzelkursen, die sich darauf beschränken, die Herbeiführung der Trance zu lehren, wird dringend abgeraten.

2. Der Unterricht in Hypnose soll in medizinischen Schulen und anderen psychiatrischen Ausbildungszentren stattfinden, die sich für den Hypnose-Unterricht interessieren. Wenn die Hypnose in einem Klima gelehrt wird, in dem die Studenten ein den Grundsätzen der Psychiatrie entsprechendes Wissen erwerben können, vermag sie ein nützliches Adjuvans bei der Therapie zu werden.

3. Der Hypnose-Unterricht soll so lange dauern und so gründlich sein, daß sich die Studenten ein Wissen aneignen können, welches der Stellung der Hypnose im Verhältnis zu den anderen psychiatrischen Behandlungen angemessen ist, sowie Kenntnisse bezüglich ihrer Indikationen und Gegenindikationen, ihrer Vorteile und Gefahren. Die Maßnahmen zur Beurteilung, ob der Hypnose-Unterricht gründlich und umfassend genug ist, müssen elastisch bleiben und sollen von der psychiatrischen Abteilung ergriffen werden, welche die Kurse veranstaltet.

4. Die Teilnahme an einem Hypnose-Unterricht, der unter Berücksichtigung aller dieser Aspekte stattfindet, muß Ärzten und Zahnärzten ermöglicht werden, die darum ersuchen.

5. Die für den Hypnose-Unterricht erforderlichen Vorkenntnisse müssen besonders in den ärztlichen Fortbildungskursen hoch sein. Die Einrichtung von ärztlichen Fortbildungskursen an medizinischen Hochschulen und anderen Unterrichtszentren unter psychiatrischer Leitung wird empfohlen.

6. Ärzte, die sich der Hypnose bedienen, müssen sich bei ihrer Anwendung auf ihren fachlichen Kompetenzbereich beschränken.

7. Die Notwendigkeit eines fortgesetzten Studiums der

Hypnose und einer angemessenen Forschung wird betont, wobei besonderes Augenmerk auf die Bestimmung der Position der Hypnose im Rahmen der Gesamttherapie zu richten ist.

Parallel zum Hypnose-Unterricht finden bedeutende Forschungen statt. Summen bis zu einer Million Dollar wurden den Forschern von verschiedenen amerikanischen Institutionen zur Verfügung gestellt.

KENNEDY, Professor für psychologische Medizin an der Universität Edinburgh, hielt (1957) die Hypnose für einen nützlichen Bestandteil der psychotherapeutischen Ausbildung: »Dank der Hypnose«, sagte er, »vermögen wir dem Studierenden eine elementare Form der Beziehung zwischen Arzt und Patient, die in der therapeutischen Situation auftreten kann, und die Mittel ihrer Nutzung zum Wohle des Kranken zu zeigen.« Neben der Praxis der Hypnose soll der künftige Therapeut auch theoretisch geschult werden; er kann von hier aus zu komplizierteren psychotherapeutischen Verfahren übergehen. Später kann er entscheiden, ob er sich selbst einer Analyse unterziehen will. KENNEDY fügt hinzu: »Man darf sagen, daß dieses Verfahren die Art des Vorgehens rekapituliert, durch das FREUD und viele andere zu neuen Methoden gelangten, nachdem sie mit der Hypnose begonnen und aus ihr wertvolle Erkenntnisse gewonnen hatten.«

Andere Autoren sind anderer Meinung. Einige empfehlen genau den umgekehrten Weg: sich zuerst mit der dynamischen Psychotherapie vertraut zu machen, sich eventuell einer Lehranalyse zu unterziehen und dann zur Hypnotherapie übergehen. Die letztere Lösung erscheint uns als die bessere, besonders wenn man die Hypnose zu ausgedehnten psychotherapeutischen Untersuchungen benutzen will.

11
Indikationen

Die Erklärung der *American Psychiatric Association* enthält folgendes Resümee über die therapeutische Anwendung der Hypnose: »Die Hypnose wird nur dann zu Recht und korrekt im Verlauf der Therapie angewandt, wenn ihre Anwendung therapeutischen Zwecken dient und keine unnötigen Risiken für den Kranken mit sich bringt. Bei enger Auswahl von Patienten kann sie zu sedativen, analgetischen und anästhetischen Zwecken benutzt werden, zur Linderung von Beklemmung und Angst und zur Unterdrückung der Symptome. Sie kann auch, aber nur auf der Basis noch strengerer Auswahl, bei Neurotikern und Psychotikern Anwendung finden.«

Es ist schwer, genaue Grenzen für die therapeutischen Indikationen der Hypnose zu ziehen. Sie hängen mehr vom Kranken als von der Krankheit ab. Man wird sich natürlich von der Diagnose leiten lassen, wenn man eine Behandlung mit Hypnose versuchen will, und dabei berücksichtigen, daß gleiche Diagnosen nicht immer zu gleichen Reaktionen in der Hypnotherapie führen. Bei engerer Patientenauswahl scheiden sich einige noch dadurch selbst aus, daß sie nicht hypnotisierbar sind. Der hypnotisierbare Kranke zeigt sich einer Psychotherapie zugänglich. Diese kann versucht werden – das heißt jedoch nicht, daß sie immer von Erfolg gekrönt sein wird. Doch der Kranke, der die hypnotische Beziehung akzeptiert, gibt damit dem Arzt sozusagen einen Wink. Am Arzt ist es nun, diesen zum Besten des Patienten auszuwerten.

Bei der Auswahl der Kranken, an denen wir die Hypnotherapie anwenden wollten, wurden wir vor allem von praktischen Erwägungen geleitet. Wir haben eine Behandlungsform gesucht, die sich bei den Kranken innerhalb kurzer Zeit anwenden ließ. Unter diesen Patienten gab es solche, die wegen ihrer unzureichenden psychodynamischen Möglichkeiten einer Tiefenpsychotherapie nicht zugänglich waren. Andere lehnten eine langdauernde Behandlung ab. Bei einigen war die Hypnose das einzige therapeutische Mittel und bot sich manchmal als Dringlichkeitsbehandlung an. Man kann übrigens auch damit rechnen, daß Kranke, die wegen einer akuten Episode mit Hypnose behandelt wurden, nachher auf eine Psychotherapie anderer Art hin orientiert sind.

Die Behandlung beschränkte sich nur selten auf bloße direkte Suggestion unter Hypnose. In den meisten Fällen umfaßte sie daneben psychotherapeutische Gespräche unter Hypnose oder im Wachzustand, wobei der Kranke uns gegenüber saß oder lag und uns sah oder auch nicht. Wir wandten manchmal die kathartische Methode und Spezialtechniken (künstlich herbeigeführte Regression, Träume usw.) an, die letzteren freilich mehr zur Untersuchung als zu therapeutischen Zwecken.

Wir müssen nun darauf hinweisen, daß wir, wie jeder Psychotherapeut, von unseren eigenen Voraussetzungen ausgehen. Wir wenden das System der psychoanalytischen Bezugnahme an und sehen in der hypnotischen Beziehung eine Psychotherapie, mit der eine besondere Übertragungs- und Gegenübertragungs-Situation einhergeht, deren wir uns ständig bewußt zu bleiben bemühen. Wie in jeder psychoanalytisch inspirierten Psychotherapie müssen die Introspektion (insight) und die deutende Durcharbeitung (working through), wenn man sie vornimmt, mit Vorsicht durchgeführt werden.

Äußerste Vorsicht ist auch bei der Bewertung der Ergebnisse geboten. Man weiß, welche Schwierigkeiten diese Frage bei jeder Psychotherapie aufwirft. Keine kann sich rühmen, daß sie ihre Wirkung in quantitativen Begriffen zu demonstrieren vermag. Außerdem – und das ist vielleicht der schwerwiegendste Mangel – beziehen sich die Publikationen auf keine so ausreichende Beobachtungszeit, als daß man den wirklichen Wert der erzielten Erfolge beurteilen könnte. Deshalb gibt es auch eine Unmenge unbestätigter therapeutischer Resultate aus der großen Zeit der Hypnose. Man heilte damals alles. Freilich lassen auch die derzeitigen Publikationen in dieser Hinsicht einiges zu wünschen übrig: Es gibt noch immer nicht genügend Arbeiten, die eine angemessene Beobachtungszeit nach Beendigung der Behandlung einbeziehen.

Kommen wir *last but not least* auf eine der größten Schwierigkeiten zu sprechen. Es handelt sich um das Problem der stets umstrittenen Kriterien der Heilung, das in der Hypnose ebenso auftaucht wie in allen anderen Psychotherapien.

Es ist sehr wahrscheinlich, daß die im vorigen Jahrhundert mit Hilfe der Hypnose erzielten therapeutischen Resultate besser waren als heute. Natürlich erhält man nur schwer Vergleichszahlen. Katamnestische Studien mit ausreichend langer Beobachtungszeit waren auch früher selten (sie sind es heute noch, und nicht nur bei der Hypnose, sondern bei allen Psychotherapien). Außerdem zollten die alten Autoren den Ersatzsymptomen vielleicht zu wenig Aufmerksamkeit.

Doch auch wenn man unter den Autoren nur die seriösesten berücksichtigt, hat man den Eindruck, daß ihre hypnotischen Behandlungen wirksamer waren und bei Leiden angewandt wurden, die heute dieser Therapie schwerer zugänglich sind. Wenn wir uns die Berichte der beiden internationalen Kongresse (1889, 1900) ansehen, finden wir als Beispiele positive Ergebnisse (auch nach angemessener Beobachtungszeit) bei gewissen Fällen von Agoraphobie, Zwangsneurose, Schreibkrampf usw. Dabei fällt auf, daß die Hypnotherapie bei Toxikomanien als besonders wirksam erwähnt wird.

Vergleichende Studien der Resultate verschiedener Formen der Psychotherapie wurden versucht. Als Beispiel sei hier die Arbeit von STOKVIS (1960) angeführt; sie ist ein Versuch der statistischen Auswertung psychotherapeutischer Ergebnisse aufgrund einer zwischen sechs Monate und fünf Jahre nach der Behandlung vorgenommenen katamnestischen Untersuchung. Der Autor machte selbst auf die methodologischen Schwierigkeiten aufmerksam, mit denen er zu kämpfen hatte; deshalb haben seine Schlußfolgerungen nur sehr relativen Wert. Als Erfolgskriterium wählte er die soziale Anpassung seitens des Patienten. STOKVIS unterscheidet zwei Formen der Therapie: die »zudeckende« und die »aufdeckende«. Erstere, die Suggestionsverfahren umfaßt, ist eine oberflächliche, »suppressive« Therapie, letztere eine »expressive«, introspektive Tiefenpsychotherapie, die eine analytische Behandlung beinhaltet (Methode der individuellen Psychologie). Die mit den beiden Methoden erreichten Ergebnisse sind im wesentlichen dieselben.

Man erzielte bei der Behandlung von Psychoneurosen in 5 bis 10 Prozent der Fälle gute Ergebnisse (75 Patienten wurden mit der oberflächlichen Therapie und 30 mit der Tiefentherapie behandelt), 40 Prozent mittlere Ergebnisse, 25 Prozent zweifelhafte Ergebnisse und 25 Prozent Fehlschläge. Bei den psychosomatischen Leiden sind die Ergebnisse etwas besser. Die durchschnittliche Behandlungsdauer lag in der oberflächlichen Therapie bei 25 Sitzungen, die sich über 5,3 Monate erstreckten, und in der Tiefentherapie bei 100 Sitzungen in 4,5 Monaten. In beiden Gruppen handelte es sich um Kranke, bei denen vergleichbare Diagnosen gestellt worden waren.

Wir möchten nun die Leiden untersuchen, bei denen die Hypnose bereits versuchsweise eingesetzt wurde. Da sie eine Psychotherapie ist, versuchte man sie bei allen Krankheiten, organischen oder funktionellen Störungen, bei denen ein emotioneller Faktor mitspielte (sei es in der Ätiologie oder im Verlauf der Krankheit), anzuwenden.

Wir werden eingehend über einige ziemlich unkomplizierte Fälle berichten, die aus mehreren Fachbereichen ausgewählt und nach der Behandlung mehrere Jahre beobachtet wurden. Die Behandlung endete nicht immer mit einem endgültigen, umfassenden Erfolg. Wir behaupten auch nicht, daß in den Fällen, wo die Ergebnisse positiv waren, eine andere Psychotherapie nicht ebenso gewirkt hätte. Doch wir glauben, daß die Hypnose hier durchaus zu Recht angewandt wurde.

Unsere Indikationen sind in drei Kapitel gegliedert: Psychosomatische Medizin, Psychiatrie, Verschiedenes. Im ersten Kapitel verwenden wir die traditionellen Unterteilungen in die verschiedenen Systeme bzw. Organe. Gelegentlich erwähnen wir ein rein organisches Syndrom, aber nur in Fällen, wo die Psychotherapie bei seiner funktionellen oder subjektiven Manifestation eine Hilfe sein konnte. Schließlich versteht es sich von selbst, daß unsere Aufzählung nicht den Anspruch auf Vollständigkeit erhebt.

Kardiovaskuläres System. – Die arterielle Hyptertonie wurde von den russischen Autoren mittels längerdauernder Sitzungen behandelt (die bis zu regelrechten Schlafkuren reichten). Auch die Herzneurose mit Rhythmusstörungen kann hypnotherapeutische Behandlung erfahren. Bei Patienten schließlich, die an Angina pectoris leiden oder einen Myokardinfarkt hatten, wird die Hypnose zur Ruhigstellung und Verminderung der Angst angewandt.

Atmungsorgane. – Die Ätiologie des Asthmas ist nicht genau bekannt, man weiß jedoch, daß neben allergischen Faktoren auch eine emotionelle Komponente mitspielt. Alle Behandlungen sind symptomatisch. Die Hypnose kann Besserungen bringen und ist eine Dringlichkeitsbehandlung in akutem Zustand.

Der amerikanische Autor KAUFMAN berichtet von fünf Fällen, wo die Hypnose für die Patienten in diesem Zustand die Rettung darstellte, da sie ihnen eine normale Atmung ermöglichte.

Endokrines System. – In Fällen von Fettleibigkeit versuchte man durch direkte Suggestionen, den Appetit zu zügeln und die Einhaltung einer Diät zu erreichen. Die so behandelten Patienten nahmen ab. Man darf jedoch nicht vergessen, daß die Ätiologie der Fettleibigkeit wichtige psychologische Aspekte enthält, die eine entsprechende psychotherapeutische Behandlung erfordern.

Bei der Basedowschen Krankheit, vor allem wenn sie durch einen emotionellen Schock ausgelöst wurde, kann die Hypnose beruhigend wirken.

Fall I

Fräulein O..., 23 Jahre alt, Pharmaziestudentin, wird uns am 12. März 1958 von einem Endokrinologen überwiesen.

Sie leidet an Oligurie, die sie zwingt, »entsetzlichen Hunger und Durst auszustehen, um keine ungeheuerlichen Proportionen anzunehmen«. Es handelt sich wahrscheinlich, wie der Kollege meint, um eine Hypersekretion antidiuretischer Hormone, die möglicherweise psychogener Natur ist. Außerdem befindet sich die Patientin in einem ausgeprägten depressiven Zustand mit Arbeitsunfähigkeit.

Wir erfahren von ihr, daß sie seit ihrem zehnten Lebensjahr fettleibig und oligurisch ist. Als wir sie zu sehen bekommen, wiegt sie 60 Kilo bei einer Größe von 1,63m, was nicht übermäßig viel ist, doch sie hat für sich ein Gewicht von 48 Kilo festgesetzt. Sie hat den Getränkekonsum stark eingeschränkt und hält eine drakonische Diät ein: 600 bis 700 Kalorien täglich seit mehreren Jahren. Von Zeit zu Zeit überfällt sie Heißhunger, sie läßt sich gehen und kann dann täglich bis zu 4 Kilo zunehmen, die sie durch Einnahme von Abführmitteln in starken Dosen wieder zu verlieren versucht.

Vor zwei Jahren begab sie sich in psychotherapeutische Behandlung, setzte diese jedoch nach der zweiten Sitzung nicht mehr fort. Im folgenden Jahr begann sie mit einer psychoanalytischen Behandlung, die sie aber nach drei Monaten abbrach. Seit einem Jahr häufen sich bei ihr emotionelle Fehlschläge in einer komplizierten Weise, auf die wir hier nicht näher eingehen können. Insgesamt gesehen handelt es sich um eine konfliktgeladene Persönlichkeit, die refraktär gegen jede psychotherapeutische Intervention ist. Sie besteht übrigens auf dem organischen Ursprung ihrer Störungen und lehnt jede analytische Behandlung ab.

Die Situation erfordert sofortige Maßnahmen. Da die Möglichkeiten beschränkt sind, entschließen wir uns zur Hypnose, um einen Rückgang der Symptome zu erreichen. Wir stellen mit ihr einen »Plan« auf, um sie in den Vorbereitungen auf ein Examen zu unterstützen, bei dem sie im Vorjahr durchgefallen war und von dem diesmal besonders viel abhängt, weil sie es bei nochmaligem Scheitern nicht mehr wiederholen kann. Wir erwarten für den Augenblick keine strukturellen Veränderungen, glauben aber, später den Versuch zu einer Orientierung auf eine in die Tiefe gehende Behandlung hin unternehmen zu können.

Eine Hypnose wird vorgenommen, und sie erweist sich als ein gutes Medium. Die Wirkung der ersten Sitzung, in der posthypnotische Aufträge suggeriert werden, ist bemerkenswert. Sie beginnt normal zu urinieren. Die Anfälle von Heißhunger bleiben aus, und nach der zweiten Sitzung (sieben Tage später) hat sie 4 Kilo abgenommen. Sie wiegt 54 Kilo und hat damit genau das Gewicht, das ihr suggeriert wurde.

Sie beginnt auch wieder zu arbeiten und sich auf ihr Examen vorzubereiten. Nachdem die akute Phase der Störungen überwunden ist, fürchtet die Patientin einen Rückfall. Sie läßt sich in eine Klinik einweisen, die sie jedoch nach drei Tagen wieder verläßt. Sie bricht die Behandlung ab. Durch die Mitteilungen, die sie uns von Zeit zu Zeit macht, erfahren wir, daß ihr Zustand wechselhaft ist, daß sie aber arbeiten kann und ihr Examen bestanden hat.

Die Patientin ist im September 1962 wiedergekommen. Sie hat

ihre Ausbildung abgeschlossen und übt ihren Beruf aus. Geheiratet hat sie nicht, was sie bedauert. Sie hält Diät, aber ihr Gewichtsproblem ist nicht mehr quälend. Ihre Konflikte hat sie noch immer. Sie hat eine Behandlung durch Narkoanalyse versucht, doch ohne Erfolg. Eine in die Tiefe gehende Behandlung lehnt sie nach wie vor ab.

Magen-Darm-Trakt. – Der gastroduodenale Ulkus wurde durch längerdauernde Sitzungen (Ruhigstellung ähnlich wie bei der Schlafkur) behandelt. Man kann die Hypnose auch bei Ösophago- und Kardiospasmen anwenden. Obstipation und Diarrhöe konnte man experimentell durch Suggestion beeinflussen. Auch in der Gastroenterologie, bei Schmerzsymptomen und bei Erbrechen, kann die Hypnotherapie Anwendung finden. Diese Symptome, die bei Ulkuspatienten auftreten, veranlassen unter Umständen eine vorschnelle Operation, ohne daß alle Möglichkeiten der medizinischen Behandlung ausgeschöpft werden. Die Patienten behalten nach der Magenresektion dieselben Symptome und benötigen eine psychotherapeutische Intervention. Schließlich hat man die Hypnose schon bei blutender Rektokolitis in akuten Perioden angewandt.

Fall 2
Herr Ra..., 31 Jahre alt, Elektriker, verheiratet, Vater von vier Kindern, wird von uns ab Juni 1953 behandelt. Wir sehen ihn in einer gastroenterologischen Konsultation, in die er sich wegen Magenbeschwerden mit Erbrechen, Schmerzen und beträchtlichem Gewichtsverlust begeben hat. 1952 war nach einer Hämatemesis im Lauf einer schmerzhaften Krise eine Magenresektion vorgenommen worden.

Seit 1944 litt der Kranke unter Magenstörungen mit Erbrechen und Schmerzen. Die Operation brachte ihm zwei Monate lang Erleichterung; dann setzten die Krisen wieder ein, und zwar mit immer größerer Heftigkeit. Der Patient wurde arbeitsunfähig. Zwei Monate später erneuter Eingriff wegen Adhäsionen. Neuerliche einmonatige Besserung, dann wieder Störungen derselben Art. Der Allgemeinzustand des Patienten ist nicht gut; er hat in den letzten achtzehn Monaten 22 Kilo abgenommen, geht am Stock und arbeitet seit mehreren Monaten nicht mehr.

Die Untersuchung des Patienten und vor allem seine eigene Schilderung seiner Symptome hat unsere Aufmerksamkeit erregt: Der Patient vergleicht seine Schmerzen mit einer sich bewegenden

Spinne, die ihre Klauen in die Magengrube schlägt. Er glaubt Krebs zu haben. Außerdem wird bei ihm eine linksseitige Amaurose nach einer Verletzung während eines Bombenangriffs festgestellt. Der konsultierte Augenarzt konstatiert die Narbe, meint aber, sie rechtfertige die Erblindung nicht.

Wir entschließen uns, die Hypnose mit einer aktiven Psychotherapie anzuwenden, die auf die Rehabilitation abzielt. Der Patient erweist sich als gutes Medium, doch da er gegenüber der Behandlung eine sehr ambivalente Haltung einnimmt, erscheint er nur unregelmäßig zu den Sitzungen. Trotzdem kommt es zu einem Nachlassen der Symptome, und der Patient nimmt zu.

Wir führen anfangs im allgemeinen längerdauernde Sitzungen durch, entschlossen uns aber dann, eine Untersuchung unter Hypnose mit kathartischem Ziel zu versuchen, wobei wir uns keiner Täuschung darüber hingaben, daß es sich um eine schwache Persönlichkeitsstruktur handelte. Der Patient wird aufgefordert, die Szene des besagten Bombardements, bei dem er verletzt worden ist, noch einmal durchzuleben. In dem Augenblick, wo er sich zu erinnern beginnt, erwacht er plötzlich in einer panischen Krise. Wir beruhigen ihn und entschließen uns zu einem Kompromiß. Von diesem Tag an konzentrieren wir uns auf die Besserung der Verdauungsstörungen und lassen die Behebung der Blindheit vorläufig beiseite.

Diese Haltung erlaubt offenbar eine Besserung der gastritischen Beschwerden und des Allgemeinzustands und erleichtert die Rehabilitation. Diese erfolgt in zufriedenstellender Weise im Laufe von zwei Jahren. Im Juli 1956 übt der Patient seinen Beruf aus und klagt nur mäßig über seinen physischen Zustand. Am 22. Mai 1958 befindet sich der Patient immer noch in gutem Zustand. Er erbricht nicht mehr. Die Familie ist um ein fünftes Kind angewachsen. Die finanzielle Situation hat sich gebessert. Es ist ihm gelungen, aus der schlechten Wohnung, in der er lebte, in eine bessere zu ziehen.

Hier haben wir also einen Kranken, den die Behandlung vor chronischer Invalidität und vor dem gesellschaftlichen Scheitern, auf das er zuging, bewahrte. Offenbar hat hier die hypnotische Beziehung mit ihrer Erfüllung instinktiver Wünsche (wobei man freilich nicht alle psychodynamischen Gegebenheiten feststellen kann) eine Mobilisierung der Kräfte und eine partielle Heilung ermöglicht.

Sein Erwachen im Lauf der kathartischen Sitzung könnte die Überlegungen von BRENMAN, GILL und KNIGHT über die Schwankungen der Trancetiefe als Ichfunktion veranschaulichen. Angesichts einer Situation, die als Bedrohung empfunden wurde, erwachte der Kranke (siehe S. 53).

Wir sahen den Patienten im August 1962 bei uns wieder. Nachdem er seinen fünfzehnjährigen Sohn durch Leukämie verlor, hat er eine reaktive Depression bekommen. Um ihm zu helfen, versuchen wir ihn zu hypnotisieren, aber er erweist sich als refraktär.

Urogenitalsystem (Urologie und Gynäkologie). – Obwohl bei dem ersten Werk, das aus psychosomatischer Perspektive geschrieben wurde, ein Wiener Urologe[65] als Herausgeber zeichnet, ist die Urologie in der psychosomatischen Medizin ein vernachlässigtes Gebiet (ebenso wie in der psychoanalytischen Literatur der Urethralbereich eine Art »armen Verwandten« des Analbereichs darstellt). Urogenitale Algien (Reizblase bei Männern und Frauen) sind sehr häufig und haben die Tendenz, chronisch zu werden. Die Reizblase ist ein häufiges, ziemlich landläufiges Syndrom. Charakterisiert wird sie durch Schmerzen und Pollakisurie. Bei Frauen wurde sie öfter untersucht als bei Männern, obwohl sie bei beiden Geschlechtern auftritt. (Die Pollakisurie ist jedoch bei Frauen häufiger.) Im Frühstadium kann die Zystalgie noch durch hypnotische Psychotherapie beeinflußt werden. Unzuverlässiger ist die Intervention, wenn sie chronisch geworden ist. Bestimmte Schmerzzustände nehmen die Form regelrechter psychotischer Störungen an, die auf die Hypnose genausowenig reagieren wie auf jede andere Therapie. Es ist bei zystalgischen Frauen leichter, ein Abklingen der Schmerzen zu erreichen, als die Pollakisurie zu bessern. Wenn die gesellschaftliche Eingliederung aufrechterhalten wird, ist die Prognose günstiger.

In der Psychotherapie psychogener Harnverhaltung erweist sich die Hypnose als sehr nützliches Adjuvans, das meist positive Resultate erbringt.

Bei postpubertärer Enuresis stellt die Hypnose unserer Ansicht nach geradezu die Methode der Wahl dar. Wir behandelten zahlreiche Fälle mit einem bemerkenswerten Prozentsatz von positiven Ergebnissen. Wir wandten bei der Behandlung von Enuretikern eine sogenannte »Psychotherapie nach Verlangen« an. Keinen festen Rhythmus. Der Zeitraum zwischen den Sitzungen war variabel, die Patienten kamen,

---

[65] *Psychogenese und Psychotherapie körperlicher Symptome.* Springer, Wien 1925.

wenn sie Lust oder das Bedürfnis hatten. Die Besserung war progressiv. Die Heilung erfolgte im allgemeinen mehrere Monate nach Behandlungsbeginn, manchmal erst einige Zeit nach der letzten Sitzung. Diese Behandlung ist sehr lehrreich, was die Wirkungsweise der Hypnotherapie anbelangt, auch wenn sie nicht mit einer introspektiven Behandlung einhergeht. Wir hatten den Eindruck, daß nach und nach Reifungsarbeit geleistet wurde und daß die Patienten kamen, wenn ihre innere Ökonomie (das Gleichgewicht von Impuls und Abwehr) es ihnen erlaubte. Auch heute, nach mehrjähriger Beobachtungszeit, konnten wir keine Ersatzsymptome feststellen.

Die Inkontinentia diurna wird als organisches Leiden angesehen, das einen chirurgischen Eingriff rechtfertigt. Doch in einem von uns behandelten Fall (Fall 5) wurde die Patientin durch Hypnose geheilt (die Heilung erfolgte vor mehreren Jahren und erwies sich als dauernd). Wir wissen nicht, ob sich ähnliche Fälle ereigneten.

Amerikanische Autoren wandten die Hypnose zu analgetischen Zwecken in Fällen an, die folgende Eingriffe erforderlich machten: urethrale Dilatation bei Erwachsenen und Kindern, Zystoskopie und Sondierung des Ureters, Kauterisation kleiner Blasentumore, urethrale Meatuserweiterung, Sondierung der Blase und Zystographie, besonders bei Kindern usw. Sie wandten die Hypnose in gewissen Fällen an, wo die Patienten unfähig waren zu urinieren, wenn bei ihnen eine Urethrozystoskopie vorgenommen wurde; sie waren imstande dazu nach der Hypnose.

Die hypnotische Suggestion kann eine Dringlichkeitsbehandlung darstellen. Das war der Fall bei der jungen Braut eines Arztes, die an einer vor allem durch intensive Pollakisurie charakterisierten Zystalgie litt. Die Braut fürchtete, daß ein dringendes Bedürfnis die Hochzeitszeremonie unterbrechen könnte. Dank einer Hypnose mit Beruhigung am Vorabend der Ziviltrauung verlief diese ohne Zwischenfall. Die junge Frau unterließ es, uns wieder aufzusuchen, und vierzehn Tage später mußte sie unglücklicherweise mitten in der kirchlichen Trauung wegen des bewußten dringenden Bedürfnisses die Kirche verlassen.

Störungen der sexuellen Potenz beim Mann und Frigidität

bei der Frau erfordern im allgemeinen eine langandauernde Psychotherapie. Man hat jedoch mit kürzeren Behandlungen, bei denen die Hypnose angewandt wurde, bereits Ergebnisse erzielt. Wir behandelten einige junge Patienten, die an ihre Arbeit und ihr gesellschaftliches Leben gut angepaßt und im Augenblick ihrer Verlobung impotent geworden waren. Die Partner erschienen uns nicht als neurotisch. Einige Hypnosesitzungen mit stärkender Psychotherapie genügten, um positive Resultate zu erzielen. Diese bestanden auch nach mehreren Jahren noch.

In der Gynäkologie ließ man im Experiment die Menstruation mittels Hypnose einsetzen und aufhören. Diese Möglichkeit wurde bei Menstruationsstörungen, Störungen der Menopause und bei Vaginismus nutzbringend verwertet.

Fall 3
Frau Le G..., 56 Jahre alt, verheiratet, liegt vom 7. bis 22. August 1952 wegen Zystitis mit Hämaturie in einem Pariser Vorortkrankenhaus. Die Zystitis wird durch die übliche Behandlung zum Abklingen gebracht, aber man stellt fest, daß die Kranke an chronischer Harnverhaltung mit Überlaufblase leidet; der Restharn in der Blase beträgt 800 cm^3 bis 1 Liter und sogar mehr. Diese chronische Harnverhaltung schien schon lange zu bestehen, was die Dehnung der Blase erklärt hätte. Die Kranke wird am 22. September 1952 zu gründlicheren Untersuchungen in eine urologische Station geschickt und zur stationären Behandlung eingewiesen. Man nimmt die üblichen Untersuchungen vor, dann eine neurologische Untersuchung, die ohne Befund ist. Man denkt nun an ein chronisches Blasenhalsleiden, das die Ursache der Störung sein könnte. Dieses Leiden hätte den Restharn erklärt, nicht aber die vollständige Harnverhaltung. Man vermutet eine emotionelle Ursache des Leidens und überweist uns die Kranke zur psychosomatischen Untersuchung. Wir untersuchen sie am 1. Dezember 1952. Es handelt sich um eine einfache Frau, die, als wir sie zu sehen bekommen, an starker Pollakisurie (mit Überläufer des retinierten Urins) und Brennen der Blase leidet, was zu Arbeitsunfähigkeit und angegiffenem Allgemeinzustand geführt hat. Sie erscheint uns als eine höchst gutwillige Frau mit starkem Genesungswunsch.

Auf die Hypnose reagiert sie bemerkenswert: Nach einigen Sitzungen uriniert sie ohne Hilfe 200 cm^3, dann ungefähr 400 cm^3, doch es verbleibt immer noch ein Restharn.

Der Allgemeinzustand bessert sich. Zwei Monate nach Behandlungsbeginn nimmt sie die Arbeit wieder auf. In Anbetracht der

Tatsache, daß wegen ihrer unheilbaren organischen Blasenerweiterung ein ständiger Restharn von 500 cm³ vorhanden ist, der eine Infektionsquelle werden kann, stellt sich die Frage einer Operation. Die Kranke hat sich immer gegen einen chirurgischen Eingriff gewehrt, erklärt sich aber jetzt damit einverstanden. Der Eingriff findet im Oktober 1953 statt. Nach der Operation wenden wir die Hypnose noch zur postoperativen Beruhigung an, um die übliche medikamentöse Beruhigung zu umgehen.

In der Folgezeit bleibt noch eine kleine Menge Restharn, doch geht es ihr sehr gut. Sie kommt in regelmäßigen Abständen wieder. Im Mai 1958 hat sie einen Restharn von 400 cm³, doch keinerlei Beschwerden und ist sozial völlig angepaßt.

Als sie im September 1962 wiederkommt, beträgt der Restharn 300 cm³. Eine Intervention wird ihr vorgeschlagen; sie reagiert erst zurückhaltend, willigt aber dann ein.

Es handelt sich alles in allem um eine Kranke mit einem unheilbaren organischen Leiden. Dazu kam eine Funktionsstörung in Form einer vollständigen Harnverhaltung, die bei der Kranken möglicherweise durch Konflikte mit ihrer Schwester ausgelöst wurde. Daher die gesellschaftliche Ausgliederung. Die Hypnotherapie zeitigte ziemlich rasch glückliche Auswirkungen auf somatischem und geistigem Gebiet und führte zu einer sozialen Eingliederung. Diese Besserung darf jedoch den Restharn nicht vergessen lassen, der eine ständige Gefahr darstellt. Die Kranke muß laufend überwacht werden. Ein zweiter chirurgischer Eingriff konnte unter guten psychologischen Bedingungen vorgenommen werden. Dieser Fall veranschaulicht auch die Gefahr, die in der Unterdrückung eines funktionellen Symptoms ohne Beachtung des organischen Kontexts liegen würde; vor allem bei dieser Kategorie von Kranken können »Wunderdoktoren« großen Schaden anrichten.

Fall 4

Bei Herrn Mok ... treten im Alter von 26 Jahren in der Gefangenschaft Harnbeschwerden auf, die sich als Pollakisurie und Enuresis manifestieren. 1950 leidet der Kranke an Dysurie und einem Restharn von etwa 250 cm³ infolge Erweiterung der oberen Harnwege. Seine Pollakisurie macht fast jede halbe Stunde eine Miktion notwendig. Der Harn ist sehr dunkel. Die Behandlung mit Silbernitrat im Juli 1950 führt zu einem Anfall mit Harnverhaltung, die zwei Tage lang eine Sonde notwendig macht. Auf die Harnverhaltung folgt ein Fieberanfall von 40°, der drei Tage dauert. Man nimmt bei ihm am 22. Juli 1950 eine endoskopische Resektion des Blasenhalses vor. Die Pollakisurie wird noch häufiger, so daß der Kranke nachts ein Urinal tragen muß. Am 31. Oktober 1950 kommt er wieder in Behandlung. Er leidet an sehr häufiger Pollakisurie (alle fünf Minuten), Brennen, trübem Harn, Restharn von etwa 50 cm³. Man führt eine rechtsseitige Nephrektomie durch, da man an ein Nierenversagen glaubt. Seine Beschwerden lassen nach.

1954 geht es dem Kranken sehr schlecht. Er hat äußerst häufige Miktionen (alle Viertelstunden), einen Restharn von 200 cm³ und Enuresis nocturna. Der Allgemeinzustand ist stark verändert. Am 2. Oktober 1954 wird eine zweite endoskopische Resektion der Prostata vorgenommen. Er wird am 11. Oktober 1954 entlassen, doch seine Symptome verschwinden nicht. Am 11. Juli 1955 weist man ihn erneut ins Krankenhaus ein: Pollakisuria diurna und nocturna (er steht nachts siebenmal auf), Enuresis. Am 9. August überweist man ihn uns.

Er ist Parkaufseher, ein schlichter, einfach strukturierter Mensch. Aus diesem Grund erweist sich die psychologische Untersuchung als schwierig. Die Hypnose erscheint uns als einzig mögliche Behandlung, und er reagiert günstig. Seine Pollakisurie läßt beträchtlich nach. Nach drei Monaten steht er nachts nur noch zweimal auf. Er nimmt zu und zeigt keine Ersatzsymptome. Er kann seine Arbeit wieder aufnehmen.

Wir haben ihn im Mai 1958 wiedergesehen, also zweieinhalb Jahre nach Beendigung der Behandlung. Seine Besserung hat angehalten. Er hat 12 Kilo zugenommen, und seine Blase bereitet ihm keine Beschwerden mehr, obwohl noch ein Restharn von 70 cm³ besteht. Im September 1962 ist sein Zustand unverändert.

Es handelt sich um eine organische Krankheit mit emotioneller Steigerung der Symptome, deren eigentliche auslösende Ursache nicht gefunden wurde.

Die Behandlung ermöglicht ihm, wieder ein normales Leben zu führen, obwohl sich die organische Basis der Krankheit nicht geändert hat.

Fall 5
Frau Bo..., 24 Jahre alt, verheiratet und Mutter eines Kindes, wird am 15. April 1958 wegen Inkontinentia urinae in eine urologische Klinik eingewiesen. Seit ihrer Kindheit geht bei der Kranken Harn ab, wenn sie hustet, sich anstrengt oder läuft, doch im Stehen oder Liegen kann sie den Harn zurückhalten. Sie hat sich mehreren chirurgischen Eingriffen unterzogen, aber die Störungen sind danach stets schlimmer geworden. 1955 wird eine beidseitige Entfernung der Eierstöcke vorgenommen. Nach dieser Operation beginnt bei der Kranken Harn abzugehen, wenn sie sehr schnell geht und sogar wenn sie steht. Am 25. Januar 1957 wird eine sub-

totale Hysterektomie vorgenommen, nach der fast ständig Harn abgeht, und zwar vollständig im Stehen und etwas weniger im Liegen. Am 8. November 1957 Fixation des Blasenhalses (Marionsche Operation). Keine Besserung. Am 19. Januar 1958 Zerviko-Zystopexie. Nach der Operation beinahe totale Inkontinenz, die jede Beschäftigung unmöglich macht. Unter anderem tritt Enuresis nocturna auf. Dies ist der Zustand der Kranken bei ihrer Einweisung ins Krankenhaus.

Es erhebt sich die Frage, ob ein weiterer chirurgischer Eingriff vorgenommen werden soll. Doch bevor man eine Entscheidung trifft, schickt man uns die Kranke zur Untersuchung.

Man stellt fest, daß seit der Einweisung ins Krankenhaus das nächtliche Bettnässen abgeklungen ist. Tagsüber kann sie unter Kontrolle urinieren.

Wir untersuchen sie am 24. April. Die Kranke hat eine unglückliche Kindheit gehabt und zahlreiche affektive Frustrationen erlitten. Es gibt eine psychiatrische Familenanamnese: Vater an Delirium tremens gestorben und Großmutter in Anstaltsbehandlung. Die Kranke erweist sich als gutes hypnotisches Medium. Am Abend nach der Sitzung näßt sie ein, doch dann nicht mehr bis zu ihrer Entlassung am 26. April. Tagsüber verliert sie keinen Harn mehr. Sie verläßt das Krankenhaus und ist seither zur ambulanten Konsultation gekommen In der Woche nach ihrer Entlassung näßt sie mehrmals nachts ein, doch tagsüber hat sie keine Inkontinenz mehr. Einige Wochen danach ist sie beschwerdefrei.

Da sich bei dieser Kranken der emotionelle Faktor als so wichtig erwiesen hat, beschließt man, einen weiteren Eingriff aufzuschieben.

Wir haben die Kranke am 22. Juli wiedergesehen. Sie erklärt uns, daß sie seit sechs Wochen keinerlei Beschwerden habe, tagsüber und auch nachts nicht. Aber ihre übliche Gereiztheit ist stärker geworden (ohne jedoch beunruhigende Form anzunehmen), und sie sagt, daß sie manchmal Lust habe, »alles zu zerschlagen«. Sie fügt hinzu, daß ihr freilich ihre »Wutanfälle« lieber seien als die Harnbeschwerden.

Möglicherweise handelt es sich hier um einen Ersatzmechanismus, die urethrale Aggressivität verwandelt sich in charakterliche Aggressivität. Die letztere stellt jedoch im vorliegenden Fall das kleinere Übel dar. Ihr psychodynamisches Gleichgewicht hat sich mit einem kleinen charakterlichen Symptom »begnügt«, auf das somatische Symptom verzichtet und dadurch eine Rehabilitation mit allem, was dazugehört, ermöglicht. Die Kranke ist am 6. Oktober wiedergekommen, sie hat keinerlei Harnbeschwerden mehr, und ihre »Wutanfälle« haben sich gemäßigt. Sie hört mit der Behandlung auf. Am 14. April 1959 sehen wir Frau Bo... wieder; sie hat keinerlei Harnbeschwerden. Sie geht ihrem Beruf wieder nach, den sie vor mehreren Jahren hatte aufgeben müssen.

Im September 1962 ist ihr Zustand unverändert. Es ist natürlich keine Rede mehr von einem chirurgischen Eingriff.

Geburtshilfe. – Man weiß, daß die Hypnose bei der Entwicklung der heute auf breiter Basis angewandten psychoprophylaktischen Methode (zur schmerzlosen Geburt) eine wichtige Rolle spielt. Seit etwa hundert Jahren ist die wohltuende Wirkung der Hypnose auf den Geburtsschmerz und sogar auf den Rhythmus der Uteruskontraktionen experimentell bekannt. Die Hypnose kommt sowohl in der Einleitungs- als auch der Austribungsphase (die Frau gebiert in Hypnose) zur Anwendung oder ausschließlich während der Einleitungsphase der Geburt, in welchem Fall die Analgesie durch posthypnotische Suggestion bewirkt wird und die Frau im Wachzustand gebiert. Die hypnosuggestive Methode wirkt sich auch günstig auf die Physiologie der Schwangerschaft und der Geburt aus.

Die hypnotische Analgesie diente den sowjetischen Autoren und Begründern der psychoprophylaktischen Methode, denen sie die Möglichkeit zur Erzielung einer verbal induzierten Schmerzfreiheit bewies, als Ausgangspunkt. Sie wandten sich von ihr jedoch wegen ihrer Unanwendbarkeit auf breiter Basis (Fehlen von ausgebildeten Ärzten, Widerstände usw.) ab und ersetzten sie durch didaktische, nicht-hypnotische physiotherapeutische und psychotherapeutische Mittel[66].

Sie wenden die Hypnose aber noch immer als Adjuvans in schwierigen Fällen an: Wenn die Frauen besonders ängstlich sind, wenn sie an einer Schwangerschaftsniere oder an kardiovaskulären Störungen leiden, ferner bei Entbindungsschwierigkeiten.

Neben der Psychoprophylaxe findet übrigens die hypnosuggestive Methode in der Sowjetunion in unkomplizierten Fällen weiterhin Anwendung; dort gibt es mehrere »Hypno-

---

[66] Wir haben dieses Thema in unserem Werk behandelt: *Les méthodes psychosomatiques d'accouchement sans douleur*, L'Expansion, Paris 1958 (deutsch: *Psychosomatik der Geburtshilfe*, Hippokrates-Verlag, Stuttgart 1968).

tarien«, die der kollektiven Geburtsvorbereitung dienen. Angewandt wird sie auch in anderen Ländern, besonders in den Vereinigten Staaten, wo ihr einige Ärzte didaktische und psychotherapeutische Elemente beifügen. Wir selbst erzielten in Experimenten mit dieser Technik zufriedenstellende Ergebnisse bei Geburtsschmerzen und Lendenschmerzen während der Schwangerschaft. Andere Ärzte beginnen sie in Frankreich anzuwenden.

Seit rund fünfzig Jahren ist der Einfluß der Hypnose auf Schwangerschaftserbrechen bekannt. Die russischen Autoren wenden die Hypnose auch bei chronischen Schwangerschaftstoxikosen an.

Dermatologie. – Die Hautaffektionen waren Gegenstand zahlreicher hypnotherapeutischer Applikationen. Zwei sowjetische Autoren widmeten dieser Frage sogar je eine Arbeit. In einer anderen Arbeit eines amerikanischen Autors, der sich dem Studium der emotionellen Faktoren bei Hauterkrankungen widmete, erscheint die Hypnose unter den angewandten Psychotherapien. Wohlbekannt ist der Einfluß der Suggestion auf Warzen, diese benignen, durch Viruserreger bedingten Wucherungen. Wenn man deren Mechanismus erfaßt, hat man zweifellos einen großen Schritt zum Verständnis der Verbindung zwischen dem Somatischen und dem Psychischen getan. Nichts veranschaulicht die Wichtigkeit der zwischenmenschlichen Beziehung deutlicher als folgende Anekdote, die ein Autor berichtet: In einer Klinik, wo man Warzen mit Suggestion behandelte, stand der Prozentsatz der Erfolge in direktem Verhältnis zur Bedeutung der von den Ärzten ausgeübten Funktionen, d. h. der Professor erzielte die meisten Erfolge!

Warzen an den Händen können für junge Mädchen manchmal ein gesellschaftliches Handikap darstellen. Das war bei einer siebzehnjährigen Studentin der Fall, die wir behandelten. Im Alter von zwölf Jahren, nach dem Aufhören der Onychophagie, sind bei ihr zahlreiche Warzen erschienen. Die homöopathische Behandlung und die Elektrokoagulation blieben ohne Wirkung. Die Kranke weigerte sich wegen ihrer Affektion, aus dem Hause zu gehen. Das allmähliche Verschwinden der Warzen setzte nach der ersten Hypnosesitzung (sie hatte insgesamt zwei) ein. Nach einigen Wochen waren ihre Hände warzenfrei. Diese Heilung hatte beträchtliche

Auswirkungen auf das gesellschaftliche Leben des jungen Mädchens.

Zahlreiche andere Experimente haben die Wirkung der Suggestion auf Hautaffektionen bewiesen. In der alten Literatur werden die berühmten Experimente mit Verbrennungen zweiten Grades, die man durch Suggestion erzielte, beschrieben (die neueren Autoren scheinen jedoch nicht in der Lage zu sein, diese Ergebnisse zu wiederholen). Auch das Auftreten von Herpes labialis konnte man auf diese Weise erreichen.

Gewisse Ergebnisse erzielte man in der Behandlung von Ekzemen, Psoriasis, Lichen ruber planus, Urtikaria, kreisförmigem Haarausfall und Neurodermitis. Da die Ätiologie dieser Affektionen noch dunkel ist, sind alle Behandlungen, einschließlich der Hypnose, symptomatisch, und mit Rückfällen muß gerechnet werden. Bei den veröffentlichten Ergebnissen ist seit dem Abklingen der Symptome kein genügend langer Zeitraum verstrichen, als daß man beurteilen könnte, ob die Besserung andauert. Wir haben selbst drei Fälle von Psoriasis behandelt und eine scheinbare Heilung erzielt. In einem Fall gab es nach einiger Zeit einen Rückfall, bei einem anderen Kranken, den wir nach drei Jahren wiedersahen, blieb die scheinbare Heilung bestehen. Den dritten Patienten haben wir nicht mehr gesehen. Ein englischer Autor berichtet von spektakulären Ergebnissen, die er in einem Fall von Erythrodermia ichthyosiformis congenitalis (BROCQ) erzielte, wo die Heilung auch nach mehreren Jahren noch anhielt. Er erwähnte anderen Autoren zufolge außerdem einige sehr seltene kongenitale dermatologische Affektionen, die er mit Hypnose erfolgreich behandelte: kongenitale Pachyonychie und kongenitalen strichförmigen Nävus. Ein sowjetischer Autor berichtet von einem durch Hypnose geheilten schweren Fall von Herpes gestationis.

Zentralnervensystem. – Kopfschmerzen, Schmerzen in der Wirbelsäule und Schlaflosigkeit waren Gegenstand hypnotherapeutischer Applikationen. Die Schmerzen reagierten im allgemeinen schwer auf die suggestive Therapie. Es handelte sich hier um stark archaische Regressionen. Paradoxerweise lassen sich organische Schmerzen leichter beeinflussen.

Deshalb ist sogar Vorsicht in jenen Fällen geboten, wo der Schmerz ein Alarmsignal darstellt, das nicht verschleiert werden darf.

Um die Intensität der Smyptome zu lindern, hat man die Hypnotherapie auch bei der Parkinsonschen Krankheit und bei multipler Sklerose versucht. Bestimmte Autoren behaupten, einigen Erfolg gehabt zu haben, andere geben zu, daß sie keinen hatten. Mehrere Autoren berichten auch über Erfolge in der Behandlung von Stottern und Tics. Die letzteren Resultate scheinen fundiert, wenn diese Leiden hysterischer Natur sind; in anderen Fällen muß man sie jedoch mit Vorsicht aufnehmen.

Stomatologie. – Die Zahnärzte widmeten dem Problem der Anästhesie stets größte Aufmerksamkeit (einem von ihnen verdanken wir die Äthernarkose). Sie wenden derzeit die Hypnose bei schmerzhaften Eingriffen an und um Patienten, welche die Arbeiten an den Zähnen schlecht vertragen, die Angst zu nehmen. Außerdem kann die Hypnose bei Kranken gute Dienste leisten, die einen unüberwindbaren Brechreiz bekommen, sobald ihnen ein Gegenstand in den Mund eingeführt wird.

Fall 6
Wir haben Herrn Ba... 1956 behandelt. Er ist ein vierundsechzigjähriger verheirateter Mann, den uns ein Stomatologe schickte. Es handelt sich um den hyperaktiven Typ des rührigen Geschäftsmanns von robustem Aussehen. Doch er hat seit fünfzehn Jahren eine Arhythmie. Bei diesem ausgemachten Feinschmecker und Mitglied eines gastronomischen Klubs, wurde vor fünf Jahren eine Gastrektomie vorgenommen.

Die orale Zone scheint privilegiert zu sein: Dieser Mann hat immer große Schwierigkeiten mit seinen Zahnärzten gehabt. Der kleinste in den Mund eingeführte Fremdkörper, Spiegel, Watterolle, führt bei ihm zu heftigem Brechreiz. Er fürchtet sich sogar vor der Berührung der Zahnbürste. Der Kranke hat seine Zähne zu verlieren begonnen, und eine Prothese wird jetzt erforderlich. Der Stomatologe hat bei dem Kranken mit zwei Problemen zu kämpfen: der Vorbereitungsarbeit und dem Tragen der Prothese. Er glaubt, mittels einer adäquaten Medikation die Vorbereitungsarbeit zur Not machen zu können, erwartet aber nicht, daß sein Kunde die Prothese ertragen wird, wenn die Wirkung der Prämedikation erst einmal nachgelassen hat. Mehrmals wird der Eingriff hinausgeschoben. Die Paradentose, an welcher der Kranke leidet, macht jedoch rasche Fortschritte, und die Situation wird sehr ernst. Nun denkt der Arzt, der über kein anderes Mittel zur Bewältigung der Schwierigkeiten verfügt, an die Hypnose und schickt den Patienten zu uns.

Wir stellen eine erste Bilanz auf. Der Kranke zeigt sich skeptisch hinsichtlich des Resultats einer Suggestionstherapie. Deshalb trainieren wir ihn, nachdem wir beschlossen haben, ihn aktiv an seiner Behandlung zu beteiligen, in der Autohypnose, die er bei sich selbst anwenden soll. Außerdem erhöhen wir sein Bedürfnis, sein stattliches Aussehen zu bewahren, und betonen nachdrücklich seine Möglichkeiten zur Befriedigung seiner gastronomischen Wünsche...

Nach einigen vorbereitenden Sitzungen wird ihm geraten, mit der Behandlung bei dem Stomatologen zu beginnen. Der letztere nimmt einen Abdruck. Da er alle Chancen haben möchte, einen guten Abdruck zu erhalten, verschreibt er drei Tage lang Beruhigungsmittel, und alles verläuft gut. Eine zweite Sitzung bei uns geht den Extraktionen und dem Einsetzen einer provisorischen Prothese voraus. Der Kranke kann die Prothese tragen. Der Rest des Eingriffs, die Extraktion der unteren Zähne und das mehrmalige Anpassen der endgültigen Prothese, verlaufen ohne Schwierigkeiten, dieses Mal sogar ohne Medikation. Der Patient erträgt alles, seine Schwierigkeiten scheinen beseitigt. Wir wissen, daß es ihm weiterhin gut geht.

Natürlich wäre man versucht gewesen, hier nach der auslösenden Ursache der Angst zu suchen; aber angesichts des Alters des Patienten und der Dringlichkeit des Falles haben wir auf eine gründlichere Untersuchung verzichtet. Wir setzten auf das Geltungsbedürfnis des Patienten und machten ihn aktiv. Wir haben ihm den Eingriff ermöglicht, welche symbolische Bedeutung dieser auch immer für ihn haben mochte.

Pädiatrie. — Die Hypnotisierbarkeit von Kindern ist ein umstrittenes Thema. Manche Autoren glauben, Kinder seien weniger hypnotisierbar als Erwachsene, aber suggestibler. Ein holländischer Autor empfiehlt, sich genau mit dem Milieu des Kindes vertraut zu machen, und wenn der Vater tyrannisch sei, eine sehr sanfte Methode der Hypnose anzuwenden. Die Hypnose kommt bei Enuresis und verschiedenen hysterischen Symptomen (Lähmungen, Blindheit, Taubheit) zur Anwendung.

Psychiatrie

Hysterie. – Die Hysterie wird oft als Leiden angesehen, für das sich die Hypnotherapie besonders eignet. Man weiß, daß die Hysterie heute ein anderes Gesicht hat als früher. Große hysterische Krisen treten nur noch selten auf. Das heißt jedoch nicht, daß die Hysterie verschwunden wäre. Vom klinischen Standpunkt möchten wir sagen, ohne uns auf theoretische oder nosologische Erwägungen einzulassen, daß sie eine ernste und getarnte Form annehmen kann, die entweder in eine hysterische Psychose mit Depersonalisationssymptomen mündet oder auch in bestimmte schwere Funktionsstörungen. Diese beiden Kategorien sind der Hypnotherapie nicht zugänglich und dürften überhaupt jeder Psychotherapie schwer zugänglich sein.

Eine andere, weniger schwere und der Hypnotherapie zugängliche Kategorie stellen die Neurosen mit vielfältigen Konversionen dar: Lähmungen, Dysphagien, Aphonien, Amnesien, Stottern usw., oder Patienten mit hysterischer Persönlichkeit, bei denen leichte Funktionsstörungen auftreten.

Fall 7
Frau Su..., 34 Jahre alt, verheiratet, Mutter eines kleinen Jungen, kommt am 28. Oktober 1949 ins Krankenhaus wegen einer Amnesie als Folge einer Reihe von psychischen Traumen, die unter anderem auf den Tod ihres Vaters und die Verwicklung in eine Abtreibungsaffäre einer Freundin, der sie Hilfe zugesagt hatte, zurückgehen.

Es handelt sich um eine amnestische Lücke über eine Zeitspanne von zwölf Jahren. Der Krankheit ist eine depressive Episode mit Einnahme von Orthedrin in starken Dosen vorangegangen; ausgelöst scheint sie durch den Film »Die Schlangengrube«[67] worden zu sein.

In der Anamnese findet man einen familiären Somnambulismus und »Nervenkrisen«. Im Lauf der Befragung erklärt uns die Kranke, sie sei 22 Jahre alt, und sie erkennt offenbar weder ihren Mann noch ihren Sohn. Ihre Grundstimmung ist depressiv. Wir wenden die Hypnose an, und unter Hypnose berichtet sie die Ereignisse aus der Periode, die der amnestischen Lücke entspricht. Vor dem Wecken suggerieren wir ihr, die amnestische Lücke zu integrieren.

---

[67] Der Film spielt in einer psychiatrischen Klinik.

Das Erwachen geht mit emotionellen Manifestationen einher, aus denen die Freude darüber spricht, aus einem peinlichen Zustand erlöst zu sein.

Einige hypnotische Sitzungen mit unterstützender Psychotherapie bewirken eine allgemeine Kräftigung, und die Depression verschwindet. Die Kranke kann das Krankenhaus verlassen und beginnt wieder zu arbeiten. Wir sehen sie nach vier Jahren wieder, sie ist bei guter Gesundheit und gesellschaftlich gut angepaßt. Auf unser Ersuchen kommt sie im September 1962 wieder. Sie leidet seit einem Jahr an Asthma und wird von einem Arzt in der Stadt behandelt. Die hypnotherapeutische Hilfe, die wir ihr anbieten, lehnt sie ab.

Angstneurose. – Sie wird charakterisiert durch einen chronischen Angstzustand mit gelegentlichen Anfällen. Die Hypnotherapie kann hier gute Dienste leisten, da sie eine Beruhigung der akuten Angst bewirkt und anschließend die Untersuchung der Situation des Kranken im Zusammenhang seiner Konfliktprobleme erlaubt.

Phobie. – Sie erfordert ein Verfahren der klassischen Psychoanalyse. Einige Autoren, die Phobien durch Hypnoanalyse behandelten, betrachteten ihre Interventionen als umstrukturierend. Es ist schwierig, sich hierzu zu äußern, da die Hypnoanalyse noch nicht über eine systematische Technik verfügt, die sich bewährt hat und mit Sicherheit bei speziellen Krankheitsbildern anwendbar wäre.

Bei gewissen Phobien kann man, wenn eine Tiefenbehandlung sich als unmöglich erweist, mit der Hypnose vorübergehende Wirkung erzielen. Wenn das akute neurotische Symptom eine soziale Ausgliederung zur Folge hat, kann die Hypnose eine Besänftigung bewirken, so daß der Kranke die Arbeit wieder aufnehmen kann. Man wird ihn dann auf eine tiefenpsychotherapeutische Behandlung hin orientieren. Es wäre besonders interessant, den Übergang von einer Form in die andere mit allen begleitenden Aspekten der Übertragung zu studieren.

Zwangsneurose. – Sie erfordert ebenfalls eine Behandlung analytischer Art. Wir haben die Hypnotherapie gelegentlich bei älteren Patienten mit ausgeprägt psychasthenischem, von leichter Angst gefärbtem Hintergrund angewandt, die eine gesellschaftlich normale Funktion ausübten.

Die zuvor versuchten tiefenpsychotherapeutischen Methoden hatten zu keinen endgültigen Ergebnissen geführt. Die hypnotherapeutische Behandlung, verbunden mit unterstützenden Maßnahmen, vermochte die Symptome zu lindern.

Die russischen Autoren verwiesen auf positive Ergebnisse bei der Behandlung von Zwangsneurosen. Uns scheint jedoch, daß manchmal Verwirrung in der Nomenklatur herrscht. Nach der Deutung verschiedener Fälle meinen wir, daß es sich eher um Phobien handelt, denn die Symptomatologie beinhaltet weder Zwangsrituale noch andere Zwangshandlungen.

Schwere Neurosen oder »Grenzfälle«. – Diese Art der Neurose, die gegenwärtig sehr verbreitet ist, soll nicht durch Hypnose behandelt werden, da sie den Übergang zur Psychose beschleunigen könnte. Einige Autoren haben die Anwendung der Hypnotherapie in vereinzelten Fällen versucht.

Psychosen. – Die Hypnose wird im allgemeinen nicht angewandt. Psychotiker sind nur in Ausnahmefällen hypnotisierbar. Außerdem glaubt man verschiedentlich, daß bei Schizophrenen mit Wahnvorstellungen Hypnotisierungsversuche die Wahnvorstellungen steigern könnten.

Es hat jedoch den Anschein, als sei in der Frage der Hypnotherapie bei Psychotikern in den letzten zwanzig Jahren eine Entwicklung erfolgt. Der Bericht der *American Psychiatric Association* erwähnt die Anwendung der Hypnose in der Behandlung sorgfältig ausgewählter Fälle von Psychotikern.

In der UdSSR meint Lebedinski, man könne in bestimmten Fällen die Hypnotisierung Schizophrener versuchen. Sogar das Vorhandensein von Wahnideen bei diesen Kranken stellt seiner Ansicht nach nicht immer eine Kontraindikation gegen die Hypnose dar. Untersuchungen, in denen man Schizophrene durch Hypnotherapie behandelte, sind vor kurzem veröffentlicht worden. Eine dieser Untersuchungen betraf die Anwendung der Gruppenhypnose bei gleichzeitiger Verabreichung von Chlorpromazin in der Behandlung chronischer Schizophrenien. In der Gruppe der Kranken, die mit der Droge behandelt und hypnotisiert wurden, kam es schneller zu einer Besserung als bei jenen, die lediglich eine chemische Behandlung erhielten.

Eine ähnliche Entwicklung ist übrigens bei der analytischen Behandlung Schizophrener zu beobachten. Diese Fälle, die Freud als »narzißtische Neurosen« bezeichnete, hielt man für unfähig zur

Herstellung einer Übertragung; bei ihnen konnte man also den wichtigsten psychotherapeutischen Hebel nicht ansetzen. Dann erkannte man, daß die Übertragung doch bestand, aber in veränderter Form. Nun führte man die analytische Psychotherapie bei Psychotikern ein. Da sie fähig zur Übertragung waren, galten sie auch als hypnotisierbar, und man versuchte die Hypnotherapie bei ihnen.

Wir fragen uns, ob in dieser Entwicklung nicht die Gegenübertragung sowie Veränderungen der sozio-kulturellen Umwelt eine große Rolle spielten. Die Therapeuten zeigten mehr Einsatzbereitschaft, und die Kranken reagierten besser. Da wir selbst eine ungenügende persönliche Erfahrung mit der Anwendung der Hypnose bei Psychotikern haben, können wir uns zu den praktischen Erfahrungen des Hypnotherapeuten mit diesen Kranken nicht äußern. Wir vermögen weder etwas über die Hypnotisierbarkeit der Kranken noch über die Wirksamkeit der Behandlung zu sagen.

Die Hypnose kann bei reaktiven oder neurotischen Depressionen versucht werden. Ergebnisse erzielte man bei leichten manisch-depressiven Patienten im Stadium der Depression (ohne daß Rückfälle verhindert wurden).

Vor allem AUGUSTE VOISIN trat Ende des vorigen Jahrhunderts für die Anwendung der Hypnose bei der Behandlung von Psychosen ein. Es ist schwer, sich ein genaues Bild vom Krankheitszustand der Kranken zu machen, die VOISIN hypnotisiert hat. Das Wort Psychose (man spricht von »hysterischer Psychose« oder »hysterischer Manie«) hatte damals nicht dieselbe Bedeutung wie heute. VOISIN erklärte, 10 Prozent der »Geisteskranken«, die ihn aufsuchten, hypnotisieren zu können. Er verbrachte manchmal Stunden und begann bis zu zwanzigmal von vorn, bevor es ihm gelang, sie einzuschläfern. Zu den hypnotisierten Kranken rechnete er auch eine gewisse Zahl Patienten, die »Wahnideen« und »Halluzinationen« hatten. Im allgemeinen handelte es sich aber um Fälle mit Erregungszuständen, die durch die Hypnose beruhigt wurden; und es ist wahrscheinlich, daß die »Wahnideen« und »Halluzinationen« hysterischer Natur waren oder zumindest Symptome einer periodischen, nicht aber einer schizophrenen Psychose nach unserer heutigen Nomenklatur. Das Eingreifen FORELS in die Diskussion, die auf dem Kongreß von 1889 dem Vortrag VOISINS folgte, wies in dieselbe Richtung. FOREL war es gelungen, »Krisen hysterischer Manie« zu kupieren, aber es gelang ihm nie, »den Verlauf von Geisteskrankheiten durch Suggestion zu ändern«. »Die Wahnvorstellungen«, sagte er, »wurden nie auch nur bei einem einzigen Kranken verändert: sogar jene, die ich zu hypnotisieren, anästhetisch oder amnestisch zu machen vermochte, die ich posthypnotische Aufträge ausführen ließ, weigerten sich, irgendeine gegen ihre Wahnvorstellungen gerichtete Suggestion anzunehmen.« Doch »ein Fall von chronischer Manie mit Halluzinationen (Übergang in eine systematische Demenz)[68], bei dem heftige Wutanfälle auftraten, konnte mitten in einem Anfall eingeschläfert und der Anfall damit kupiert werden. Aber am nächsten Morgen wachte er genauso krank auf, wie er am Vorabend gewesen war.«

Der englische Autor ROBERTSON folgte dem Beispiel VOISINS und versuchte die Hypnose bei »Psychotikern« Er hat offenbar bei authentischen Manien beruhigende Wirkung erzielt. Diesem Autor zufolge scheinen »in einem gewissen Stadium der einfachen Manie die Aufmerksamkeit leicht weckbar und die Vorstellungskraft besonders lebhaft zu sein, so daß suggerierte Schlafsensationen stark empfunden werden und der hypnotische Zustand leicht zu erreichen ist«.

Insgesamt gesehen würden wir bei der Bewertung von Ergebnissen der Hypnotherapie bei Psychotikern große Vorsicht empfehlen. Diagnostische Irrtümer und die Möglichkeit spontaner Remission machen die Beurteilung der Ergebnisse besonders schwierig.

Wir sahen den Fall einer Zyklothymen mit bedeutenden neurotischen Elementen, bei der die Depression auf spektakuläre Weise durch einige Hypnosesitzungen gestoppt wurde (siehe S. 148). Wir haben diese Kranke nicht weiter beobachtet, aber wir glauben nicht, daß ihr zyklisches Leiden zum Stillstand gebracht wurde. Auf jeden Fall ist die Anwendung der Hypnose bei Patienten, die zu Selbstmord neigen, eine heikle Angelegenheit. Besonders in Frankreich können die im Hinblick auf die Hypnose herrschenden Vorurteile bei der Beurteilung der Verantwortung des Therapeuten eine Rolle spielen.

Toxikomanien. – Positive Ergebnisse werden bei der Behandlung von chronischem Alkoholismus und Nikotinabusus gemeldet. Bei letzterem kann man wegen des Fehlens von katamnestischen Untersuchungen nicht auf die Dauerhaftigkeit der Resultate schließen. Anzunehmen ist, daß Alkoholikern, die im allgemeinen ziemlich gut hypnotisierbar sind, die

---

[68] Was man laut CLAUDE als Schizomanie bezeichnen würde.

Hypnose als unterstützendes Hilfsmittel neben anderen Methoden der Detoxikation nützlich sein kann.

Ende des vorigen Jahrhunderts behandelte ein schwedischer Autor Morphinisten mit Sitzungen langdauernder Hypnose (regelrechten Schlafkuren). Für die Süchtigen scheint die Hypnotherapie jedoch keine große Hilfe zu sein. SCHILDER und KAUDERS sagen: »Im allgemeinen sind die Süchtigen unmittelbar nach der Entziehung besonders leicht hypnotisierbar«; sie fügen jedoch hinzu: »Freilich sichert nach unseren Erfahrungen auch dieses Verfahren den Süchtigen keineswegs immer gegen Rückfälle.« Auf dem Kongreß von 1900 wurden mehrere Vorträge über die Hypnotherapie des Alkoholismus gehalten (LLOYD TUCKEY, DE JONG usw.). Der bedeutendste war jener des russischen Autors TOKARSKY, der sich auf 700 Fälle mit 80 Prozent Heilungen bezog. Als geheilt werden Kranke angesehen, die zumindest ein Jahr nach dem Ende der Behandlung nicht wieder zu trinken begannen.

In der UdSSR wird die Hypnotherapie zur Behandlung des Alkoholismus heute noch in hohem Grad angewandt. KONSTORUM meint sogar, der Alkoholismus stelle eine »absolute« Indikation für die Hypnotherapie dar.

Auch die Morphiumsucht scheint der Hypnotherapie am Ende des letzten Jahrhunderts zugänglicher gewesen zu sein, wenn man nach den beim Kongreß von 1900 vorgelegten Arbeiten urteilt.

Verschiedenes

Anästhesiologie. – Die Wirkung der Hypnose auf den Schmerz, die beispielsweise einen chirurgischen Eingriff mit einer Laparotomie, Mammaamputation oder Strumektomie erlaubt, stellt den besten Beweis für die Existenz der Hypnose dar, die ja so schwer objektiv zu beschreiben ist. Solche Eingriffe erfolgen natürlich nur in beschränktem Ausmaß (auf experimenteller Ebene). Die Hypnose kann übrigens auch gute Dienste bei der Verringerung der präoperativen Angst und der Linderung postoperativer Symptome leisten. Erwähnt sei noch, daß postoperative Harnverhaltung durch Suggestion behoben werden kann.

Lassner benutzte die hypnotische Suggestion auch zur Herbeiführung der ersten postoperativen Stuhlentleerung.

Traumatologie. – Auch in der Traumatologie gibt es für die Hypnose ein Anwendungsgebiet. Sie kann zur Präzisierung der Diagnose von Arbeitsunfallfolgen benutzt werden und eventuell auch zur Behandlung der sich manchmal daraus entwickelnden Rentenneurosen (Fälle 8 und 9).

Ein interessantes Anwendungsgebiet stellen große Verbrennungen dar. Einerseits erlaubt es eine suggerierte Analgesie, die Schmerzen des Verletzten zu lindern bzw. das Verbandmaterial beim Verbandswechsel schmerzfrei abzulösen; anderseits kann man eine Steigerung des Appetits zwecks erhöhter Kalorienzufuhr erreichen, die ein wichtiges Element für die Heilung darstellt.

Fall 8

Herr Bou..., 27 Jahre, nordafrikanischer Arbeiter, ist am 23. September 1954 auf das Handgelenk gefallen. Er ist ein Mensch, dem häufig Unfälle zustoßen. Das Handgelenk wird wegen einer Fraktur des Kahnbeins und des großen Vieleckbeins durch einen Gipsverband ruhiggestellt: Zwei Monate danach wird der Gips abgenommen, und man konstatiert eine Versteifung des Gelenks mit einer Beugerkontraktur der Finger. Er wird nun einer intensiven Therapie unterzogen (80 Iontophorese-Sitzungen). Es tritt keine sichtbare Linderung ein.

Am 1. Mai 1955 wird chirurgischerseits auf eine 70prozentige Dauerinvalidität erkannt. Zwei Monate später gibt ihn der Orthopäde auf, der die Versteifung des Handgelenks und der Hand für gleichbedeutend mit einer Amputation hält. Der Patient wird zu einer Beratungsstelle für berufliche Umschulung geschickt, wo man bei ihm ein neuropathisches Terrain feststellt. Nun sendet man den Kranken zu einer psychiatrischen Konsultation, um die Untersuchungen zu vertiefen.

Wir untersuchen ihn am 24. Oktober 1955. Da er ein sehr einfach strukturierter Mensch ist, beschließen wir, zur direkten und indirekten Schlafsuggestion (Verabreichung von 3 Placebo-Tabletten) zu schreiten. Unter diesem Einfluß zeigt er das Aussehen eines Hypnotisierten. Doch die Suggestionen bleiben wirkungslos. Er springt auf, sobald man seine Hand berührt, wogegen diese Reaktion im Wachzustand nicht auftrat.

Angesichts dieses atypischen Hypnosezustands denken wir an eine Ablehnung des Kontakts als Abwehr. Auch die Hyperästhesie scheint uns in diese Richtung zu deuten. Wir denken an ein hysterisches Syndrom wie bei einem gebrechlichen, bereits invalidisierten Rentner.

Tatsächlich hat die Sitzung beträchtliche emotionelle Auswirkung. Der Kranke leidet zwei Tage danach an ununterbrochener Diarrhö und kann gar nicht essen. Wir denken an eine Regression auf vegetativer Ebene angesichts unserer Intervention, die als Bedrohung empfunden wurde.

Bei der folgenden Sitzung erhält er zwei Placebo-Tabletten ohne jegliche Suggestion. Alleingelassen, schlummert er; man suggeriert ihm nun, von seinen Verdauungsstörungen zu genesen. Drei Tage später kommt er wieder: Der Appetit ist zurückgekehrt, und die Verdauungsstörungen sind verschwunden. Das hysterische Syndrom hat sich bestätigt. Gestützt wird es auch noch durch das Öffnen der Hand unter Pentothal, doch der Patient schließt sie sofort wieder, wenn er wach wird. Er erweist sich als unheilbar.

Dies ist einer der Fälle, in denen die Hypnose ohne therapeutische Wirkung blieb. Wir glauben sogar, daß der Patient überhaupt nicht hypnotisiert war. Man könnte über die Natur seines Bewußtseinszustandes nach diesen Suggestionen streiten und sich fragen, welcher Grad an bewußter, vorbewußter oder unbewußter Simulation bei ihm vorlag. Immerhin aber ermöglichte die hypnotische Technik eine diagnostische Orientierung. Eine frühzeitige Psychotherapie wäre vielleicht wirksamer gewesen.

Fall 9
Herr Vi..., 21 Jahre alt, erleidet am 2. November 1955 einen Unfall. Er fällt nach hinten, als er eine Schraubenmutter ergreift, die sich löst. Nach dem Aufstehen hat er starke Wirbelschmerzen, er wird ins Krankenhaus gebracht, wo man eine traumatische Lumbago diagnostiziert. Nach vierzehn Tagen Bettruhe steht er auf und ist beunruhigt über ein Ameisenlaufen in Waden und Schenkel und über seine Gehbeschwerden.

Anfang Dezember kommt er wegen eines Bandscheibenleidens ins Krankenhaus. Er wird zur funktionellen Übungsbehandlung in einem Behandlungszentrum vorgeschlagen und dort auch angenommen, doch die Diagnose wird durch neurologische und röntgenologische Untersuchungen widerlegt. Man schickt den Kranken nach Hause. Diese Maßnahme löst aus: Depression, Verdrießlichkeit, Angst und gesteigerte Funktionsunfähigkeit bis zu einem Punkt, wo er eines Tages völlig »gelähmt« ist. Der Allgemeinzustand verändert sich. So präsentiert sich der Kranke uns am 6. Februar 1956 in einer psychiatrischen Konsultation; er geht am Stock.

Wir wissen, daß der Kranke von einigen Ärzten als »Schwindler« behandelt wurde. Wir werten sein Leiden auf. Nun hören wir von familiären Konflikten, vor allem mit seinem Vater. Der Kranke erweist sich als sehr willig und bereit zur Mitarbeit; deshalb werden zwei Hypnosesitzungen durchgeführt, die beste Ergebnisse hinsichtlich der Beweglichkeit, der Angst und der Verdrießlichkeit erbringen. Fügen wir jedoch hinzu, daß sich die Wiederaufnahme der Arbeit durch eine fiebrige Angina mit vorübergehender Enuresis verzögerte. Diese Krankheit erzwingt die Rückkehr ins Vaterhaus. Das Fieber klingt rasch ab, und die Arbeit wird nun ohne Schwierigkeiten aufgenommen.

In diesem Fall hat der nach kurzer Zeit erfolgte Eingriff durch Hypnose die Überweisung aus einem Krankenhaus ins andere verhindert, die Diagnose präzisiert und die Behandlung angezeigt, die imstande war, die akute Phase zu beheben. Sie machte die Rehabilitation des Verletzten möglich, blieb jedoch ohne tiefen Einfluß auf die neurotische Struktur, die eine längerdauernde Behandlung notwendig gemacht hätte. Die Beseitigung der akuten Phase und die Rehabilitation haben vielleicht andere »Besetzungen« ermöglicht.

Man könnte hier über das Auftreten von Ersatzsymptomen (Enuresis) diskutieren, die übrigens nur vorübergehend waren. Der Kranke ist im November 1962 wiedergekommen. Er ist verheiratet und Vater eines Kindes. Seine berufliche Anpassung ist gut, er arbeitet mit seinem Schwiegervater zusammen. Sein psychoaffektives Gleichgewicht ist aber noch immer schwankend. Er macht Depressionen durch und leidet an Schlaflosigkeit.

Cancerologie. – Hier wurde die Hypnose zur Linderung der Schmerzen im Endstadium von Krebserkrankungen angewandt. Sie kann auch dazu dienen, die emotionelle Steigerung gewisser Symptome zu unterbinden.

Fall 10
Der dramatischste und aufschlußreichste Fall von Wirkung der Hypnose betrifft Herrn Va …, 53 Jahre alt, Arbeiter. Als wir ihn untersuchten, ist er moribund. Er ist vor sechs Monaten wegen eines Magenkrebses operiert und jetzt wegen Schluckbeschwerden (Dysphagie) ins Krankenhaus eingewiesen worden. Er befindet sich in einem Zustand extremer Xachexie. Seine Dysphagie, die ihm minimale Nahrungsaufnahme erlaubt, ist durch keine mechanische Störung gerechtfertigt. Sie betrifft nur bestimmte Nahrungsmittel und hat nichts mit deren Volumen oder Konsistenz zu tun. Der Diätetiker ersucht uns, ihn uns anzusehen (April 1954).

Es muß unverzüglich etwas geschehen. Die Hypnose wird versucht und eine sehr tiefe Trance erreicht. Eine Suggestivbehandlung wird eingeleitet. Keinerlei Ergebnisse nach der ersten Sitzung. Am nächsten Tag machen wir eine zweite. Der Kranke kann noch immer nicht essen. Am folgenden Tag teilt man uns mit, daß der Kranke am Abend nach der zweiten Sitzung Essen verlangt und alles aufgegessen hat. Sein Appetit steigt. In ein paar Tagen nimmt er ein Kilo zu, und seine Stimmung schlägt um. Er will unbedingt aus dem Krankenhaus entlassen werden. Nach vierzehn Tagen kommt er wieder und stirbt. Die Autopsie erbrachte keinerlei organischen Grund für die Dysphagie.

Hier haben wir einen Fall, wo die Hypnose den Charakter eines dringend notwendigen Eingriffs annahm und die symptomatische Behandlung keinerlei Kontraindikation enthielt. Man konnte sich ganz rückhaltlos engagieren. Und man erlebte, daß dieser Kranke, den die psychologische Intervention gekräftigt hatte, einige Tage später infolge des unaufhaltsamen organischen Prozesses starb.

Zweiter Teil

TECHNIK

Einführung

Die Technik der Hypnose besteht in der Anwendung einer gewissen Anzahl »objektiver« (physischer) Verfahren, deren Wirksamkeit in der Mehrzahl der Fälle von subjektiven Faktoren abhängt.

Unter »objektiven« Verfahren verstehen wir Aktionen auf sensorisch-motorischer Ebene, besonders die Reduzierung des sensorischen Zustroms und des motorischen Ausdrucks, die Fixierung der Aufmerksamkeit und die Wiederholung monotoner Stimuli. Die subjektiven Faktoren betreffen die Ebene des Rapports der zwischen Patienten und Arzt entstehenden Beziehung.

Wir haben die Frage nach der Persönlichkeit des Arztes schon aufgeworfen. In welchem Maße kann er seine Haltung gegenüber seinem Patienten modifizieren? In der Tiefe, auf der »Seinsebene«, ist eine Modifikation fast unmöglich. Aber oberflächlich, auf der »Erscheinungsebene«, kann sich die Haltung des Arztes in gewissem Maße verändern, sie kann, freilich bei gleichbleibender gütiger Zuwendung zum Patienten, mehr oder weniger autoritativ oder liberal sein, mehr oder weniger zu einer Vater- oder Mutter-Imago tendieren.

Brenman und Gill schlagen neben anderen einzunehmenden Haltungen die vier folgenden vor: unanfechtbare Autorität, bei welcher der Arzt den Erfolg seiner Suggestionen nicht im geringsten in Frage zu stellen scheint: eine intellektuelle Einstellung, aus der heraus er alles erklärt, was er tut; eine emotionelle Einstellung, in welcher er das Bedürfnis des Patienten nach Sympathie, Wohlbefinden und Sicherheit nutzen kann; schließlich eine passive Einstellung, die ihn behaupten läßt, ohne die Hilfe des Patienten nichts tun zu können, wodurch der Patient den Eindruck erhält, alles selbst zu machen.

Man kann in dieser Hinsicht keine präzisen Anweisungen erteilen. Natürlich hilft dem Arzt die Kenntnis der Persönlichkeit des Kranken, über die er sich im Lauf des *anamnesti-*

schen Gesprächs informieren konnte. Aber vor allem spielen hier, das muß nachdrücklich gesagt werden, intuitive Gegebenheiten die Hauptrolle. Selbstredend wird die Haltung des Arztes unter anderem auch von der Persönlichkeit des Kranken beeinflußt, die bei ihm Reaktionen der Gegenübertragung auslöst. In allen Fällen geht es darum, ein Klima des Vertrauens zu schaffen, das besonders aus der Kommunikation im infraverbalen Stadium entsteht, doch im vorbereitenden Gespräch durch verbale Mittel vertieft werden kann. Dieses Gespräch findet nach dem anamnestischen Gespräch statt, in dessen Verlauf die Diagnose gestellt und gegebenenfalls die Indikation einer hypnotischen Psychotherapie ermittelt wird.

12
Das vorbereitende Gespräch

Der Inhalt dieses Gesprächs wird natürlich vom Bildungsniveau des Patienten bestimmt. Man fragt ihn, was er über die Hypnose weiß. Dann ist es angebracht, die Befürchtungen, Vorurteile und falschen Vorstellungen, die er sich etwa gemacht hat, auszuräumen. Wenn er beispielsweise an Hypnosesitzungen in einem Varietétheater teilgenommen hat, sagt man ihm, die Behandlung, der man ihn unterziehen werde, habe nichts mit dem zu tun, was er dort sah. Er brauche nicht zu befürchten, lächerlich gemacht zu werden. Er werde nicht in einen Automaten verwandelt. Man werde ihm die volle Verfügungsgewalt über seinen Willen lassen. Wenn er Widerstand gegen die Hypnose leiste, werde er keinerlei Wirkung spüren; aber wenn er sich dafür eigne, werde er stets eine aktive Rolle behalten. Er werde dann zu einer Art Mitarbeiter des Arztes.

Wir versuchten bei einer Kranken, mit der wir nicht über ihr »Vorwissen« gesprochen hatten, die Einleitung der Hypnose durch einfache direkte Suggestionen. Sie blieb vollkommen refraktär. Sie erklärte uns, sie glaube nicht, daß es sich hier um eine Hypnose handle, denn das, was sie im Varietétheater oder im Fernsehen gesehen habe, sei ganz anders gewesen: Der Hypnotiseur habe die Versuchsperson fasziniert, diese sei niedergesunken und vollständig vom Hypnotiseur abhängig gewesen. Auf ein erklärendes Gespräch hin (das ohne Zweifel Auswirkungen auf rationaler und irrationaler Ebene zeitigte) wurde sie hypnotisierbar.

Nach Zerstreuung der Befürchtungen und Korrektur der falschen Ansichten des Patienten macht ihm der Therapeut verständlich, worin die Hypnose besteht. Eine genaue Schilderung der Hypnose läßt sich schwer geben, da jeder Mensch sie anders erlebt. Der Arzt greift deshalb zu Vergleichen. So kann er beispielsweise erklären, es handle sich um einen Zustand zwischen Schlafen und Wachen, den man normalerweise jeden Abend vor dem Einschlafen durchlaufe und der nur sehr kurze Zeit dauere, den man aber nun zweckmäßigerweise verlängern werde. Er kann auch sagen, die Hypnose gleiche einem Zustand, in dem man träumt und weiß, daß man träumt. In diesem Zustand werde der Patient in Verbindung mit dem Arzt bleiben; veranschaulichen läßt sich diese selektive Verbindung durch das Beispiel der Mutter, die im Schlaf unempfindlich gegen alle Geräusche ist, jedoch das leise Weinen ihres Kindes hört.

Man kann hinzufügen, daß alle Menschen bis zu einem gewissen Grad hypnotisierbar seien. Einige Menschen würden nur leichte Schläfrigkeit spüren, andere dagegen rasch in einen Zustand tiefer Hypnose sinken.

Die Hypnose, so fährt man fort, sei ein kontinuierlicher Zustand, der von einfacher Entspannung bis zum Somnambulismus reiche, der im allgemeinen eine völlige posthypnotische Amnesie und manchmal auch die Fähigkeit zu Halluzinationen, die durch Suggestion erzeugt würden, umfasse. Die Amnesie müsse nicht unbedingt auftreten; wenn dem Patienten daran gelegen sei, könne er sich an alles erinnern, was während der Sitzung vorging.

Hier muß gesagt werden, daß sich unter den Menschen, die einen Arzt aufsuchen, manchmal auch welche befinden, die einzig das »Magische« der Hypnose anzieht und die im Grunde gar keine Erklärungen haben wollen. Eine derartige Situation stößt natürlich den Arzt ab, denn sein Eingriff verliert dadurch den wissenschaftlichen Charakter und nähert sich dem eines Wunderdoktors. Doch darf er, wenn eine derartige Rolle dem Wohl des Kranken dient, sich weigern, sie zu spielen?

Eine solche Rolle kann zu affektiven Schwierigkeiten beim Therapeuten führen und seine Bereitschaft hemmen. Der folgende Fall veranschaulicht diese Art von Problem deutlich:

Wir hatten eine fünfundfünfzigjährige Patientin zu hypnotisieren, die schon von einem Londoner Arzt erfolgreich behandelt worden war (es handelte sich um die auf Seite 137 erwähnte manisch-depressive Patientin). Sie war eine sehr gebildete Frau, und wir entschieden uns für eine intellektuelle Einstellung stark explikatorischen Charakters. Die Kranke war enttäuscht. Sie erklärte uns völlig ernst, ihr englischer Therapeut habe auf sie den Eindruck eines Hexenmeisters (Irish witch doctor) gemacht, und das brauche sie. Bei unserer Methode glaubte sie nicht mehr an Hexerei. Sie brach die Behandlung ab. Als wir den Arzt zwei Jahre später in

London trafen, fragten wir ihn nach der Kranken. Er sagte, sie sei wieder zu ihm gekommen, er habe sie aber abgegeben, da er die Behandlung nicht fortsetzen wollte. Obwohl er die psychoanalytischen Erklärungen der Hypnose ablehnte, nannte er als Grund für seine Weigerung »die zu starke Übertragung«, welche die Kranke ihm gegenüber entwickelt habe.

13
Suggestibilitätstests

Die Tests zur Ermittlung der Suggestibilität werden nach dem vorbereitenden Gespräch durchgeführt und gehen der eigentlichen Einleitung der Hypnose voraus. Die Beziehungen zwischen Suggestibilität und Hypnotisierbarkeit sind umstritten. Es ist nicht erwiesen, daß suggestible Menschen besser hypnotisierbar sind als andere. Diese Tests dienen jedoch dazu, dem Patienten Vertrauen in seine Fähigkeit zur Aufnahme von Suggestionen zu geben. Wir beschreiben drei Tests, die gegenwärtig praktiziert werden: das Verfahren (es handelt sich eher um ein Verfahren als einen Test) KOHNSTAMMS, den Balancetest (Body-Sway Test) und den Händefalttest (Hand Clasp Test).

Im *Verfahren* KOHNSTAMMS fordert man den Patienten auf, sich seitlich an eine Wand zu stellen und sich mit dem Rücken der gebeugten Handwurzel fest gegen die Mauer zu stemmen. Die Augen muß er geschlossen halten. Während ungefähr einer Minute gibt der Arzt dem Patienten Weisungen wie:

»Stützen Sie sich sehr stark, spannen Sie die Muskeln Ihrer Schulter, Ihres Arms.«

Danach fordert er ihn auf, von der Wand wegzutreten und die Arme herabhängen zu lassen. Meistens wird sich der Arm, der gearbeitet hat, von selbst heben und häufig sogar einen rechten Winkel bilden. Man erklärt dem Patienten, die Erschlaffung, die er gespürt hat, und die spontane Bewegung seines Arms würden jener Erschlaffung und jenem Gefühl des Nachgebens gegenüber äußeren Kräften gleichen, die er während der Einleitung der Hypnose anstreben müsse.

Im *Balancetest* steht der Patient mit geschlossenen Füßen sehr aufrecht da, den Blick auf einen genau über seinem Kopf befindlichen Punkt an der Decke gerichtet. Der Arzt, der hinter dem Patienten steht, fordert ihn auf, die Augen zu schließen, doch die angespannte Haltung beizubehalten. Dann gibt er ihm Anweisungen:

»Ich möchte Ihre Entspannungsfähigkeit prüfen. Ich werde meine Hände auf Ihre Schultern legen.«

Nachdem der Arzt das getan hat, fährt er fort:

»Nun werde ich meine Hände auf Ihre Schultern stützen, und Sie werden eine Kraft spüren, die Sie nach hinten zieht, auf mich zu. Leisten Sie keinen Widerstand; ich werde Sie halten, wenn Sie fallen, Sie fallen, Sie fallen, Sie fallen, Sie fallen, Sie werden nach hinten gezogen ... Sie fallen, Sie fallen.«

In diesem Augenblick hebt der Arzt die Hände, und der Patient beginnt im allgemeinen zu schwanken. Tut er es nicht, legt ihm der Arzt die Hände wieder auf die Schultern und wiegt ihn vor und zurück, wobei er ihn darauf aufmerksam macht, daß er Widerstand leistet, und ihn auffordert, sich gehenzulassen. Er suggeriert ihm von neuem, daß er nach hinten falle, und hebt plötzlich die Hände. Sobald der Patient zu schwanken beginnt, werden die Suggestionen stärker.

»Sie fallen nach hinten, Sie fallen, Sie fallen, Sie fallen nach hinten, nach hinten, ich werde Sie festhalten, wenn Sie fallen.«

Bei der Behandlung einer Gruppe bietet der *Händefalttest* Vorteile, denn er kann mit mehreren Personen durchgeführt werden. Der Arzt fordert den auf einem Stuhl sitzenden Patienten auf, die Hände fest zu falten. Er zeigt ihm, wie er es machen soll, und erklärt:

»Ich will, daß Sie einen Moment die Augen schließen und einen Schraubstock vor sich sehen, einen schweren metallenen Schraubstock, dessen Backen eine Schraube umfassen. Stellen Sie sich vor, daß Ihre Hände wie die Backen des Schraubstocks sind. Ich werde nun von eins bis fünf zählen. Während ich zähle, fassen sich Ihre Hände immer fester, immer fester, immer fester. Wenn ich bei fünf anlange, sind Ihre Hände so fest gefaltet, daß Sie Mühe haben oder es Ihnen unmöglich ist, sie zu lösen. Eins, fest drücken; zwei, fest drücken, fest, fest, fest; drei, noch fester drücken, Ihre Hände sind aneinandergeheftet; vier, Ihre Hände sind zusammengeschmiedet, fest zusammengeschmiedet; fünf, sie sind so fest zusammengeschmiedet, daß sie es auch bleiben, wenn Sie sie zu lösen versuchen, Ihre Hände bleiben beisammen, bis ich Ihnen die Weisung erteile, sie zu öffnen. Jetzt, öffnen Sie die Hände langsam.«

Wir führen hier sogenannte stehende Formulierungen an und werden später Gelegenheit haben, noch viele weitere zu bringen. Wir glauben, damit Anfängern zu helfen. Selbstverständlich aber handelt es sich um simple Anweisungen, die endlos variiert werden können.

14
Einleitung der Hypnose

Es erscheint ratsam, vor der Beschreibung der Einleitungstechnik ein Bild der hypnotischen Stadien zu zeichnen. Zwischen dem Wachzustand und einer tiefen Trance gibt es eine ganze Reihe Zwischenstadien. Liébeault unterschied zehn, Bernheim neun. Heute spricht man von leichter, mittlerer und tiefer Hypnose. Zur Messung der Hypnotisierbarkeit hat man Rangordnungen aufgestellt, deren Wert wegen der Labilität und Subjektivität der Phänomene sehr relativ ist. Am häufigsten wird die Skala von Davis und Husband benutzt, die dreißig Stufen umfaßt (siehe Tabelle I auf Seite 166).

Die erste Frage, die sich in der Einleitungspraxis stellt, lautet: Soll der Patient liegen oder in einem Sessel sitzen? Hier gibt es keine feste Regel. Manche Ärzte wenden ausschließlich die eine oder die andere Stellung an, andere alle beide. Der Mehrzahl der Kranken ist die Körperstellung gleichgültig. Die Erfahrung lehrt jedoch, daß sich gewisse ängstliche Patienten wohler fühlen, wenn sie in einem Sessel sitzen. Andere liegen lieber. Manche Ärzte halten diese Stellung für günstiger, da sie die Entspannung erleichtert und der Stellung des Schläfers nahekommt.

Für welche Körperlage man sich auch entscheidet, es muß jedenfalls gesichert sein, daß sich der Patient vollkommen wohl fühlt. Man trägt ihm auf, eine innere Haltung völliger Hingabe einzunehmen, sich gänzlich zu lockern, ohne sich anzustrengen, und keinen Widerstand zu leisten. Er solle sich keine Fragen über das stellen, was ihm widerfahre, sondern einfach alles hinnehmen.

Nach diesen Vorbereitungen geht man zur eigentlichen Einleitung über. Bevor wir die heute gebräuchlichen Methoden beschreiben, wollen wir an die Technik erinnern, die Bernheim 1884 anwandte, indem wir ihn selbst zu Wort kommen lassen. Er beschreibt in *De la suggestion dans l'état hypnotique et dans l'état de veille* (deutsch: Die Suggestion und ihre Heilwirkung, 1888) die Suggestionen, die er seinen Patienten gab:

»›Schauen Sie mich fest an und denken Sie ausschließlich ans Einschlafen. Sie werden gleich eine Schwere in den Augenlidern fühlen, dann eine Müdigkeit in den Augen; Ihre Augen blinzeln schon, sie werden feucht; Sie sehen nicht mehr deutlich, jetzt fallen die Augen zu.‹ Bei einigen Personen tritt dies sofort ein, sie schließen die Augen und versinken in Schlaf. Bei anderen Personen muß ich diese Versicherungen wiederholen und mit Nachdruck wiederholen; ich füge noch eine Manipulation hinzu, die von verschiedener Art sein kann. Ich bringe z. B. zwei Finger meiner rechten Hand vor die Augen der betreffenden Person und lasse dieselben fixieren, oder ich streiche mit meinen beiden Händen mehrmals in der Richtung von oben nach unten über ihre Augen, oder ich fordere sie auf, fest in meine Augen zu schauen, während ich gleichzeitig alle ihre Gedanken auf die Vorstellung des Einschlafens zu richten suche. Ich tue dies etwa mit folgenden Worten: ›Ihre Lider schließen sich. Sie können sie nicht mehr öffnen; Sie verspüren eine Schwere in den Armen und in den Beinen; Sie hören nichts mehr; Ihre Hände sind gelähmt; Sie können nichts mehr sehen, der Schlaf kommt über Sie‹, und dann füge ich mit gebieterischem Tone hinzu: ›Schlafen Sie!‹ Häufig entscheidet dieser Befehl; der Kranke schließt die Augen, schläft oder ist wenigstens beeinflußt ...

Wenn die Versuchsperson die Augen nicht schließt oder nicht geschlossen hält, pflege ich ihr Fixieren meiner Augen oder meiner Hände nicht lange fortdauern zu lassen. Denn es gibt Personen, welche imstande sind, die Augen unbestimmte Zeit lang aufgesperrt zu halten, und die so, anstatt sich der Vorstellung des Einschlafens hinzugeben, sich nur auf den Vorsatz, ausdauernd zu fixieren, konzentrieren. Ich ziehe es in solchen Fällen vor, ihnen die Augen zuverschließen. Nach ein oder zwei Minuten Fixieren drücke ich ihnen die Augenlider zu oder ziehe die Lider sanft und langsam über die Augen herab, so daß ich den allmählichen Lidschluß beim natürlichen Einschlafen nachahme; am Ende halte ich die Lider geschlossen und setze dabei meine Suggestionen fort: ›Ihre Augen sind wie verklebt. Sie bringen dieselben nicht voneinander; Ihre Schläfrigkeit nimmt immer mehr zu, Sie können ihr nicht mehr widerstehen.‹ Ich senke allmählich die Stimme, wiederhole den Befehl ›Schlafen Sie‹, und zumeist stellt sich nach zwei bis drei Minuten der Schlaf oder irgendein Grad von hypnotischer Beeinflussung wirklich ein. *Ich erzeuge so den Schlaf selbst durch Suggestion, ich suggeriere dem Kranken die Vorstellung des Einschlafens, führe das Bild des Schlafes in sein Gehirn ein ...*

Bei verschiedenen Personen führt verschiedenes Vorgehen zum Ziele. Bei den einen genügt die milde Suggestion, bei anderen bedarf es einer Art von Überwältigung, eines herrischen Gebarens, um die Neigung zum Lachen oder die unwillkürliche Widerstandslust zu unterdrücken, welche bei derartigen hypnotischen Versuchen auftreten.

Bei anderen stößt man auf größeren Widerstand. Ich setze dann häufig meine Absicht durch, wenn ich den Patienten die Augen durch längere Zeit geschlossen halte, ihnen Stillschweigen und Unbeweglichkeit auferlege und unausgesetzt dieselben Redensarten vor ihnen wiederhole: ›Jetzt verspüren Sie eine Betäubung, ein Gefühl von Schläfrigkeit; Ihre Arme und Beine sind bereits ganz unbeweglich, Ihre Lider werden warm; Ihr Nervensystem beginnt sich zu beruhigen, Sie haben keine Lust mehr, sich zu bewegen, Ihre Augen bleiben geschlossen, jetzt ist der Schlaf da usw.‹ Nachdem ich diese eindringliche Suggestion vom Gehör aus durch einige Zeit fortgesetzt habe, kann ich meine Finger entfernen; die Augen des Patienten bleiben geschlossen; ich erhebe seine Arme, sie bleiben in der Luft stehen: Der kataleptische Schlaf ist erreicht.«

Im folgenden nun die Methoden, die von den modernen Ärzten angewandt werden. Beginnen wir mit der häufigsten:

Hypnose durch Fixierung eines Gegenstands. – Der Arzt läßt den Patienten einen Gegenstand fixieren, bei dem es sich um einen Bleistift handeln kann, um einen Schlüssel, eine Münze, eine farbige, an einer Schnur aufgehängte Kugel oder irgendeinen Punkt an der Decke, an der Wand oder auf dem Schreibtisch des Arztes. Der Gegenstand soll dem Patienten in einem Abstand von etwa 25 cm vor die Augen gehalten werden. Der Fixationspunkt kann weiter entfernt sein.

Der Arzt verabfolgt nun während einer kürzeren oder längeren Zeit, je nach Empfänglichkeit des Patienten, eine Reihe Suggestionen. Diese Suggestionen, ebenso alle folgenden, sind mit monotoner Stimme vorzutragen, sie werden mehrfach wiederholt und behalten immer einen konkreten, bildhaften Charakter.

Der Arzt suggeriert sukzessive ein Gefühl der allgemeinen Entspannung, der Schläfrigkeit, der Schwere, der Wärme und schließlich des Schlafs. Die Suggestionen können in folgender Form gegeben werden, die natürlich zahlreiche Variationen erlaubt:

»Ich halte Ihnen einen Gegenstand vor die Augen. Sie richten den Blick auf diesen Gegenstand. Sie hören meine Stimme. Wenn sich Ihr Blick abwendet, richten Sie ihn wieder auf den Gegenstand und belassen ihn darauf. Entspannen Sie sich und hören Sie auf meine Stimme. Ich möchte, daß Sie sich entspannen. Sie spüren in Ihrem ganzen Körper die Entspannung. Sie entspannen sich immer mehr. Während Sie den Gegenstand fixieren und meine Stimme hören, fühlen Sie sich immer entspannter. Die Muskeln Ihrer Füße sind entspannt, die Muskeln Ihrer Beine, Ihrer Arme, Ihrer Hände sind entspannt, Ihr ganzer Körper ist entspannt. Sie spüren auch, daß Sie schläfrig werden. Sie werden immer schläfriger. Hören Sie gut auf meine Stimme. Und nun kommt eine Schwere über Sie, Ihr Körper wird schwer. Ihre Füße, Ihre Beine, Ihr ganzer Körper, sie werden schwer, schwer, schwer. Eine angenehme Wärme durchdringt Ihren Körper. Sie denken an Schlaf. Eine angenehme Wärme durchdringt Sie, wie beim Einschlafen. Ihre Augenlider werden schwer. Sie sind schlaftrunken, Ihre Lider werden schwer, schwer, schwer. Denken Sie an Schlaf und nichts anderes. Sie können die Augen nicht mehr offen halten, Ihre Lider werden immer schwerer. Sie haben das Bedürfnis zu schlafen, ein immer stärkeres Bedürfnis zu schlafen, Ihr Blick trübt sich, Ihre Augen brennen, sie tränen (in dem Augenblick zu sagen, da man konstatiert, daß sie feucht werden). Atmen Sie tief und langsam. Mit jedem Atemzug wird Ihr Schlaf tiefer, Ihre Augen haben sich nun geschlossen. Sie schlafen ein, Sie schlafen, schlafen!«

Im allgemeinen führt die Wiederholung der obigen Suggestionen beim Patienten zum Schließen der Augen. Der Arzt kann abschließend seine Finger auf die geschlossenen Lider des Patienten legen. Falls dieser die Augen nicht spontan geschlossen hat, kann man zu einer Zähltechnik übergehen. Sie besteht in der Wiederaufnahme der Suggestionen, wobei man in den einzelnen Phasen von eins bis zehn zählt.

Schließt der Patient danach die Augen immer noch nicht, kann man, nach dem Beispiel BERNHEIMS, folgendes Verfahren anwenden: Man bewegt die Hand einige Zentimeter vor den Augen des Patienten auf und ab, und zwar sehr oft. Gleichzeitig wiederholt man etwa zwei Minuten lang:

»Folgen Sie meiner Hand, nach oben, nach unten, nach oben, nach unten, und Sie haben Schlaf, immer mehr Schlaf.«

Hält der Patient die Augen noch immer offen, sagt man zu ihm:

»Nun können Sie die Augen schließen.«

Worauf der Arzt behutsam mit seinen Fingern die Lider des Patienten schließt.

Ein anderes Verfahren besteht darin, dem Patienten Zeige- und Mittelfinger vor die Augen zu halten und zu sagen:

»Ihre Augen werden schwer, und Sie haben das Bedürfnis zu schlafen ... Sehen Sie meine Finger gut an, ich nähere sie Ihren Augen immer mehr, und diese schließen sich.«

Der Patient kann natürlich nicht umhin, die Augen zu schließen, wenn die Finger des Arztes sehr nahe sind; in diesem Augenblick übt der Arzt einen Druck auf die Lider aus. Er sagt zum Patienten, seine Augen würden geschlossen bleiben, bis er ihn auffordere, sie wieder zu öffnen.

Vergleicht man die eben beschriebene Methode mit jener Bernheims, stellt man fest, daß sich die Grundzüge seit achtzig Jahren nicht geändert haben. In der Anwendungsweise zeigen sich leichte Unterschiede. Heute scheint man weniger zu der autoritativen Haltung Zuflucht zu nehmen, zu der Bernheim riet. Anderseits schien bei ihm die Dauer der Einleitung zehn Minuten nicht zu überschreiten. Heute hält man diese Zeit für unzureichend. Brenman und Gill meinten, zur Einleitung einer tiefen Hypnose bei einer neurotischen Person seien mehrere Sitzungen von je fünfzehn Minuten bis zu eineinhalb Stunden erforderlich. Erickson geht sogar so weit zu sagen, daß in gewissen Fällen der Erfolg nach mehreren Sitzungen eintrete, die sich über drei oder vier Stunden erstrecken können und in denen man jede Routine vermeiden müsse.

Wir kommen nun zur *Methode einfacher Verbalsuggestionen* (ohne Fixierung eines Gegenstands). Man wendet sie vor allem an, wenn der Patient Schwierigkeiten hat, seinen Blick zu fixieren. Bei dieser Methode liegt der Patient auf einem Diwan, man fordert ihn auf, die Augen zu schließen, und gibt etwa folgende Suggestionen:

»Ich möchte, daß Sie sich entspannen, daß Sie Ihren ganzen Körper entspannen. Ich möchte, daß Sie alle Spannungen spüren, die in Ihren Muskeln, in allen Ihren Muskeln, bestehen, und daß Sie sich dann entspannen. Entspannen Sie Ihre Stirn, entspannen Sie Ihre Gesichtsmuskeln. Entspannen Sie Ihre Nackenmuskeln, die Muskeln Ihrer Arme, Ihrer Beine, Ihres ganzen Körpers. Strecken Sie Ihre Arme und Beine. Sie spüren eine Trägheit, eine Müdigkeit in Ihrem ganzen Körper. Nun spüren Sie den Druck des Kissens gegen Ihren Kopf. Sie spüren den Druck des Kissens gegen Ihren Nacken und gegen Ihre Schultern. Sie spüren den Diwan gegen Ihren ganzen Rücken. Nun richten Sie Ihre Aufmerksamkeit auf Ihre Schenkel, und Sie spüren, daß der Diwan Ihren Körper trägt. Sie sind ganz, ganz entspannt. Es ist, als würde Ihr Körper in den Diwan sinken, ganz darin versinken. Ich möchte, daß Sie sich einen sehr erfreulichen, sehr angenehmen Ort vorstellen, wo Sie sich ausstrecken können, wo Sie alle Ihre Sorgen vergessen können, Ihren Ärger, einen Ort, wo Sie schlafen können. Das kann am Meer sein, im Gebirge oder wo Sie eben wollen (am häufigsten entscheidet sich der Patient fürs Gebirge). Sie atmen langsam und tief. Strecken Sie Ihre Beine, Ihre Arme aus. Ihr Körper ist weich und entspannt (der Arzt ergreift den Arm des Patienten und läßt ihn fallen). Sie sind ganz entspannt, ganz ganz entspannt. Ihr ganzer Körper ist völlig entspannt. Sie liegen auf einer Bergwiese. Es ist ein sehr ruhiger Tag. Der Himmel ist blau, die Sonne scheint herrlich. Sie betrachten den Himmel. Ihr Blick streift eine leichte Wolke. Alles ist ruhig und friedlich. Auch Ihr Geist wird ebenso ruhig wie die Oberfläche eines Sees. Entspannen Sie sich und schlafen Sie, schlafen Sie, schlafen Sie, schlafen Sie ruhig und tief. Schlafen Sie.«

Man kann in diesem Stadium mit der Einleitung aufhören. WOLBERG dehnt die Methode durch folgende Suggestionen aus:

»Während Sie sich vom Schlaf überkommen fühlen, wird Ihr rechter Arm leicht wie eine Feder. Er wird immer leichter, und dann hebt er sich, höher, höher. Je mehr Schlafbedürfnis Sie haben, desto leichter wird Ihr Arm, und er hebt sich immer höher, bis er Ihr Gesicht erreicht. Während Sie sich entspannen, heben sich Ihre Hand und Ihr Arm immer höher, und in dem Augenblick, wo Ihre Hand Ihr Gesicht erreicht, sind Sie eingeschlafen, Sie schlafen tief. Nun hebt sich Ihr Arm langsam, genau wie eine Feder, höher, höher, immer höher. Er nähert sich Ihrem Gesicht; Sie werden schlafen, tief schlafen. Nun erreicht Ihre Hand Ihr Gesicht, und Sie schlafen.«

Die Methode, von der wir nun sprechen wollen, ist die *Hypnose durch Faszination oder durch den Blick in die Augen.* Sie findet heute nur mehr selten Anwendung. Bekannt ist sie toren wird sie genauso angewandt wie die Fixationsmethode, toren wird sie genausoangewandt wie die Fixationsmethode, nur daß der Patient keinen Gegenstand fixiert, sondern aufgefordert wird, dem Arzt in die Augen zu sehen. Sie ist keineswegs besonders autoritativ. Anders verhält es sich mit der zweiten Form, bei der das »Faszinierende« und Autoritative die Hauptrolle spielen. Dieser Methode bedienen sich gewöhnlich die Hypnotiseure in den Varietétheatern. In der Medizin wird sie gelegentlich angewandt, so bei gewissen Fällen von Alkoholismus, Toxikomanie und Psychopathie.

Bei der letzteren Form der Faszinationsmethode befindet sich der Arzt dem Patienten gegenüber, ungefähr 30 cm von ihm entfernt. Er muß ihn überragen, und wenn der Patient größer ist als der Arzt, läßt dieser ihn hinsitzen, während er selbst stehen bleibt. Dann faßt er ihn bei den Schultern, neigt ihn leicht vor und zurück, die Augen auf seine Nasenwurzel gerichtet. Dabei beginnt er mit einer Reihe von Suggestionen:

»Sehen Sie mir in die Augen, Ihr Blick wird schwer, schwer, Ihre Arme werden sehr schwer, Ihre Beine werden schwer, Ihr ganzer Körper wird schwer. Ihre Augen sind müde, aber schließen Sie sie nicht, wenn Sie sie noch offenhalten können. Ihre Augenlider sind schwer wie Blei. Sie werden schlafen, schlafen.«

Nun macht der Arzt eine Pause. Wenn der Patient zu blinzeln beginnt, fährt der Arzt in bestimmterem Ton fort:

»Ihre Lider zucken, Sie werden schlafen, schlafen, nichts kann Sie davon abhalten, Sie werden schlafen, schlafen.«

Sobald sich die Augen schließen, legt der Arzt seine Hand auf sie und sagt zum Patienten:

»Ihre Lider sind wie verklebt, Sie können sie nicht öffnen, bevor ich Ihnen den Befehl dazu gebe.«

Jetzt muß man spätestens den Patienten in einen Sessel setzen.

Eine derartige Methode verlangt, daß sich der Arzt einem Training unterzieht, damit er sich daran gewöhnt, den Patienten ohne Lidschlag zu fixieren. Er muß jeden Tag einige Minuten lang einen etwa 30 cm entfernten Gegenstand fixieren. Außerdem muß er sicherstellen, daß seine Augen nicht tränen. Eine andere Gefahr dieser Hypnosemethode ist, daß der Hypnotiseur selbst in Hypnose gerät (einen solchen Fall schildert E. SPEER in seiner Selbstbeobachtung).

Nun werden wir die *Methode der Hand-Levitation* beschreiben, die 1923 von ERICKSON ausgearbeitet und von WOLBERG (1948) am besten dargestellt wurde. Vor allem die amerikanischen Autoren wenden sie an. Sie ist schwieriger zu handhaben und erfordert langes Training. Ihren Anhängern bietet sie den großen Vorteil, daß man den Patienten an der Einleitung mitarbeiten lassen und daß man den Boden bereiten kann, wenn man die Absicht hat, in der Folgezeit nichtdirektive und analytische Psychotherapien anzuwenden. Wir geben sie *in extenso* wieder, wie sie im Werk WOLBERGS[69] enthalten ist (der Autor berichtet über eine Sitzung, die aufgezeichnet wurde):

»Ich möchte, daß Sie es sich auf Ihrem Sessel bequem machen und sich entspannen. Nun, da Sie sitzen, legen Sie Ihre beiden Hände flach auf Ihre Schenkel. Genau so. Sie werden auf Ihre Hände achten, und Sie werden feststellen, daß Sie sie aufmerksam beobachten können.

Was Sie tun, ist: auf Ihrem Stuhl sitzen und sich entspannen. Sie werden bemerken, daß sich im Lauf Ihrer Entspannung verschiedene Dinge ereignen. Diese Dinge haben sich immer ereignet, wenn Sie sich entspannten, aber Sie haben sie zuvor nicht so deutlich bemerkt. Ich werde Sie auf diese Dinge aufmerksam machen. Ich möchte, daß Sie sich auf alle Empfindungen und Eindrücke konzentrieren, die Sie in Ihren Händen spüren, was es auch immer sein mag. Vielleicht spüren Sie die Schwere Ihrer auf dem Schenkel liegenden Hand oder Sie haben das Gefühl von Druck. Vielleicht spüren Sie den Stoff Ihrer Hose an Ihrer Handfläche oder die Wärme Ihrer Hand auf Ihrem Schenkel. Ich möchte, daß Sie die Empfindungen beobachten, die Sie haben. Vielleicht spüren Sie eine Art Juckreiz. Was für Empfindungen Sie auch immer haben,

---

[69] *Medical Hypnosis*. Grune and Stratton, New York 1948.

ich möchte, daß Sie sie beobachten. Sehen Sie immer Ihre Hand an, und Sie werden bemerken, wie ruhig sie ist, wie sie in derselben Stellung verbleibt. Es gibt Bewegungen in ihr, aber diese sind noch nicht wahrnehmbar. Ich möchte, daß Sie die Augen auf Ihre Hand geheftet lassen. Ihre Aufmerksamkeit kann sich von der Hand abwenden, aber sie wird immer wieder zu der Hand zurückkehren, und Sie lassen die Augen auf die Hand gerichtet und fragen sich, wann die Bewegungen, die in ihr vorgehen, sichtbar werden.«

(In diesem Augenblick ist die Aufmerksamkeit des Patienten auf seine Hand fixiert. Er ist begierig zu erfahren, was geschehen wird, und man suggeriert ihm, daß die Empfindungen, die er haben werde, genau dieselben seien, wie sie jedermann haben könne. Man versucht nicht, ihm Suggestionen aufzuzwingen, und wenn er dann irgendeine Empfindung hat, betrachtet er sie als Produkt seines eigenen Erlebens. Es handelt sich schließlich darum, zu erreichen, daß er auf die Suggestionen des Hypnotiseurs reagiert, als gehörten auch sie seinem eigenen Erleben an. Man versucht, ihn geschickt so weit zu bekommen, daß er seine Empfindungen mit den gesprochenen Worten in Zusammenhang bringt, daß er meint, die vom Hypnotiseur gesprochenen Worte oder Befehle riefen später sensorische oder motorische Reaktionen hervor. Nur wenn der Patient bewußten Widerstand leistet, tritt an einem der Finger oder in der Hand eine leichte Bewegung auf, ein Zucken. Geschieht dies, macht ihn der Hypnotiseur sofort darauf aufmerksam und sagt, die Bewegung werde wahrscheinlich stärker. Der Hypnotiseur muß auch Überlegungen über alle anderen objektiven Reaktionen des Patienten anstellen, beispielsweise eine Bewegung der Beine oder einen tiefen Atemzug. Der Zusammenhang, den der Hypnotiseur zwischen den Reaktionen des Patienten und seinen eigenen Überlegungen herstellt, führt zur assoziativen Verbindung beider Elemente im Geist des Patienten.)

»Es wird interessant sein zu beobachten, welcher Ihrer Finger sich zuerst bewegt. Es wird vielleicht der Mittelfinger sein, oder der Zeigefinger, oder der Ringfinger, oder der kleine Finger, oder der Daumen. Einer Ihrer Finger wird zucken oder sich bewegen. Sie wissen nicht genau, wann und an welcher Hand. Beobachten Sie immer gut. Sie werden als erstes ein leichtes Zucken gewahren, vielleicht in der rechten Hand. Sehen Sie, der Daumen zuckt und bewegt sich.

Zu Beginn der Bewegung werden Sie etwas Interessantes feststellen. Die Zwischenräume zwischen den Fingern vergößern sich sehr langsam, die Finger spreizen sich sehr langsam, und Sie stellen fest, daß sich die Zwischenräume immer mehr vergrößern. Diese werden langsam breiter; die Finger spreizen sich immer mehr, immer mehr, immer mehr, genau so.«

(Hier haben wir die erste wirkliche Suggestion, bei der man voraussetzen kann, daß der Patient darauf reagiert. Wenn sich seine Finger zu spreizen beginnen, dann ist dies der Fall, weil der Patient auf die Suggestion reagiert. Der Hypnotiseur spricht weiter, als habe die Reaktion im normalen Ablauf der Ereignisse von selbst erfolgen können.)

»Während sich Ihre Finger spreizen, stellen Sie fest, daß sich die Finger auch aufrichten und einen Bogen über dem Schenkel bilden möchten, als wollten sie sich immer höher erheben (*der Zeigefinger des Patienten beginnt sich leicht aufzurichten*).

Sehen Sie, wie sich der Zeigefinger erhebt. Und die anderen Finger wollen ihm folgen, sie richten sich nun ebenfalls langsam auf (*die Finger beginnen sich zu heben*).

Während sich die Finger heben, haben Sie den Eindruck von Leichtigkeit in der Hand, ein Gefühl der Leichtigkeit, das um so intensiver ist, je weiter sich die Finger im Bogen erheben, und die ganze Hand hebt sich und geht langsam in die Höhe, als sei sie eine Feder, wie ein Ballon in die Luft steigt, steigt, steigt, in die Luft, in die Luft, in die Luft, steigt höher und höher, immer höher, die Hand wird sehr leicht (*die Hand beginnt sich zu heben*). Während Sie Ihre Hand betrachten, die sich hebt, bemerken Sie, daß der Arm steigt, in die Luft steigt, ein wenig steigt, ein wenig höher, höher, höher, noch höher, noch, noch höher. (*Der Arm hat sich ungefähr zehn Zentimeter über den Schenkel gehoben, und der Patient fixiert ihn*).

Betrachten Sie immer die Hand und den Arm, die sich heben, und unterdessen spüren Sie, wie schläfrig und müde Ihre Augen geworden sind. Während sich Ihr Arm weiter hebt, fühlen Sie sich müde, entspannt, und Sie haben das Bedürfnis zu schlafen, ein großes Schlafbedürfnis. Ihre Augen werden schwer, und vielleicht wollen sich Ihre Augenlider schließen. Und während Ihr Arm sich immer weiter heben wird, möchten Sie sich immer entspannter fühlen, Sie haben immer mehr Schlaf und möchten ein Gefühl des

Friedens und der Entspannung haben, indem Sie die Augen schließen und einschlafen.«

(Festzustellen ist, daß man, wenn der Patient einer Suggestion gehorcht, die positive Reaktion zur Verstärkung der nachfolgenden Suggestion benutzt. Wenn sich beispielsweise sein Arm hebt, suggeriert man ihm im wesentlichen, daß er einschlafen wird, weil sich sein Arm hebt.)

»Ihr Arm hebt sich, weiter, weiter, weiter, und Sie werden sehr schläfrig; Ihre Augenlider werden schwer, Ihr Atem wird langsam und regelmäßig. Atmen Sie tief – atmen Sie ein und aus. *(Der Patient hält den gestreckten Arm gerade, er blinzelt, und sein Atem ist tief und regelmäßig.)* Während Sie noch immer Ihre Hand und Ihren Arm betrachten und sich immer schläfriger und entspannter fühlen, bemerken Sie, daß sich die Richtung Ihrer Hände ändert. Der Arm wird sich beugen, und die Hand wird sich immer mehr Ihrem Gesicht nähern, weiter, weiter, weiter, und während sie sich hebt, werden Sie langsam, aber sicher in einen tiefen, tiefen Schlaf sinken, in dem Sie sich zutiefst und soviel Sie wollen entspannen. Der Arm wird sich weiter heben, höher, höher, noch höher, bis er Ihr Gesicht erreicht, und Sie werden immer mehr Schlaf haben, aber Sie dürfen nicht einschlafen, bevor Ihre Hand Ihr Gesicht erreicht hat. Wenn Ihre Hand Ihr Gesicht erreicht, werden Sie eingeschlafen sein, werden Sie tief schlafen.«

(Hier läßt man den Patienten selbst den Rhythmus bestimmen, nach dem er einschlafen wird; wenn seine Hand sein Gesicht erreicht, hat er den Eindruck, er schlafe ein, weil dies sein Wunsch sei. Die Levitation der Hand und das Einschlafen unterstützen sich fortan gegenseitig. Wenn der Patient schließlich die Augen schließt, befindet er sich in einer Trance, an deren Herbeiführung er mitgewirkt hat. Später wird er weniger dazu neigen, abzustreiten, daß er sich in Trance befunden hat.)

»Nun ändert Ihre Hand die Richtung. Sie hebt sich, sie hebt sich an Ihr Gesicht. Ihre Lider werden schwer. Sie haben immer mehr Schlaf, immer mehr Schlaf, immer mehr Schlaf. *(Die Hand des Patienten nähert sich dem Gesicht, seine Augenlider flattern rascher.)* Ihre Augen werden schwer, sehr schwer, und die Hand hebt sich genau vors Gesicht, Sie fühlen sich sehr müde und schläfrig. Ihre

Augen schließen sich, schließen sich. Wenn Ihre Hand Ihr Gesicht erreicht, sind Sie eingeschlafen, Sie schlafen tief. Sie fühlen große Schläfrigkeit. Sie fühlen sich immer schläfriger, immer schläfriger, immer schläfriger, Sie haben großes Schlafbedürfnis, sind sehr müde. Ihre Lider sind wie Blei, und Ihre Hand hebt sich, hebt sich, genau auf Ihr Gesicht zu, und wenn sie Ihr Gesicht erreicht, sind Sie eingeschlafen *(die Hand des Patienten erreicht das Gesicht, und seine Augen schließen sich).* Schlafen Sie, schlafen Sie, schlafen Sie ganz einfach. Während Sie schlafen, fühlen Sie sich sehr müde und entspannt. Ich möchte, daß Sie sich auf die Entspannung konzentrieren, auf einen Zustand der Entspannung, der frei ist von jeder Anspannung. Denken Sie an nichts anderes als nur daran, zu schlafen, tief zu schlafen.«

Bei den oben beschriebenen Methoden dienten die Verbalsuggestionen als akustische Reize.

Bei Personen, die bewußte oder unbewußte Angst vor dem Therapeuten haben oder unfähig sind, sich auf Worte zu konzentrieren, wendet man das *Metronomverfahren* an.

Es besteht in der mechanischen Wiederholung eines akustischen Reizes. Das regelmäßige Ticken eines Metronoms dient dem Patienten dazu, sich zu konzentrieren. Der Arzt suggeriert ihm, daß er immer mehr Schlaf haben wird, je länger er das Ticken des Metronoms hört.

Es sind noch andere Methoden der Hypnosetechnik ohne Verbalsuggestionen bekannt. Die Striche von MESMER, BRAIDS Fixierungsmethode, der Spiegel von LUYS usw. gehören zu dieser Kategorie. IWANOW-SMOLENSKY wandte die Technik des Hypnotisierens durch Licht- und Wärmereize an.

Der australische Autor MEARES beschrieb (1960) eine Hypnosetechnik, die auf der averbalen Kommunikation und der Atmosphäre beruht. Der gesamte verbale Austausch findet während des anamnestischen Gesprächs und der ersten Sitzung statt.

Der Autor betont mit Nachdruck die Nützlichkeit der physischen Untersuchung, die den Patienten einerseits in einen Zustand psychologischer »passiver Unterordnung« bringt und ihn anderseits durch die Berührung an eine averbale Kommunikation gewöhnt.

Die eigentliche Hypnose findet in der darauffolgenden Sitzung statt. MEARES beschreibt sein Verfahren folgendermaßen:

»Ich spreche sehr wenig. Ich versuche durch meine Haltung die Vorstellung von Entspannung und Ruhe zu vermitteln. Ich versuche, ein Gefühl der Gemeinsamkeit mit dem Patienten entstehen zu lassen... Die Vorstellung von Ruhe wird unter anderem durch averbale phonetische Mittel mitgeteilt, durch ein gelegentliches ›Hum‹ oder ›Ah!‹ Wenn der Patient das geringste Zeichen von Angst erkennen läßt, beginne ich eine ruhige, belanglose Konversation, auf die keine Antwort erforderlich ist. Der Patient wird dann aufgefordert, seine Kleider abzulegen, wie er es bei der ersten Untersuchung getan hat, und sich zuzudecken. In diesem Stadium gehe ich aus dem Raum und überlasse den Patienten sich selbst. Wenn ich einige Minuten später wiederkomme, liegt der Patient in Unterkleidern auf dem Diwan, die Decke über sich gezogen. Ich trete ein, ohne mich zu beeilen, und sage kein Wort. Wenn der Patient das geringste Zeichen von Angst erkennen läßt, nähere ich mich ihm. Hält seine Angst an, nehme ich den Reflexhammer und löse wie bei der ersten Untersuchung damit ohne Hast den Patellarreflex aus. Ein leichtes Brummen der Zufriedenheit trägt dazu bei, den Patienten zu beruhigen. Einen Moment gehe ich hin und her, damit er weiß, daß ich da bin. Wenn die geringste Spannung in seinem Gesichtsausdruck oder die leichteste Bewegung seiner Finger die Rückkehr der Angst anzeigen, nähere ich mich ihm. Da er nicht weiß, daß ich seine Angst wahrgenommen und sofort reagiert habe, hat der Patient den Eindruck der Sicherheit, und die Anzeichen der – normalerweise leichten – Angst verschwinden. Bleiben sie bestehen, trete ich zum Diwan und nehme mit dem Patienten Verbindung auf, indem ich eine Ecke der Decke hebe oder, wenn es notwendig ist, leicht den Bauch abtaste wie bei der ersten Untersuchung. Die Angst des Patienten nimmt ab, und ich entferne mich von neuem von ihm. Die Methode wird mit entsprechenden Variationen fortgesetzt.«

Nach einigen Minuten gerät der Patient in einen Zustand tiefer Hypnose. Diese Technik befindet sich noch im Versuchsstadium. Sie wurde bei rund zwanzig nicht ausgewählten Versuchspersonen erfolgreich angewandt.

Die averbale Kommunikation spielt zwar eine gewisse Rolle, man darf in der Hypnose jedoch die verbale Kommunikation und die Formulierung nicht unterschätzen. Wir hatten ein dreizehnjähriges Mädchen zu behandeln, das wegen plötzlich auftretender totaler Inkontinenz urinae (diurna und nocturna) in eine urologische Klinik eingeliefert worden war. Die Kranke hatte vorher keinerlei Sphinkterbeschwer-

Tabelle I

Skala von Davis und Husband

Tiefe	Grad	Symptome
Refraktär	0	
Hypnoid	1	
	2	Entspannung
	3	Flattern der Lider
	4	Schließen der Augen
	5	Vollständige physische Entspannung
Leichte Trance	6	Augenmuskel-Katalepsie
	7	Katalepsie der Extremitäten
	10	Kataleptische Starre
	11	Anästhesie (behandschuhte Hand)
Mittlere Trance	13	Partielle Amnesie
	15	Posthypnotische Anästhesie
	17	Veränderungen der Persönlichkeit
	18	Einfache posthypnotische Suggestion
	20	Kinästhetische Illusionen; totale Amnesie
Tiefe Trance	21	Fähigkeit, die Augen zu öffnen, ohne daß sich die Trance verändert
	23	Unlogische posthypnotische Suggestionen
	25	Kompletter Somnambulismus
	26	Positive posthypnotische optische Halluzinationen
	27	Positive posthypnotische akustische Halluzinationen
	28	Systematisierte posthypnotische Amnesien
	29	Negative akustische Halluzinationen
	30	Negative optische Halluzinationen, Hyperästhesie

den. Sie wurde mit Suggestionen behandelt. Die Verbalsuggestion enthielt die Formulierung »den Harn anhalten«. Nach der dritten Sitzung hatte sich die Inkontinenz in Harnverhaltung verwandelt, die nach präziser formulierten Verbalsuggestionen verschwand.

Es ist schwer, hier die genaue Rolle der Formulierung zu bestimmen. Möglicherweise trat die Harnverhaltung im Lauf der psychodynamischen Entwicklung der psychotherapeutischen Beziehung an die Stelle der Inkontinenz, da beide derselben Zone und demselben Regressionsniveau angehören. Wie dem auch sei, wir haben den Eindruck, daß der Formulierung eine gewisse Bedeutung zukommt.

15
Vertiefung der Trance

Mittels der im vorigen Kapitel beschriebenen Verfahren wurde der Patient dazu gebracht, die Augen zu schließen und eine reglose Haltung einzunehmen. Ist er nun hypnotisiert? Man kann es, da charakteristische Zeichen fehlen, nicht behaupten. Einzig ein erfahrener Arzt vermag in gewissen Fällen den Zustand zu ahnen, in welchem sich der Patient befindet; doch sogar er dürfte sich häufig täuschen.

Man hat deshalb versucht, beim Patienten die Hypnosemerkmale zu bestimmen, die eine Messung der Trancetiefe ermöglichen. Die Reihenfolge ihres Auftretens ist zu beachten, sie entspricht einer Skala in der Art jener von DAVIS und HUSBAND (jede Skala kann hier nur von sehr relativem Wert sein). Diese fortschreitende Methode dient auch gleichzeitig zur allmählichen Vertiefung der Trance. Fügen wir jedoch hinzu, daß diese von vornherein sehr tief sein und sich übrigens auch von selbst und ohne irgendeine Intervention, einfach durch ihre Dauer vertiefen kann.

Es ist schwer zu sagen, in welchem Augenblick der Arzt kontrollieren soll, ob ein Phänomen, das er durch eine Reihe von Suggestionen hervorzurufen trachtete, aufgetreten ist. Man muß tunlichst vermeiden, diese Kontrolle vorzunehmen, wenn man sich nicht sicher ist, daß sie positiv ausfällt. Hierbei handelt jeder Arzt nach seinem Temperament und überläßt sich seinem »Spürsinn«.

Das erste Phänomen, das man hervorzurufen versucht, ist die *Schwere der Arme*. Man wendet dem Patienten gegenüber eine Suggestion an, die folgende Form haben kann:

»Nun konzentrieren Sie sich auf Ihre Arme. Sie werden sehr schwer, sehr, sehr schwer, wie Blei. Die Schwere beginnt in den Schultern, steigt in den Oberarm hinab, den Unterarm, die Hand, die Finger, in jeden Finger, in den Daumen, den Zeigefinger, den Mittelfinger, den Ringfinger, den kleinen Finger. Ihr ganzer Arm wird schwer, als trage er ein Gewicht von 100 Kilo. Ich werde bis fünf zählen, und Ihr Arm wird immer schwerer werden. Eins schwer. Zwei, sehr schwer. Drei, noch schwerer, schwer wie Blei. Vier, noch schwerer, viel schwerer. Fünf, sehr, sehr, sehr schwer. Sie können Ihren Arm nicht mehr rühren, so schwer ist er.«

Spürt man, daß die Suggestion der Schwere verwirklicht wurde, ist der Augenblick zur Durchführung der Kontrolle gekommen. Man fährt mit den Suggestionen fort:

»Ihr Arm ist sehr schwer, sehr schwer. Sie spüren, daß es immer schwieriger ist, Ihren Arm zu bewegen. Je mehr Sie es versuchen, desto schwerer fällt es Ihnen. Ihr Arm ist sehr schwer, Sie können ihn nicht bewegen. Sie versuchen es, aber Sie können es nicht.«

Man kann auch zum Patienten sagen:

»Ich werde bis fünf zählen. Ihr Arm wird sehr, sehr schwer. Wenn ich bei der Zahl fünf angelangt bin, versuchen Sie, Ihren Arm zu heben, aber Sie können es nicht. Je mehr Anstrengungen Sie machen, desto größere Mühe werden Sie haben, ihn zu heben.«

Hebt der Patient danach den Arm, ist das ein Zeichen dafür, daß er sich nicht im Zustand der Hypnose befindet. Man sagt ihm nun, sein Fall sei nicht einmalig, viele Menschen würden diesen Test beim erstenmal nicht bestehen. Man läßt ihn bestätigen – was er im allgemeinen tut –, daß er ein bestimmtes Maß an Schwere gespürt hat, und erklärt, daß er beim zweiten Versuch Erfolg haben könnte. Waren die Suggestionen jedoch erfolgreich, kann der Patient den Arm absolut nicht bewegen. Jeder Kontraktion der Beugemuskeln steht eine gleich große oder größere gewaltsame Kontraktion der Streckmuskeln gegenüber. Der Arm wird steif und kann diese Gegenwirkung durch ein leichtes Zittern ausdrücken. Diese Spannung kann eine Ermutigung für den Arzt bedeuten, der den Fluß der Suggestionen aufrechterhalten muß. Tritt die Spannung nicht auf, ist der Grund dafür manchmal, daß der Patient nicht sein möglichstes versucht, den Arm zu heben, und zwar aus Entgegenkommen gegenüber dem Hypnotiseur.

Wird ein Patient ängstlich bei der Feststellung, daß er den Arm nicht mehr heben kann, sagt man ihm, es handle sich dabei um einen obligatorischen Faktor der Hypnose, und man hätte seinen Arm genausogut ungewöhnlich leicht machen können.

Andere Autoren ziehen dem *Schweretest* ein leicht unterschiedliches Verfahren vor. Nachdem sie die Schwere in der oben beschriebenen Form suggeriert haben, fordern sie den Patienten nicht auf, zu versuchen, den Arm zu heben. Sie erklären ihm vielmehr, daß sie selbst ihm den Arm heben würden und daß er dann das Zurückfallen des Armes wegen der Schwere nicht verhindern könne. Der Arzt hebt nun den Arm des Patienten, und dieser fällt im allgemeinen von selbst zurück. Kann der Patient den Arm halten, fährt man mit den Suggestionen fort; nur selten stellt sich der Erfolg nicht mit der Zeit ein. Kann der Patient den Arm aber weiterhin bewegen, ist er nicht hypnotisiert; man richtet dann etwa die obenerwähnten Worte an ihn.

Einige Autoren gehen vom *Armschweretest* unmittelbar zum *Lidstarretest* über. Andere schieben den *Armsteifetest* dazwischen, bei dem Kontrollsuggestionen über die Unmöglichkeit, den Arm abzuwinkeln, gegeben werden. Man geht folgendermaßen vor: Der Arzt streckt den Arm des Patienten horizontal aus und streicht leicht darüber, wobei er sagt:

»Ihr Arm ist schwer und wird steif, steif wie eine Latte. Während ich darüberstreiche, wird er immer steifer. Die Muskeln versteifen sich immer mehr. Sie können den Arm nicht heben, er ist sehr schwer und sehr steif. Sie können ihn nicht heben. Versuchen Sie ihn zu heben, Sie können es nicht. Er ist schwer wie Blei und steif wie eine Latte. Er wird immer steifer, Sie können ihn nicht beugen. Je mehr Sie ihn zu beugen versuchen, desto steifer wird er«, usw.

Nach dem *Armschweretest,* auf den der *Armsteifetest* folgen kann oder auch nicht, läßt man den Patienten einige Minuten ruhen. Man verabfolgt ihm ein paar Entspannungs- oder Schlafsuggestionen, so daß er einige Augenblicke schläft, bevor man zum nächsten Test übergeht.

Es handelt sich um die *Katalepsie der Augenlider.* Wichtig ist bei diesem Test, wie bei allen anderen, daß man den richtigen Moment zur Vornahme der Kontrolle wählt. Die Suggestionen für den *Lidstarretest* laufen etwa folgendermaßen:

»Sie sind ganz ruhig, Sie sind ganz entspannt. Alle Ihre Muskeln sind entspannt. Die Muskeln Ihres Kopfes, Ihres Nackens, Ihrer

Schultern, Ihrer Arme, Ihrer Beine, Ihres ganzen Körpers sind entspannt. Ihre Atmung ist tief, langsam und regelmäßig. Sie sind sehr, sehr schläfrig.

Ihnen ist angenehm warm, Sie fühlen sich wohl. Sie machen sich klar, daß Sie nichts hören als meine Stimme. Sie fühlen, daß Ihre Lider sehr, sehr schwer werden, wie Blei. Ihre Lider sind verklebt, und wenn Sie sie zu öffnen versuchen, bleiben sie geschlossen, bis ich den Befehl zum Öffnen gebe. Sie sind geschlossen, verklebt, und je mehr Sie versuchen, sie zu öffnen, desto fester bleiben sie geschlossen und verklebt. Versuchen Sie es, aber Sie werden sehen, daß Sie es nicht können.«

Im allgemeinen ist der Patient nach diesen Suggestionen unfähig, die Augen zu öffnen. Wenn er sie aber öffnet, sagt man ihm, daß er einen gewissen Widerstand geleistet hat und als Folge davon die Schlafsuggestionen nicht gewirkt haben. Man rät ihm, sich auf den Schlaf zu konzentrieren, sich nicht zu bemühen, die Augen offenzuhalten, und sie auch nicht freiwillig zu schließen. Der Arzt übt nun mit den Fingern einen Druck auf die Lider des Patienten aus und schließt sie. Er sagt zu dem Patienten, daß er bei der nächsten Sitzung in einen tieferen Entspannungszustand geraten werde, der dem Schlaf gleiche.

Die Schlafsuggestionen werden wieder aufgenommen, bevor man zum nächsten Test schreitet. Manche Menschen, die sich beim *Lidstarretest* als refraktär erweisen, können trotzdem in eine sehr gute Trance kommen.

Im allgemeinen folgt nun die Herbeiführung der *Anästhesie*. Man beginnt mit der Suggerierung der *Hyperästhesie*, die leichter zu erreichen ist. Man sagt beispielsweise zum Patienten:

»Sie stellen sich vor, daß Sie in einem sehr großen Zimmer umhergehen, und Sie sehen eine Wanne mit heißem Wasser, von dem Dampf aufsteigt. In dem Moment, wo Sie die Wanne sehen, heben Sie leicht die rechte Hand. Nun sehen Sie sie. Gut. Ihr Arm hebt sich. Lassen Sie ihn wieder fallen. Nun nähern Sie sich der Wanne, Sie wollen wissen, welche Temperatur das Wasser hat. Sie tauchen die rechte Hand in die Wanne, Sie spüren große Hitze. In dem Moment, wo Sie die Hitze spüren, zeigen Sie es mir an, indem Sie die Hand heben. Sie hebt sich, sehr gut. Nun werde ich Ihren rechten Handrücken mit einer Nadelspitze berühren, und Ihre Hand ist so empfindlich geworden, daß Sie sehr heftigen Schmerz empfinden. Ich werde nun Ihre andere Hand berühren, und Sie werden den Unterschied feststellen. Ich berühre Ihren linken Handrücken, und Sie spüren keinerlei Schmerz.« *(Der hypnotisierte Patient wird mit einer Schmerzgrimasse reagieren, wenn man seine rechte Hand berührt; zeigt er an beiden Händen keine Empfindlichkeit, sagt man ihm, es bedürfe eines gewissen Trainings, bevor man den Unterschied spüre, und zweifellos werde ihm das beim nächsten Mal gelingen.)*

Wenn die Hyperästhesie erreicht wurde, geht man zur Hervorrufung der *Anästhesie* über. In der ersten Sitzung wird man keine vollkommene Anästhesie erzielen, doch eine teilweise Anästhesie des Patienten ist zu erreichen. Man bewirkt sie mit Suggestionen der folgenden Art:

»Während Ihre rechte Hand sehr empfindlich geworden ist, hat Ihre linke Hand ihre Sensibilität verloren. Wenn ich sie steche, fühlen Sie keinen wirklichen Schmerz wie in der anderen Hand. Stellen Sie sich vor, daß Sie auf Ihrer Hand einen dicken Lederhandschuh tragen. Wenn Sie sich diesen Handschuh vorstellen, zeigen Sie es mir sofort durch Handheben an. Ihre Hand spürt diesen Handschuh, und wenn ich mit der Nadel zusteche, haben Sie den Eindruck, daß ich nur in den Handschuh steche *(die Hand hebt sich).* Ich werde Sie den Unterschied fühlen lassen, indem ich die eine und dann die andere Hand steche *(der Arzt führt aus, was er angekündigt hat).* Nun wird Ihre linke Hand immer gefühlloser, tauber. Die Gefühllosigkeit hat die ganze Hand erfaßt, die Finger und den Ballen. Sie haben den Eindruck, daß Ihre Hand aus Holz ist. Sie spüren keinen Schmerz mehr. Fühlen Sie die Taubheit?«

(Antwortet der Patient, daß er noch Schmerz fühle, sagt man ihm, dieser Schmerz sei viel schwächer als jener in der anderen Hand. Man fügt hinzu, daß in der nächsten Sitzung seine linke Hand noch viel gefühlloser sein werde.)

Das hypnotische Merkmal, das bei der Beurteilung der Trancetiefe als nächstes folgt, ist die *Amnesie* (sie geht oft mit einer tiefen Trance einher, es kommt jedoch auch vor, daß tiefe Trance ohne Amnesie eintritt). Von den hypnotischen Phänomenen, die wir bisher behandelten, unterscheidet sich die Amnesie dadurch, daß sie erst nach dem Erwachen des Patienten feststellbar ist.

Rufen wir uns ins Gedächtnis, daß die hypnotische Amnesie nicht tief ist und durch Interventionen des Therapeuten aufgehoben werden kann. Dieses Charakteristikum wurde besonders von BERNHEIM bewiesen. Er führte, wie man sich erinnern wird, FREUD eine hypnotisierte Kranke vor, bei der es ihm durch Beharrlichkeit gelungen war, die Erinnerung an die Vorgänge während der Sitzung zu wecken. Dadurch wurde FREUD dazu gebracht, ein Verfahren zu ersinnen, um ohne Hypnose »die vergessenen Tatsachen und Zusammenhänge ins Bewußtsein zu heben«.

Die Amnesie kann spontan auftreten oder durch posthypnotische Suggestionen hervorgerufen werden. Man beginnt mit einer Bestandsaufnahme dessen, was der Patient in der Trance vermutlich vergessen hat. Erinnert sich der Patient an alles und erscheint die Amnesie für die psychotherapeutische Arbeit wünschenswert, unterzieht man ihn einem bestimmten Training, mit dem Ziel, ihn gewisse Aspekte der Trance oder die gesamte Trance vergessen zu machen. WOLBERG schlägt folgendes Verfahren vor: Unmittelbar vor dem Ende der folgenden Sitzung trägt man dem Patienten auf, sich vorzustellen, er sei bei sich zu Hause eingeschlafen und habe einen Traum. Kurz danach werden sich seine Augen öffnen, und er wird plötzlich erwachen. Er hat in diesem Augenblick den Eindruck, aus tiefem Schlaf zu erwachen. Er wird sich deutlich an seinen Traum erinnern, bewahrt an die anderen Ereignisse der Trance jedoch nur eine wirre Erinnerung. Einige kann er sogar völlig vergessen haben.

Wurde beim Patienten während dieser Sitzung eine partielle Amnesie erzielt, sagt man ihm im Lauf der nächsten Sitzung, das Vergessen sei ein normales Phänomen und könne in der Therapie nützlich sein. Man fügt hinzu, das Vergessen sei ganz leicht zu erreichen, indem man die Aufmerksamkeit von gewissen Dingen ablenke, und führt als Beispiel an, das letztemal habe der Patient bestimmte Ereignisse der Trance vergessen. Man kündigt ihm an, heute werde er vermutlich eine große Zahl, wenn nicht alle Ereignisse der Sitzung vergessen.

Anschließend suggeriert man ihm, vor dem Erwachen einen Traum zu haben und dann, sobald er zu träumen begonnen habe, plötzlich aufgewacht zu sein, als habe er sich in tiefem Schlaf befunden. Man sagt ihm, daß er sich an seinen Traum erinnern, aber die meisten wenn nicht alle anderen Vorkommnisse vergessen werde.

BRENMAN und GILL empfehlen ein anderes Verfahren, um den Patienten während der Trance im Vergessen zu trainieren. Man trägt ihm auf, sich eine Tafel vorzustellen, auf die er drei vom Hypnotiseur suggerierte Wörter schreibe. Er erhält anschließend Befehl, diese Worte aus seinem Gedächtnis zu streichen. Die Worte entfallen ihm, und später, wenn man ihn danach fragt, wird er sehen, daß er lange suchen muß und manchmal sogar unfähig ist, sie zu nennen. Der Hypnotiseur nimmt nun die Suggestionen der Entspannung und Schläfrigkeit wieder auf, dann kommt er auf die Worte zurück. Hier, wie bei den vorhergehenden Tests, ist es wichtig, den Patienten zu dem Eingeständnis zu bekommen, daß die Suggestionen im vorliegenden Fall eine gewisse Wirkung hatten und es ihm gewisse Mühe bereitete, die Worte wiederzufinden. Man wird sich darauf stützen und ihm sagen, diese Schwierigkeit werde immer ausgeprägter und schließlich könne er sich überhaupt nicht mehr an die Worte erinnern. Ist dies geschehen, sagt man zu dem Patienten, man baue darauf, daß er sich, wenn man eine gewisse Zahl nenne, an die Worte erinnere; und dies wird auch geschehen.

Die zur Hypnose gehörige Erscheinung, die man im allgemeinen im Anschluß an die Amnesie zu erreichen trachtet, ist die *posthypnotische Suggestion*. Auch hier kann der Erfolg natürlich erst nach Beendigung der Trance kontrolliert werden. Die beiden am einfachsten zu verwirklichenden posthypnotischen Suggestionen sind der posthypnotische Traum und das posthypnotische Zucken der Augenlider. Um ersteres zu erreichen, suggeriert man dem Patienten, er werde in der folgenden Nacht einen Traum haben, an den er sich erinnere und den er dem Arzt bei der nächsten Sitzung erzählen müsse.

Zur Hervorrufung des posthypnotischen Zuckens der Augenlider kündigt man dem Patienten an, daß man ihn wecken werde, indem man langsam von eins bis fünf zähle. Bei fünf werde er die Augen öffnen und den Arzt ansehen. Er werde bemerken, daß seine Augenlider zucken, und es trotz aller Anstrengung nicht unterbinden können. Man kündigt dem Patienten an, daß man ihn anschließend auffordern werde, die Augen zu schließen und daß man von eins bis drei zählen werde. Bei drei werde er die Augen öffnen und gewahren, daß die Lider nun nicht mehr zucken.

Man kann eine große Zahl anderer posthypnotischer Suggestionen anwenden, wobei natürlich zu vermeiden ist, daß sie unlogisch sind.

In diesem Stadium kann man den Patienten trainieren, *zu sprechen, ohne zu erwachen*. Eine gewisse Vorbereitung ist nötig, damit der zum Sprechen aufgeforderte Patient nicht plötzlich aus der Trance erwacht. Man sagt beispielsweise zu ihm:

»Sie sind ganz entspannt, völlig ruhig, Sie schlafen. Obwohl Sie schlafen, können Sie mit mir sprechen, Sie können auf meine Fragen antworten, ohne zu erwachen. Sie sprechen, wie ein Mensch im Schlaf spricht.«

Die ersten Fragen, die man ihm stellt, sind einfach und verursachen keine Angst. Man fragt ihn nach seinem Namen, seinem Beruf usw. Später kann man ihn in der Technik der freien Assoziation trainieren und ihn dazu bringen, den ersten Gedanken zu äußern, der ihm in den Sinn kommt.

Das nächste hypnotische Phänomen ist jenes der *positiven sensorischen Halluzinationen*. Derartige Halluzinationen können in sehr verschiedenen Formen hervorgerufen werden und stellen ausgezeichnetes Material für die Hypnotiseure der Varietétheater dar: Diese suggerieren ihren Versuchspersonen, es sei ihnen schrecklich heiß, sie würden von Mücken gestochen usw. Der Arzt kann mit Hilfe folgender Suggestionen positive sensorische Halluzinationen hervorrufen:

»Sie stellen sich vor, daß wir, Sie und ich, aus diesem Zimmer gehen. Wir befinden uns am Marktplatz einer südlichen Kleinstadt. Das Wetter ist sehr schön, die Sonne scheint. Ich möchte, daß Sie sich die Szene gut vorstellen und daß Sie die Hand heben, wenn Sie das sehen, was ich Ihnen beschreibe. Wir befinden uns vor einer Kirche, es ist sehr schönes Wetter, Sie betrachten die Kriche. Sehen Sie sie? *(Der Patient hebt die Hand).* Sie betrachten die Kirche genau. Sie sehen den Glockenturm. Wenn Sie ihn sehen, heben Sie die Hand. Nun beginnt die Glocke zu läuten. Hören Sie sie? Wenn Sie sie hören, zeigen Sie es mir durch Heben der Hand an.«

Man kann auch *negative Halluzinationen* hervorrufen. Charakteristisch für sie ist der durch die hypnotische Suggestion bewirkte Verlust des Gefühls für die Realität eines Sinneseindrucks, beispielsweise der Fähigkeit, die Anwesenheit einer Person im Raum zu erkennen. Die negativen Halluzinationen sind ein Anzeichen für eine bereits tiefe Trance, in welcher der Patient die Augen offenhalten kann.

Die *Fähigkeit, die Augen offenzuhalten,* sich zu erheben, umherzugehen, entspricht dem Zustand des kompletten Somnambulismus. Der Patient kann in diesem Zustand das Aussehen eines Somnambulen haben, ist jedoch in manchen Fällen nicht von einem normalen Menschen zu unterscheiden. Um in diesen Zustand zu gelangen, bedarf der Patient einer gewissen Vorbereitung. Man kann ihm sagen:

»Sie sind entspannt, Sie schlafen, schlafen tief. Sie können die Augen öffnen, ohne zu erwachen. Anfangs erscheint Ihnen alles verschwommen, dann kommen Ihnen die Dinge klarer vor. Sie schlafen weiter, und während Sie schlafen, können Sie sich erheben und umhergehen wie jemand, der schlafwandelt. Nun öffnen Sie die Augen ganz langsam. Sie sehen die Dinge verschwommen. Die Dinge erscheinen Ihnen immer klarer, alles erscheint Ihnen nun ganz klar.«

Man kann dem Patienten auch sagen, er werde alles sehen, auf das man ihn hinweise. Auf diese Art wird er nicht nur fähig sein, die vorhandenen Dinge klar zu sehen, sondern dank der verschwommenen Andeutungen der Suggestion kann man auch erreichen, daß er irgendeinen imaginären Gegenstand sieht. Dergestalt kann man bei einem Patienten, der die Augen offenhält, Halluzinationen hervorrufen.

WOLBERG beschreibt eine Trainingstechnik für derartige Halluzinationen: Er suggeriert dem Patienten, der die Augen noch geschlossen hat, daß er den Hypnotiseur sehe, welcher ihm eine Flasche Wasser vor die Augen halte. Der Patient werde sehen, wie das Wasser die Farbe verändert, wie es sich rosarot und dann allmählich rot färbe. In diesem Augenblick müsse er die linke Hand leicht heben. Man bedeutet dem Patienten nun, daß die Trance anhalten werde, nachdem er die Augen öffne, und daß er nach dem Öffnen der Augen dieselben Eindrücke haben werde. Man hält dem Patienten eine wirkliche Flasche mit Wasser unter die Augen, und der Patient wird infolge der Halluzination die Farbänderung sehen. Sobald er anzeigt, daß er die Veränderung der Farbe ablaufen sieht, wendet man eine weitere einfache Suggestion an, beispielsweise daß er auf dem vor ihm stehenden Tisch eine brennende Kerze sehe.

Alle hypnotischen Phänomene, die wir eben beschrieben haben, bis zum Stadium des Somnambulismus, können im Laufe einer einzigen Sitzung hervorgerufen werden, wenn man es mit hervorragenden Medien (5 bis 10 Prozent der normalen Bevölkerung) zu tun hat. Andere Medien benötigen mehrere Sitzungen. Verfolgt man therapeutische Zwecke, ist es übrigens nicht unbedingt erforderlich, die Trance so weit zu vertiefen. Man kann sich darauf konzentrieren, die Unfähigkeit zum Heben des Armes, zum Öffnen der Augen und einen bestimmten Grad an Amnesie hervorzurufen.

Für gewisse Kranke, wie Zwangsneurotiker, die sehr schwer zu hypnotisieren sind, empfiehlt WOLBERG, man solle in der ersten Sitzung eine so tiefe Trance wie möglich herbeiführen, selbst wenn die Sitzung zwei Stunden dauerte. Tatsächlich werden diese Kranken von dem Geschehen oft sehr überrascht; sie haben keine Zeit, ihre Abwehr in der ersten Sitzung zu mobilisieren, und vermögen der Einleitung der Hypnose nicht zu widerstehen.

Was die Vertiefung der Trance anbelangt, so möchten wir noch die Methode von VOGT erwähnen, die sogenannte *fraktionierte Hypnose:* Im Laufe einer einzigen Sitzung wird der Patient mehrere Male geweckt und wieder hypnotisiert.

16
Das Wecken

Bevor man den Patienten weckt, wendet man eine posthypnotische Suggestion des Inhalts an, daß man zu Beginn der nächsten Sitzung bis zu einer bestimmten Zahl zählen werde (von 1 bis 5 oder 10), worauf er in eine Trance sinken werde, die derjenigen gleiche, in welcher er sich augenblicklich befindet, oder die sogar noch tiefer sei. Statt der Zahlen kann man eine Menge anderer Zeichen wählen, um die Bedingungen für den Eintritt des Patienten in die Trance zu schaffen: ein Wort, einen Satz, einen akustischen Reiz wie das Klingen einer Glocke oder einen optischen wie das Blinken eines Lichts.

Das Wecken muß schrittweise erfolgen. Ihm voraus gehen Suggestionen des Wohlbefindens und der Ruhe. Man kann folgendermaßen vorgehen:

»Nun werde ich Sie wecken. Nach und nach weicht Ihr Trancezustand, ich werde von 5 bis 1 zählen (in umgekehrter Reihenfolge wie zuvor). Wenn Sie wach sind, fühlen Sie sich wohl, ausgeruht und haben keinerlei unangenehme Empfindung. Sie fühlen sich, als hätten Sie geschlafen.« (Man wiederholt diese Suggestionen und zählt: »Fünf, vier . . .« usw.)

Einige Patienten haben beim Erwachen ein Gefühl der Schwere in den Gliedern, leiden unter Übelkeit usw. Es kommt vor, daß man einen Patienten noch einmal hypnotisieren und Suggestionen anwenden muß, die diese Symptome zum Verschwinden bringen. Gelegentlich, allerdings sehr selten, stößt man auf Kranke, die nicht aufwachen wollen, die entweder in Trance bleiben oder in tiefen physiologischen Schlaf sinken. Die Motivation kann unterschiedlich sein: Die ersteren fühlen in der Trance eine derartige Befriedigung, daß sie daran festhalten wollen; die anderen fliehen durch die Auslösung eines Fluchtmechanismus vor der Trance in den Schlaf. Wenn die Kranken den (nachdrücklichen, aber nie drohenden) Befehlen nicht gehorchen, überläßt man sie sich selbst. Sie wachen nach ein paar Stunden durch die Wirkung eines physiologischen Bedürfnisses auf.

17

Das Erlebnis der Trance

Wenn der Patient erwacht ist, führt man mit ihm zweckmäßigerweise ein Gespräch über die Art, in der er die Trance erlebt hat. Dieses Gespräch wird auch Aufschluß über die Tiefe der Trance geben. Man läßt den Patienten spontan sprechen oder stellt ihm Fragen. Oft wird der Patient sagen, er habe nicht geschlafen[70]. (Man steht dann offenbar vor einem Fall, in dem keine vollständige Amnesie eintrat.) Man wird ihm nun erklären, daß der hypnotische Schlaf nicht identisch sei mit dem nächtlichen Schlaf, wie man ihm übrigens schon gesagt habe, und daß man im hypnotischen Schlaf alles höre, was der Hypnotiseur sagt. In Zuständen tiefer Trance, so fügt man hinzu, könnte der Hypnotisierte vergessen, was im Lauf der Trance gesagt wurde. Nicht unterlassen darf man den Hinweis, daß die therapeutischen Erfolge in keinerlei Verhältnis zur Trancetiefe stehen.

Häufig wird der Patient auch sagen, er habe nicht alle Suggestionen befolgen können. Darauf erklärt man ihm, beim nächsten Mal werde ihm das besser gelingen. Manche Kranke erklären, sie hätten einige der suggerierten Phänomene wahrgenommen, hätten aber nie die Kontrolle über sich selbst verloren und hätten den Suggestionen widerstehen können, wenn ihnen daran gelegen gewesen wäre. Man antwortet ihnen, daß man beim Hypnotisieren nie die Absicht gehabt habe, ihnen die Kontrolle über sich selbst zu nehmen. Man versuche im Gegenteil, ihre Selbstbeherrschung zu steigern, und sie würden ihre Selbstbeherrschung genau dadurch unter

---

[70] LASSNER machte darauf aufmerksam, daß man bei der Lektüre der Literatur des 19. Jahrhunderts über Hypnose den Eindruck bekomme, die Versuchspersonen hätten damals viel mehr »geschlafen« als in unserer Zeit. Er meint, möglicherweise habe sich der Charakter der Hypnose verändert, ein wenig in der Art, in welcher dies bei der Hysterie geschah. Das könnte sein, wenn man bedenkt, daß die damaligen Autoren großes Gewicht auf den »Schlafaspekt« der Hypnose legten. Es ist jedoch ratsam, diese Autoren mit Vorsicht zu behandeln. Sie neigten vielleicht dazu, in ihren Schilderungen diesem Aspekt eine Vorrangstellung einzuräumen.

Beweis stellen, daß sie freiwillig mit dem Hypnotiseur zusammenarbeiten.

Anschließend wird man den Patienten auffordern (vor allem, wenn er gebildet und fähig zur Analyse ist)[71], eine detaillierte Beschreibung dessen zu geben, was er in der Trance erlebt hat. Auf diese Weise kann man sich ein Bild von der ihm eigenen, individuellen Erfahrungsart machen, in welcher er das Erlebnis aufnahm. Er wird bestimmte Ausdrücke gebrauchen, wie: »Ich ging unter, ich sank, ich schwebte«, usw., die man in den folgenden Sitzungen aufgreifen kann.

---

[71] Man kennt die Selbstbeobachtungen des berühmten schweizerischen Psychiaters EUGEN BLEULER, *Der hypnotisierte Hypnotiseur*. Nachdem er selbst hypnotisiert worden war, beschrieb er die Erlebnisse in seiner eigenen Hypnose.

18

Die medikamentöse Hypnose

Die Verabreichung von Medikamenten zur problemloseren Einleitung der Hypnose geht auf das Ende des 19. Jahrhunderts zurück. CHAMBARD verwendete 1881 Äther oder Chloroform in schwachen Dosen. HALLAUER, ein Berliner Geburtshelfer, beschrieb 1922 ein Verfahren der Narkohypnose, das in der Verabreichung einiger Tropfen Chloroform zu Beginn der Einleitung bestand. Zur Anwendung dieses Verfahrens gelangte er aufgrund seines inneren Widerstandes gegen die Hypnotisierung von Einzelpersonen, die er als unzeitgemäßen Eingriff ansah.

1928, als in Frankreich die eigentliche Hypnose bereits seit dreißig Jahren in Mißkredit war, schilderte BROTTEAUX das Verfahren der Hypnose-Einleitung unter der Wirkung einer Mischung aus Skopolamin und Chloralose, genannt Skopochloralose.

Zu einer Zeit, da die Hypnose Gegenstand eines gesellschaftlichen Tabus geworden war, konnte sie immerhin im Verein mit einem chemischen (nicht psychologisch wirkenden) Medikament wenigstens teilweise wieder eingeführt werden. BROTTEAUX ging auf zweierlei Arten vor. Bei dem einen Verfahren verabreichte er das Medikament, und wenn der Patient zu schlafen begann (eine bis zwei Stunden später), wandte er direkte therapeutische und andere Suggestionen an. Bei dem zweiten Verfahren wartete er nach Verabreichung des Medikaments, bis der Patient schläfrig wurde, und schritt dann zur richtigen Einleitung der Hypnose.

Nach der Sitzung ließ er den Patienten mehrere Stunden schlafen. BROTTEAUX unterstrich, die therapeutischen Resultate seien den Suggestionen und nicht allein dem Medikament zuzuschreiben.

Der Autor erklärte: »Achtzig Prozent der Wirkung des Narkotikums werden esrt durch die bewußte oder unbewußte Suggestion in dem Verfahren entwickelt. Skopochloralose versetzt in einen Zustand der Suggestibilität, das ist klar, aber jede nachfolgende Einwirkung auf die Psyche geht auf den Einfluß des Arztes zurück.«

BARUK und seine Schüler, die gleich BROTTEAUX Skopochloralose anwandten, glaubten ganz im Gegenteil – wie wir gesehen haben (S. 29) – an die chemische Wirkung des Medikaments selbst und verwendeten es, um die »pithiatischen« (d. h. hysterischen) Symptome zum Verschwinden zu bringen.

BROTTEAUX war der Meinung, ihm sei die Einleitung der Hypnose in Fällen gelungen, wo andere Methoden versagt hatten. Doch handelt es sich um eine Hypnose oder um eine Narkose? Diese Frage stellt sich auch bei der Barbitur-Subnarkose, die bei der sogenannten Narkoanalyse angewandt wird. Die Frage ist noch immer umstritten. HORSLEY konnte während der Subnarkose mit einer Natron-Pentothal-Verbindung hypnotische Phänomene (Katalepsie, Halluzinationen usw.) erreichen. Auch wenn sich die Zustände der Hypnose und der Narkose teilweise überschneiden, so sind sie doch insgesamt, wie allgemein zugegeben wird, sehr verschieden. Auf der psychotherapeutischen, zwischenmenschlichen Ebene besteht unserer Ansicht nach ein beträchtlicher Unterschied zwischen der Narkoanalyse, bei welcher der Arzt eine »bewaffnete« Intervention ausführt, und der Hypnotherapie, bei welcher er eine Rolle spielt, die dem Patienten größere Genugtuung gewährt. Zudem erfolgt in der Narkose der Regressionsvorgang auf eine gewaltsame, brutale Weise, wogegen er sich in der Hypnose allmählich vollzieht und es dabei den Abwehrmechanismen des Patienten ermöglicht, zur Wirkung zu kommen (sei es durch Anpassung oder durch Widerstand).

Was die Anwendung von Barbituraten betrifft, so empfehlen einige Autoren die Injektion einer schwachen Dosis Pentothal und wenden anschließend, in der Einschlafphase, eine Einleitungstechnik an. Andere verabreichen stärkere Dosen und schreiten in der Phase des Erwachens zur Einleitung. So gelang die Hypnotisierung von Patienten, die Widerstand leisteten; sie konnten dann bei der nächsten Sitzung ohne Verabreichung eines Medikaments in Trance versetzt werden (60 Prozent bei Experimenten von HORSLEY).

Andere Ärzte leiteten die Hypnose nicht während der Narkose ein. Sie beschränkten sich darauf, »postnarkotische«

Suggestionen anzuwenden, um die Hypnotisierung in der nächsten Sitzung zu erleichtern.

Man kann – ohne bis zur Subnarkose zu gelangen – bei Patienten, die Widerstand gegen die Einleitung leisten, eine Stunde vor der Sitzung eine schwache Dosis eines Barbitursäurepräparats (z. B. 30 mg Nembutal) geben. Dies führt zu einer leichten Schläfrigkeit, welche – übrigens nur in seltenen Fällen – die Einleitung der Hypnose erleichtern kann. Allein schon die Einnahme des Medikaments spielt hier eine suggestive Rolle. Wir hatten immer wieder einfacher strukturierte Patienten, bei denen die Einleitung durch Verabreichung eines Placebos erleichtert wurde: Bei den folgenden Sitzungen schliefen sie durch die Wirkung des Placebos ein, ohne daß überhaupt Verbalsuggestionen notwendig waren (Fall 8).

19
Spezialtechniken

Die therapeutischen Anwendungen erfolgen in der Art und Weise, wie wir es im ersten Teil des vorliegenden Bandes untersucht haben. Sie machen die Herbeiführung einer mehr oder weniger tiefen Trance notwendig. Will man eine hypnoanalytische Technik anwenden oder weiterführende Experimente vornehmen, ist das Erlernen von Spezialtechniken erforderlich.

Bei zweien davon, bei der Technik der freien Assoziation und der Induktion von Trugbildern oder Träumen, genügt eine leichte oder mittlere Trance.

Die anderen setzen eine tiefe Trance voraus, möglichst sogar den Zustand des Somnambulismus. Wir werden im folgenden die verschiedenen Spezialtechniken jeweils kurz behandeln:

Die freie Assoziation: Man trägt dem Patienten auf, jeden Gedanken, jedes Gefühl, das ihm durch den Kopf geht, auszudrücken, auch wenn sie lächerlich oder uninteressant scheinen. Dem Patienten wird dies nicht sofort, sondern erst nach einem kurzen Training gelingen.

Die Induktion von Trugbildern oder Träumen: Man kann dem Patienten suggerieren, daß er sich im Theater befinde. Der Vorhang ist zu. Er möchte gern wissen, was dahinter geschieht. Er stellt sich vor, daß auf der Bühne, vor dem geschlossenen Vorhang, ein Mann steht, dessen Gesicht größte Angst widerspiegelt. Dieser Mann sieht durch den Vorhang eine wahrscheinlich schreckliche Szene. Der Patient überlegt, warum der Mann so entsetzt und von Angst erfüllt ist. Einen Augenblick später geht der Vorhang plötzlich auf, und der Patient sieht die Szene, die den Mann in Angst und Schrecken versetzte. Er muß nun die Szene beschreiben.

Danach suggeriert man dem Patienten erneut, er sei im Theater; doch dieses Mal muß er ein sehr lustiges Schauspiel beobachten und davon erzählen. Diese Phantasien können Aufschluß über die Konflikte des Kranken geben. Später kann man ihn auffordern, einen Traum im Zusammenhang mit einem gegebenen Thema zu haben, das seine Ängste oder Konfliktprobleme berührt. Dieser Traum kann während der Sitzung oder in der darauffolgenden Nacht stattfinden.

»Geisterhandschrift«: Man beginnt damit, dem Patienten während der Trance zu sagen, daß er in der Lage sei zu schreiben, ohne genau zu wissen, was seine Hand tue. Nun suggeriert man ihm, daß man ihm einen Bleistift in die Hand gebe und daß er den Stift auf ein Blatt Papier setze. Dann, daß sich seine Hand bewegen und auf das Blatt schreiben werde, wie von einer äußeren Kraft getrieben.

Da das vom Patienten Geschriebene lückenhaft und »chiffriert« ist, muß man ihn dazu bringen, daß er es deutet. Man wird ihm suggerieren, er könne die Augen öffnen, ohne zu erwachen, und er vermöge den Sinn dessen zu erklären, was seine Hand geschrieben habe. Man verabfolgt ihm des weiteren posthypnotische Suggestionen, um ihm zu ermöglichen, auch im Wachzustand automatisch zu schreiben. Was er in diesem Zustand geschrieben hat, muß natürlich Gegenstand einer Interpretation durch ihn unter Hypnose werden.

Zeichnungen unter Hypnose: Man sagt zu dem Patienten im Verlauf einer Trance, daß er die Augen öffnen und Zeichnungen aller Art über beliebige Themen anfertigen könne. Man fordert ihn auf, die Bedeutung seiner Zeichnungen zu erläutern und darüber frei zu assoziieren.

Die Spieltherapie: Man gibt dem Patienten, der die Augen offenhält, eine größere Anzahl von Spielsachen und fordert ihn auf, sie ganz nach Lust und Laune anzuordnen. Manchmal läßt man ihn gleichzeitig Geschichten erzählen. Diese Technik kann mit der Regression (siehe unten) kombiniert werden.

Vorstellung von Bildern: Man fordert den Patienten auf, die Augen zu öffnen, ohne zu erwachen; dann hält man ihm eine Kristallkugel, ein Glas Wasser oder auch einen Spiegel vor. Man suggeriert ihm, daß er, wenn er den betreffenden Gegenstand fixiere, eine Szene wie im Theater sehen werde. Man läßt ihm völlige Freiheit bei der Wahl der Szene oder fordert ihn auf, diese mit den Problemen in Zusammenhang zu bringen, die ihn beschäftigen. Man kann ihm auf diese Weise vergessene Erinnerungen oder Situationen mit bedeutenden Persönlichkeiten seiner Vergangenheit wieder ins Gedächtnis rufen.

Die Regression: Man versetzt den Patienten in frühere Jahre zurück. Die Realität der Regression bleibt Gegenstand von Kontroversen. Einige Autoren betrachten diese Regression als effektive Regression, doch die meisten meinen, hypnotisierte Erwachsene würden nach der *Vorstellung* handeln, die sie sich vom Verhalten eines Kindes in dem ihnen suggerierten Alter machen. Aus der Regression, die beim Patienten ein »Zurückgehen« in den Erinnerungen bewirkt, entwickelte sich die Technik des Wiederauflebenlassens vergangener Emotionen. Das erklärt die historische Bedeutung der hypnotischen Regression, die JANET zur Entdeckung der Methode führte, welche man später als kathartische Methode bezeichnete. Durch die Anwendung dieser Regressionstechnik bei seiner Patientin MARIE, der er suggerierte, das ihren Störungen zugrundeliegende Schlüsselerlebnis nochmals nachzuerleben, führte JANET eine »kausale« Behandlung durch. JANET war, wie wir bereits aufzeigten, von den Arbeiten BOURRUS und BUROTS ausgegangen.

Die Regressionstechnik wird häufig angewandt. Bei sehr guten Somnambulen genügt die Behauptung, sie seien nicht mehr als so oder so alt, damit sie auf die Suggestion reagieren. Im allgemeinen aber ist es besser, den Patienten schrittweise in diesen Zustand zu versetzen. Hier die Formulierungen, die WOLBERG gebraucht. Befindet sich der Patient in tiefer Trance, so wendet man folgende Suggestionen an:

»Nun konzentrieren Sie sich gut auf das, was ich Ihnen sagen werde. Ich werde Ihnen suggerieren, daß Sie in der Zeit zurückgehen, zurück in die Vergangenheit. Sie werden den Eindruck haben, in jene Zeit zurückgekehrt zu sein, die ich Ihnen suggeriere. Beginnen wir mit gestern. Was haben Sie gestern früh gemacht? Was haben Sie zum Frühstück gegessen? Zum Mittagessen? Nun kehren wir zu dem Tag zurück, an dem Sie zum erstenmal zu mir kamen. Können Sie sich sehen, wie Sie mit mir sprechen? Was empfinden Sie? Beschreiben Sie es. Welche Kleider trugen Sie? Hören Sie nun gut zu. Wir kehren in eine Epoche zurück, in der Sie klein waren. Sie werden kleiner. Ihre Arme und Beine werden kleiner. Ich bin jemand, den Sie kennen und den Sie mögen. Sie sind zwischen zehn und zwölf Jahre alt. Können Sie sich sehen? Beschreiben Sie, was Sie sehen. Nun werden Sie noch kleiner. Sie werden ganz, ganz klein. Ihre Arme und Beine werden kleiner. Ihr Körper wird kleiner. Sie kehren in eine Epoche zurück, in der Sie ganz, ganz klein waren. Nun sind Sie ein kleines Kind. Sie sind bei dem Augenblick angekommen, wo Sie zum erstenmal in die Schule gingen. Können Sie sich sehen? Wer ist Ihr Lehrer? Wie alt sind Sie? Wie heißen Ihre Freunde? Nun sind Sie noch kleiner. Sie sind viel, viel kleiner. Ihre Mutter hält Sie im Arm. Sehen Sie sich mit Ihrer Mutter? Was hat sie an? Was sagt sie?«

ERICKSON beschreibt zwei weitere Techniken. Bei der einen beginnt er damit, den Patienten in eine andere Zeit und einen anderen Raum zu versetzen, dann stellt er ihn in eine bestimmte Periode seines Lebens. Bei der anderen führt er sukzessive Amnesien herbei, um den Patienten aus dem Tag, der Woche, dem Monat und dem Jahr herauszulösen, in dem er sich gegenwärtig befindet, bevor er ihn in eine frühere Zeit zurückführt.

Induktion eines experimentellen Konflikts: Man kündigt dem Patienten an, daß man ihm während seines Schlafs ein Ereignis ins Gedächtnis zurückrufen werde, das er einst erlebte und vergessen hat. Man fügt hinzu, daß er alle Gefühle, die er damals während des Ereignisses hatte, noch einmal erleben werde. Nun suggeriert man eine fiktive Situation, wobei man dem Patienten sagt, nach seinem Erwachen werde diese Situation, ohne daß es ihm bewußt sei, sein Verhalten und seine Reden bestimmen. Die Reaktionen des Patienten auf die suggerierte fiktive Situation können interessante Aufschlüsse über die Natur seiner Konflikte geben und als Anhaltspunkt für die anzuwendende Therapie dienen. Man kann die Technik des induzierten experimentellen Konflikts mit jener der Induktion von hypnotischen Träumen kombinieren.

Die Spezialtechniken sind von experimentellem Interesse. Ihre therapeutische Anwendung war noch nicht Gegenstand einer präzisen Methodologie. 1947 schrieben BRENMAN und GILL darüber: »Ihre Wirksamkeit hängt weitgehend von der erforderlichen subtilen Taktik ab.« Für diese Autoren beruht die Anwendung derartiger Methoden »fast ausschließlich auf der persönlichen Intuition des Therapeuten. Sie lassen sich deshalb nur schwer als hypnotherapeutisches Vorgehen erörtern und bleiben ein mehr oder weniger einmaliges Phänomen, das mit keiner kodifizierten Psychopathologie verbunden ist, wodurch sie sich mehr einer Kunst als einer Wissenschaft nähern. Alles, was hier gesagt wurde, trifft in bestimmtem Maß auch auf alle Methoden der Psychotherapie zu, doch es scheint ein sehr wesentliches Charakteristikum gerade dieser Methoden zu sein.«

1959, nach zwölfjähriger Forschung, erklärten dieselben Autoren: »Unabhängig von ihrer Nützlichkeit bei gewissen Arten von therapeutischen Problemen stellen die aus diesen Spezialtechniken resultierenden Phänomene eine der reichsten Quellen dar, die uns zur Untersuchung der extremen Erscheinungsformen des Regressionsprozesses zur Verfügung stehen.«

20

Die Autohypnose

Patienten, die vom Arzt hypnotisiert wurden, sagen manchmal, daß es ihnen gelinge, zu Hause den hypnotischen Zustand wieder herbeizuführen, indem sie sich in die Situation der Sitzung zurückversetzen (entweder durch Fixierung eines Gegenstandes oder durch die Vorstellung, die Stimme des Hypnotiseurs zu hören). Im allgemeinen münden diese Zustände in Schlaf ein (tagsüber und abends). Einige Kranke behaupten, dieselbe Trancetiefe zu erreichen wie während der Sitzung; die meisten erklären aber, ihre Trance sei weniger tief.

Diese hypnotischen Zustände, die einige Patienten aus eigener Initiative herbeizuführen vermögen, können Gegenstand einer systematischen Untersuchung mit dem Ziel sein, die Wirkung einer symptomatischen Behandlung zu konsolidieren und zu verlängern. Man wird also die Patienten in der sogenannten Auto- oder Selbsthypnose trainieren.

Bei der einfachsten Form rät man dem Patienten, der während der Sitzung hypnotisiert worden war, sich daheim ein- oder zweimal täglich in dieselbe Situation zu versetzen; dies gelingt einigen Patienten, aber die Trance ist fast immer oberflächlicher als während der Sitzung.

Ein gründlicheres Training in der Autohypnose kann nach verschiedenen Methoden erfolgen: entweder unter Hypnose (mit Hilfe des Therapeuten) oder mittels einer autodidaktischen Methode.

Im allgemeinen ist die Autohypnose schwerer zu erreichen als die Heterohypnose. Am häufigsten erzielt man mit den Trainingsmethoden unter Hypnose eine leichte oder mittlere, manchmal eine tiefe Trance.

Man kann sich fragen, ob die nach einem Training unter Hypnose erlangte Autohypnose wirklich als Autohypnose bezeichnet werden darf. Tatsächlich spielt das Beziehungselement eine wichtige Rolle bei der Herbeiführung der Trance und vom therapeutischen Standpunkt sogar eine vorrangige

Rolle. Dieses Element fehlt natürlich bei der autodidaktischen Methode, deshalb sind hier die therapeutischen Resultate fragwürdig.

Um die Autohypnose durch ein Training unter Hypnose zu erreichen, sollte der Patient fähig sein, in der Heterohypnose in tiefe Trance zu sinken. SALTER fordert als Minimum, daß er die Katalepsie der Gliedmaßen oder eine Anästhesie erreicht, hält es jedoch für wünschenswert, daß er bis zur Stufe 13 auf der Skala von DAVIS und HUSBAND gelangt. Die angewandte Technik kann verschiedene Formen haben. Als Beispiel bringen wir nachstehend die von WEITZENHOFFER[72] beschriebene Technik. Nachdem der Autor den Patienten in einen Zustand tiefer Trance gebracht hat, wendet er posthypnotische Suggestionen folgender Art an:

»Immer wenn Sie sich künftig in einen Zustand tiefer Trance versetzen wollen, die noch tiefer ist als jene, in welcher Sie sich jetzt befinden, wird Ihnen das gelingen. Sie brauchen es sich dazu lediglich sehr bequem zu machen und sich zu entspannen, indem Sie einige tiefe Atemzüge tun. Sie werden daran denken, sich zu entspannen wie eben jetzt, als ich Sie hypnotisiert habe. Wenn Sie entspannt sind, sagen Sie sich im Geiste, daß Sie in einen Zustand tiefer Hypnose eintreten werden, dann atmen Sie dreimal tief, und sobald Sie den dritten Atemzug getan haben, geraten Sie in sehr tiefe Trance. Während der Hypnose können Sie denken und behalten vollkommen die Kontrolle über sich selbst. Sie können jedwede Suggestion sich selbst gegenüber anwenden, während Sie hypnotisiert sind, und Sie können alle hypnotischen Phänomene hervorrufen, die Sie wünschen. Um aufzuwachen, brauchen Sie sich lediglich zu sagen, daß Sie sich nun wecken. Sie zählen anschließend bis drei, und wenn Sie bei der Drei anlangen, sind Sie wieder völlig wach. Tritt während Ihrer Hypnose ein kritischer Zustand ein, dann wecken Sie sich sofort automatisch und seien Sie bereit, alle notwendigen Maßnahmen zu ergreifen. Solange ich keine gegenteilige Anweisung gebe, können Sie mich jedesmal, wenn Sie sich hypnotisiert haben, hören und alle Suggestionen ausführen, die ich Ihnen gegenüber anwenden werde, sogar wenn diese im Widerspruch zu einigen der Suggestionen stehen, die Sie sich selbst gegenüber angewandt haben. Sie hören jedoch niemand anders und akzeptieren keinerlei Suggestionen von Dritten, falls Sie sich nicht

---

[72] *General Techniques of Hypnotism.* Grune and Stratton, New York 1952.

zuvor dazu entschlossen haben. Sie wenden die Selbsthypnose immer nur mit Wissen und Willen an und hüten sich vor jedem Übermaß. Sie können Halluzinationen hervorrufen, wenn Sie wollen, aber Sie sorgen dafür, daß Sie es nur tun, wenn Sie keine Zeugen haben oder, falls Sie Zeugen haben, wenn diese davon wissen, was Sie tun. Sie rufen bei sich niemals Halluzinationen hervor, die Ihnen oder jemand anderem schaden könnten. – Diese Suggestionen wirken, bis ich sie ändere oder aufhebe. Niemand außer mir, nicht einmal Sie selbst, kann sie verändern oder aufheben.«

WOLBERGS Hand-Levitations-Methode enthält Instruktionen, die eine Herbeiführung der Autohypnose ermöglichen. Drei Verfahren, die der Qualität der Trance, in welche die Patienten zu gelangen vermögen, angepaßt sind, beschreibt SALTER[73].

Hier nun ein bei RHODES[74] entnommenes Beispiel für ein autodidaktisches Training. Diesem Autor zufolge muß der Patient, der die Autohypnose praktizieren will, die untenstehenden Instruktionen sorgfältig lesen und befolgen:

»Das erste Stadium der Autohypnose ist das ›Verschließen der Augen‹. Ich möchte damit einen Zustand bezeichnen, in dem Sie zwar wach sind, aber die Augen nicht zu öffnen vermögen. Dazu kann man auf folgende Weise gelangen: Setzen Sie sich auf einen bequemen Sessel in einem ruhigen Zimmer. Dann:

1. Sagen Sie *eins* und denken Sie gleichzeitig: ›Meine Augenlider werden sehr schwer.‹ Wiederholen Sie diesen Gedanken, denken Sie nur daran und an nichts anderes, konzentrieren Sie sich darauf, lassen Sie sich davon durchdringen, glauben Sie daran, während Sie es denken. Verbannen Sie jeden anderen Gedanken, wie: ›Ich werde sehen, ob das gelingt‹. Halten Sie sich einzig an den Gedanken: ›Meine Augenlider werden sehr, sehr schwer.‹ Wenn Sie nur diesen Gedanken im Kopf haben, wenn Sie sich auf ihn konzentrieren, wenn Sie sich von ihm durchdringen lassen und daran glauben, während Sie es denken, beginnen Ihre Lider, schwer zu werden. Warten Sie nicht, bis sie sehr schwer geworden sind. Wenn sie schwer zu werden beginnen, gehen Sie zur nächsten Phase über.

---

[73] *What is Hypnosis?* Athenaeum Press, London 1950 (deutsch: *Eigenhypnose – Fremdhypnose.* Otto Wilhelm Barth-Verlag GmbH, München-Planegg 1954).
[74] *Curative Hypnosis.* Elek Books, London 1952.

2. Sagen Sie *zwei* und denken Sie gleichzeitig: ›Meine Augenlider sind nun sehr schwer, sie werden sich ganz von selbst schließen.‹ Wie in der ersten Phase wiederholen Sie diesen Gedanken, denken nur daran, konzentrieren sich nur darauf, glauben daran. Schließen Sie die Augen nicht gewaltsam, kämpfen Sie nicht, um sie offenzuhalten, sondern konzentrieren Sie sich einzig auf den Gedanken: ›Meine Augenlider sind nun so schwer, daß sie sich ganz von selbst schließen werden.‹ Und während Sie diesen Gedanken wiederholen, nur diesen Gedanken, lassen Sie Ihre Lider selbst tätig werden. Wenn Sie sich wirklich auf diesen Gedanken konzentrieren und jeden anderen verbannen, wenn Sie sich von ihm durchdringen lassen und daran glauben, während Sie daran denken, werden sich Ihre Lider langsam schließen. Wenn Ihre Lider geschlossen sind, lassen Sie sie zu und fahren Sie folgendermaßen fort:

3. Sagen Sie *drei* und denken Sie gleichzeitig: ›Meine Augenlider sind fest geschlossen, ich kann sie trotz aller Bemühungen nicht öffnen.‹ Wiederholen Sie diesen Gedanken wie vorher, denken Sie nur daran, konzentrieren Sie sich nur darauf, lassen Sie sich davon durchdringen und glauben Sie daran. Versuchen Sie gleichzeitig die Augen zu öffnen, und Sie werden sehen, daß Sie es nicht können, bis Sie sagen: *Öffnet euch,* worauf sich Ihre Lider sofort öffnen.

Seien Sie nicht entmutigt, wenn Sie bei Ihren ersten Versuchen zur Erlernung der Autohypnose scheitern. Bei dieser Art Erlebnissen scheitert man gewöhnlich bei den ersten zwei oder drei Versuchen, weil man normalerweise nicht gelernt hat, sich auf einen einzigen Gedanken zu konzentrieren und jeden anderen von sich zu halten. Die Fehlschläge sind nicht auf mangelnde Intelligenz zurückzuführen. Tatsächlich haben intelligente Menschen viel mehr Gedanken, die einander durchdringen, und sie haben im allgemeinen mehrere Gedanken gleichzeitig. Sich auf einen einzigen Gedanken zu konzentrieren und jeden anderen auszuschließen, verlangt eine neue Disziplin, die Beharrlichkeit und Übung erfordert. Wenn Sie beim erstenmal scheitern, versuchen Sie es von neuem. Wenn Sie intelligent genug sind, Ihre Gedankenabläufe zu kontrollieren, wird es Ihnen gelingen, nur einen einzigen Gedanken auf einmal zu haben; und sind Sie dazu fähig, liegt die Autohypnose für Sie in Reichweite.

Wenn Ihre Augen sich nach Phase zwei schließen, gehen Sie also zu Phase drei über und denken: ›Meine Augenlider sind fest geschlossen, ich kann sie trotz aller Bemühungen nicht öffnen.‹ Sie müssen diesen Gedanken ständig wiederholen, einzig diesen Gedanken, und während Sie daran denken, versuchen Sie die Augen zu öffnen.

Solange Sie sich einzig auf diesen Gedanken konzentrieren, bleiben Ihre Lider geschlossen. Ihre Muskeln spannen sich, um sie zu öffnen, aber Ihre Augen bleiben geschlossen, bis Sie, entweder laut oder nur im übertragenen Sinn, sagen: *Öffnet euch!*

Wenn es Ihnen gelungen ist, die Augen zu schließen, kommt die nächste Phase, die in der Beschleunigung des Prozesses besteht. Versuchen Sie es zwei- oder dreimal, damit Sie sicher sind, daß Ihnen das Verschließen der Augen gut gelingt. Jedesmal wird das Ergebnis besser sein.

Gehen Sie nun zur Beschleunigung über. Führen Sie Phase eins durch wie vorhin, und sobald Ihre Lider schwer zu werden beginnen, fahren Sie mit Phase zwei fort. Während Sie »zwei« sagen, denken Sie an den angegebenen Gedanken, und zwar nur einmal, höchstens zweimal, aber ausschließlich nur daran. Das können Sie mittlerweile. Wenn sich Ihre Augen schließen, sagen Sie »drei« und denken wiederum an den Gedanken, einmal, höchstens zweimal, aber ausschließlich daran. Ihre Augen bleiben geschlossen. Öffnen Sie sie auf den Befehl: Öffnet euch!

Nun beginnen Sie noch einmal von vorn, doch anstatt *eins, zwei* und *drei* zu sagen, beschränken Sie sich darauf, in dieser Reihenfolge an die drei Zahlen zu denken. Schließlich machen Sie die ganzen Übungen ohne zu zählen. Sie haben in Ihrem Geist nur ein einziges Mal den Gedanken Phase *eins*, ein einziges Mal an Phase *zwei* und dann ein einziges Mal an Phase *drei*. Mit einiger Übung gelingt es Ihnen, die Augen fast sofort zu ›verschließen‹, indem Sie einfach die Lider zumachen und in Ihrem Geist ein einziges Mal den Gedanken an Phase drei haben.

Sie werden sehen, daß Sie sehr schnell werden und eine immer bessere Kontrolle erzielen. Nachdem Sie in der Disziplin geübt sind, sich auf nur einen einzigen Gedanken zu konzentrieren (die Phasen eins und zwei), wird es Ihnen möglich sein, Phase *drei,* die einen komplexen Gedanken beinhalten, fast sofort zu erreichen. Der Prüfstein für Ihren Erfolg in der Autohypnose ist die Fähigkeit, die Augen rasch zu ›verschließen‹. Wenn Ihnen das gelungen ist, können Sie zur Erlangung der Trancetiefe übergehen, die für die Bewältigung Ihrer Probleme erforderlich ist.

Die nächste Phase besteht in der Entspannung. Halten Sie die Augen fest geschlossen und denken Sie: ›Ich werde einen Atemzug machen und mich ganz entspannen.‹ Atmen Sie tief, und wenn Sie dies tun, entspannen Sie sich völlig. Denken Sie: ›Ich werde normal und tief atmen, ich werde mich bei jedem Atemzug mehr entspannen.‹ Während Sie atmen, entspannen Sie sich dann mehr und mehr.

Wenn Sie das Verschließen der Augen und das Entspannen gut beherrschen (das sich bald gleichzeitig mit dem Schließen der Augen vollzieht), haben Sie den ersten Grad der autohypnotischen Trance erreicht. Ihr Geist ist nun bereit, alle Suggestionen, die Sie anwenden und die hypnotische sowie posthypnotische Wirkung haben, zu akzeptieren. Doch genau wie das Schließen der Augen und die Schnelligkeit, die man darin schließlich erreicht, das Ergebnis von Wiederholungen sind, bedarf es auch bei den nächsten Phasen manchmal des Trainings. Das Geheimnis des Erfolgs liegt in der Konzentration, in der Fähigkeit, nur einen einzigen Gedanken auf einmal zu haben, in der Verbannung jedes anderen Gedankens, in der Fähigkeit, sich von diesem einzigen Gedanken durchdringen zu lassen und daran zu glauben.

Versuchen Sie am Anfang einfache Suggestionen. Beispielsweise: Fassen Sie Ihren linken Zeigefinger mit der rechten Hand. Denken Sie: ›Ich kann meine Finger nicht befreien.‹ Konzentrieren Sie sich, wie zuvor, auf diesen einen Gedanken, lassen Sie sich von ihm durchdringen, glauben Sie daran und versuchen Sie Ihren Finger zu befreien, während Sie daran denken. Er wird so lange im Griff bleiben, bis Sie denken: ›Nun kann ich ihn loslassen‹, oder etwas anderes desselben Inhalts.«

RHODES erwähnt nun eine Anzahl andersartiger einfacher Suggestionen, die auf dieselbe Weise ausgeführt werden können: Steifheit des Arms, Verschränken der Hände, Gefühl der Wärme usw.

21

Gruppenhypnose

Als Gruppenhypnose bezeichnet man das Verfahren, in dem die gleichzeitige Hypnotisierung mehrerer Patienten praktiziert wird. Man darf sie nicht mit der eigentlichen Gruppenpsychotherapie verwechseln, in der keine Direktiven gegeben werden und in der die Mitglieder freie Beziehungen untereinander und zum Leiter der Gruppe knüpfen.

Bereits am Ende des 18. Jahrhunderts, in der Zeit des tierischen Magnetismus, arbeiten MESMER und PUYSÉGUR mit Gruppen von Kranken. In noch nicht zu ferner Vergangenheit, etwa um die Jahrhundertwende, wurde die Gruppenhypnose von WESTERSTRAND in Schweden, VAN RENTERGHEN in Holland und anderen häufig angewandt.

Der wesentliche Vorteil der Gruppenhypnose ist der Zeitgewinn. Man kann damit beispielweise Gruppen von schwangeren Frauen nach der hypnosuggestiven Methode vorbereiten. Einige sowjetische Geburtshelfer haben sogar, wie wir bereits erwähnten, zu diesem Zweck »Hypnotarien« geschaffen. Die Methode wird auch zur Behandlung von Alkoholikern angewandt (besonders in den Vereinigten Staaten und in den osteuropäischen Ländern).

Unter anderem dient die Gruppenhypnose auch experimentellen Zwecken, insbesondere der Auswahl guter Medien. Sie ermöglicht außerdem eine Verbesserung der Hypnotisierbarkeit bestimmter Gruppenmitglieder, einmal durch das Beispiel besserer Versuchspersonen, zum anderen durch die wohltuende Wirkung der Sicherheit, welche die Gruppe als solche bietet.

Die Wirkung der Gruppenhypnotherapie ist begrenzt. Sie hat einen direktiven Charakter und enthält Elemente einer unterstützenden Persuasionstherapie. Die angewandte Technik unterscheidet sich nicht wesentlich von jener der Individualhypnose. Man kann beispielsweise so vorgehen: Nachdem die Patienten auf Stühlen oder Sesseln Platz genommen und die Augen geschlossen haben, suggeriert man ihnen nacheinander Entspannung, Schwere, Schlaf usw. Man fordert sie dann auf, die Augen zu öffnen. Die Gruppenmitglieder, die am besten auf die Suggestion reagiert haben, führt man den anderen vor. Man läßt auf sie Suggestionen der Entspannung, des Schließens der Augen und tiefer Trance wirken. Wenn man bei ihnen mehrere tiefe Trancen erzielt hat, stellt man sie den anderen Gruppenmitgliedern als Beispiele hin. Den letzteren versichert man, daß sie dieselben Resultate erreichen könnten und daß es ihnen, wenn sie sich einem neuen Versuch unterziehen würden, leichtfiele, in tiefen Schlaf zu sinken. In diesem Augenblick wiederholt man die bereits ausgesprochenen Suggestionen, und fast immer tritt bei einer gewissen Zahl der Patienten, die bis dahin dem Schlaf widerstanden hatten, eine tiefere Trance ein. Jeder dieser Patienten ist von da an in einer Einzesitzung leichter hypnotisierbar.

22
Hypnodrama

Im Gegensatz zur Gruppenhypnose ist das Hypnodrama eine echte Gruppenpsychotherapie.

In ihm werden die Hypnose und das Psychodrama kombiniert. Wir werden die Psychodramatechnik von MORENO, die wohlbekannt ist, nicht beschreiben. Es sei lediglich daran erinnert, daß das Psychodrama eine psychotherapeutische Technik ist, die es dem Patienten durch eine Art improvisiertes dramatisches Spiel über ein gegebenes Thema ermöglicht, in der Aktion seine Konflikte zu äußern und diese in gewissem Maß zu integrieren. Das Psychodrama wird vom Patienten, vom Direktor oder Spielleiter (einem der Therapeuten) und von den auxiliären Ich-Repräsentanten oder anderen Protagonisten des Dramas (anderen Therapeuten) gespielt. Es findet auf einer Bühne vor einem Publikum statt.

Im Hypnodrama wird der Patient vor dem Spiel vom Spielleiter hypnotisiert.

MORENO ist der Ansicht, daß der »Gruppenfaktor« bereits zu MESMERS Zeit ein wesentlicher Bestandteil der Psychotherapie war. Seither wurde er vernachlässigt, doch MORENO will ihn wieder in die Hypnotherapie einführen. Er beschrieb zusammen mit ENNEIS die Technik des Hypnodramas[75]. Einen Nachteil hat das Hypnodrama: Es ist nur Personen mit hervorragender Disposition für Somnambulismus zugänglich.

---

[75] *Hypnodrama and Psychodrama.* Bacon House, 1950.

23
Von der Hypnose abgeleitete Techniken

Die Hypnotherapie sah sich seit ihren Anfängen mit drei Hauptproblemen konfrontiert:

1. *Der Hypnotisierbarkeit.* – Es zeigt sich, daß der Grad der Hypnotisierbarkeit von einem Menschen zum anderen schwankt und daß es vollkommen refraktäre Menschen gibt.

2. *Der Anwendungsweise.* – Man fragte sich, in welcher Form die Hypnose zu therapeutischen Zwecken angewandt werden konnte.

3. *Der Arzt-Patient-Beziehung.* – Sie spielte eine wichtige Rolle und erforderte rationales Durchdenken als Pflicht.

Die Haltung gegenüber diesen drei Problemen bestimmte oft die Schaffung der von der Hypnose abgeleiteten Techniken.

Sehen wir uns ihre Entwicklung genauer an:

Hypnotisierbarkeit

Dieses Problem hatte zur Zeit des tierischen Magnetismus wenig Bedeutung, denn das wesentlichste war damals die Übermittlung des wohltuenden Fluidums. An Bedeutung gewann das Problem während der Vorherrschaft der Suggestion, und damals trug es zur Entstehung neuer Techniken bei. Nicht alle Menschen waren hypnotisierbar, deshalb orientierte man sich an Techniken, die die Beeinflussung eines Menschen durch einen anderen ohne Hypnotisierung bewirkten. Die unterschiedliche Hypnotisierbarkeit war einer der Gründe, aus denen FREUD die Hypnose aufgab. DANIEL LAGACHE behauptet sogar, wenn alle Patienten hypnotisierbar gewesen wären, hätte es keine Psychoanalyse gegeben.

Anwendungsweise

Die Anwendungsweise stellte zur Zeit des tierischen Magnetismus kein Problem dar. Die Fluidumstheorie setzte ein physisches Agens zwischen Patient und Therapeut voraus. Dieser übermittelte mit Hilfe der hypnotischen Striche seinem Patienten die wohltuende Kraft. Er bediente sich auch physischer Vermittler wie des Eichentrogs (MESMER) oder der magnetischen Bäume. (PUYSÉGUR).

Damals waren nicht alle Praktiker zwangsläufig Ärzte. Mit der Einführung der Verbalsuggestion am Ende des 19. Jahrhunderts wurde die Ausübung der Psychotherapie in stärkerem Maß eine Domäne der Ärzte, die sich auch dem Problem der Anwendungsweise zu widmen begannen. Die Beseitigung der Symptome durch direkte Suggestion befriedigte sie nicht mehr; BOURRU und BUROT (siehe S. 96) waren (1888) die ersten, die eine »kausale« Behandlung bekanntgaben, in der sie eine Regression d. h. ein Zurückgehen des Kranken herbeiführten und ihn die Emotion von neuem erleben ließen, die er zur Zeit des Krankheitsausbruchs gehabt hatte. Sie nutzten die »Krise«, hielten sich jedoch vor allem an ihren verbalen und emotionellen Inhalt. JANET entdeckte, wie wir gesehen haben (1889), seine Methode bei der Überprüfung der Arbeiten von BOURRU und BUROT. Bereits 1881 praktizierte Breuer dieses Zurückgehen, aber er berichtete erst 1893 zusammen mit FREUD darüber. Insgesamt gesehen, beschränkte sich die Hypnotherapie auf die direkte Suggestion. FREUD fand die Monotonie des Verfahrens ermüdend. Er versuchte die kathartische Methode, bei der jedoch ein anderes Problem auftrat: nicht jedermann war hypnotisierbar[76]. Er änderte seine Technik. Ohne den Patienten zu hypnotisieren, legte er ihm die Hand auf die Stirn und brachte ihn zum Sprechen. Dann verzichtete er auf den physischen Kontakt und die direktive Haltung, wodurch er zur Technik der freien Assoziation gelangte. Natürlich ist es nicht nötig, hier über diese Technik und die ihr damals beschiedene Zukunft zu sprechen.

---

[76] Da er seine Technik für ungenügend hielt, begab er sich 1889 nach Nancy, um sie zu vervollkommnen.

Hypnologen der damaligen Zeit behielten das Verfahren der Hypnotisierung bei, wandten jedoch neben der direkten Suggestion und der kathartischen Methode noch andere Techniken an (die im Kapitel »Spezialtechniken« beschrieben wurden). Einige kombinierten sogar die klassische Hypnose mit der Technik der freien Assoziation. Die neue Technik, Hypnoanalyse genannt, befindet sich noch im Versuchsstadium, wie wir bereits erwähnten.

Auch J. H. SCHULTZ veränderte die klassische Hypnosetechnik und gelangte zur Methode des *Autogenen Trainings,* einer autohypnotischen Technik, bei welcher die direkte Suggestion unterlassen und durch Übungen ersetzt wird. Diese Übungen, sechs an der Zahl, werden in einer bestimmten Lernreihenfolge durchgeführt, damit man nacheinander die Schwere, das Wärmegefühl, die Wahrnehmung des Herz- und Atemrhythmus, ein Wärmegefühl in der epigastrischen Region und ein Kältegefühl auf der Stirn erzielt. Wir werden die Technik hier nicht im einzelnen erläutern[77].

Ausgehend von der Technik SCHULTZ', entwickelte KRETSCHMER die Technik der *gestuften Aktivhypnose*[78].

STOKVIS, der sich ebenfalls am Autogenen Training inspirierte, beschrieb die Technik der *aktiven Regulierung des Muskeltonus*[79].

Weisen wir noch darauf hin, daß einige Schüler von SCHULTZ die Anwendung der Hypnose und des Autogenen Trainings kombinierten (KURTH). Der Patient macht die Übungen zu Hause und wird hypnotisiert, wenn er den Arzt zur Konsultation aufsucht.

KURTH wendet die kombinierte Behandlung bei Patienten, die den Gedanken einer Suggestionstherapie akzeptieren, folgendermaßen an: Er lehrt die Patienten zuerst die erste

---

[77] Siehe: J. H. SCHULTZ, *Das Autogene Training,* 12. Auflage, G. Thieme, Stuttgart 1966. – R. DURAND DE BOUSINGEN, *La Relaxation.* Que sais-je?, 1961. – J. G. LEMAIRE, *La Relaxation.* Petite Bibliothèque Payot, Paris 1964. – *La Relaxation.* Kollektivwerk der Société Française de Médicine Psychosomatique, 3. Auflage, L'Expansion, édit. Paris 1965.

[78] Siehe im Werk *La Relaxation* (L'Expansion, 1965) die Artikel von KRETSCHMER und seinem Schüler LANGEN. Außerdem LANGEN; *Anleitung zur gestuften Aktivhypnose.* G. Tnieme, Stuttgart 1961.

[79] In *La Relaxation.* L'Expansion, édit. Paris 1965.

Übung von SCHULTZ (Schwere des rechten Arms), die sie 8 bis 15 Tage trainieren müssen. Bei der nächsten Konsultation sagt er diesen Kranken, sie würden bei ihm eine »vertiefte« Übung machen, die sie allein nicht durchführen könnten. Er beginnt mit dem Suggerieren des Schwere- und des Wärmegefühls im ganzen Körper und erreicht damit sehr oft den Übergang in hypnotischen Schlaf. Die Patienten machen zu Hause weiter die gewohnten Übungen und werden während der Besuche beim Therapeuten einer globalen heterosuggestiven Hypnose unterzogen.

Erwähnt sei noch die *Methode Coué,* die am Beginn unseres Jahrhunderts ausgearbeitet wurde, als die Hypnose in Mißkredit stand. Sie erfreute sich eine Zeitlang großer Popularität und geriet dann in Vergessenheit.

Die zwischenmenschliche Beziehung

Das Wesen der interpersonellen Beziehung in der Hypnose und ihre Nutzung zu therapeutischen Zwecken haben sehr unterschiedliche Deutungen erfahren, in denen neben rationalen Faktoren die irrationalen Faktoren eine nicht zu unterschätzende Rolle spielten.

Die Autoren wurden bewußt oder unbewußt mit der »massiven und wilden« Übertragung konfrontiert, die HENRI EY im Vorwort zu diesem Buch erwähnt. Sehr bald erkannte man ihre Bedeutung für die Heilung, ob man sie – je nach der Zeit – nun als »Rapport«, »Suggestion« oder »Übertragung« bezeichnete. Man versuchte diese wilde Übertragung zu »zähmen« und sie in rationaler Weise zu nutzen. Wie HENRI EY in seinem Vorwort sagt: »Es verwundert keineswegs, daß die Erweiterung dieses Verfahrens der unmittelbaren Übertragung, ihre Anpassung an die Zeit und ihre Vermittlerrolle im Gespräch FREUD zu seiner Entdeckung führten.« Die Übertragung löste auch die Reaktion der Gegenübertragung aus, was jene Autoren, die eine Änderung der Technik anstrebten, in ihren Motivationen bestärkte. Die Veränderungen sollten nicht nur eine technische Perfektionierung bewirken, sondern auch eine Distanz zum Kranken schaffen. Diese Distanzierung bedeutete Sicherheit für den Therapeuten und gestattete ihm einerseits größere Objektivität gegenüber dem Kranken, andererseits den Einsatz von Abwehrmechanismen und Widerständen, die der Analytiker zum Ausgangspunkt einer Tiefenpsychotherapie machte. Dadurch glaubte die psychoanalytische Technik die Umstrukturierung der Persönlichkeit möglich zu machen und somit die Wirksamkeit des Heilverfahrens zu steigern.

Einen weiteren fruchtbaren Versuch zur Eliminierung der Suggestion unternahm der deutsche Autor J. H. SCHULTZ. Er gab die Hypnose nicht auf, änderte aber die Technik und benannte die neue Technik »Autogenes Training« oder »konzentrative Selbstentspannung«. Er trainierte die Patienten in einer fraktionierten Selbsthypnose, einem Zustand der wohltuenden Entspannung, analog dem Schlaf, ohne Zuhilfenahme einer Heterosuggestion. Es handelt sich also um eine hypnotische Technik ohne Heterosuggestion. SCHULTZ ging von der Feststellung aus, daß der Patient im Zustand der Hypnose Gefühle der Schwere und Wärme habe, von denen das erstere eine Muskelentspannung hervorrufe und das zweite eine Gefäßerweiterung bewirke. Die beiden ersten Übungen seiner Methode dienen dazu, den Patienten darin zu unterweisen, die beiden Empfindungen herbeizuführen. Die Entspannung, die als Epiphänomen der Hypnose angesehen wurde, stellt für SCHULTZ deren wesentliches Element dar. Sie ist es, die die »Umschaltung« bewirkt. SCHULTZ ordnet seine Methode, ebenso wie die Hypnose, in die Gruppe der »organismischen« Psychotherapien ein, die er den »geistigen« Psychotherapien gegenüberstellt; die letzteren umfassen die Psychoanalyse, die auf geistigem und instinktivem Gebiet ihr Feld hat. Die organismischen Methoden wenden sich nicht an die tiefen Persönlichkeitsschichten des Kranken, sondern suchen in Zusammenarbeit mit ihm eine Veränderung der Haltung zu erreichen, die Umschaltung. Das zentrale Prinzip der »organismischen« Methoden ist die »Somatisierung«, die laut SCHULTZ darin besteht, den Menschen durch Konzentration auf einen monotonen Eindruck oder durch Schließen der Augen zu einem Rückzug aus der äußeren Welt zu bringen sowie dazu, seine eigenen physiologischen Funktionen intensiv zu beobachten und sich mit ihnen zu identifizieren; auch die psychischen Funktionen sind stark verändert, Außenwelt und Wirklichkeit rücken in die Ferne, die Gedanken werden zu Visionen usw., die psychischen Funktionen verlangsamen sich, ganz wie im Schlaf und im Traum.

Wir wollen das Autogene Training nicht schlicht und einfach der suggestiven Hypnose gleichsetzen. Es ist eine kodifizierte Technik und weist neue Elemente auf, die in der Heterohypnose nicht vorhanden sind und auch nicht in der Autohypnose, wie sie gewöhnlich praktiziert wird, d. h. mit Anwendung der willentlichen Suggestion.

Die Übertragungs-Beziehung (und die Gegenübertragungs-Beziehung) zwischen Krankem und Arzt wird durch Übungen, die eine für beide Dialogpartner beruhigende Distanz schaffen, »zurückgedrängt«. Das Autogene Training könnte also Therapeuten beigebracht werden, die eine weniger gründliche psychotherapeutische Ausbildung haben als jene, die die Hypnose praktizieren. Doch auch das Autogene Training darf auf keinen Fall auf die einfache Durchführung von Übungen beschränkt werden. Es ist eine Psychotherapie, was J. H. Schultz auch nachdrücklich betont. Er behält ihre Anwendung sogar einzig und allein den Ärzten vor.

Uns scheint, daß die theoretischen Erklärungen des Beziehungsphänomens, d. h. der Übertragung, noch keine definitive Lösung enthalten.

Für J. H. Schultz ist das theoretische Problem ziemlich einfach. Da er die Entspannung als wesentlichstes Element der Hypnose ansieht, bietet für ihn das Aufstellen einer Theorie über das Autogene Training, das seiner Meinung nach – wie wir gesehen haben – eine fraktionierte Autohypnose ist, keine besonderen Schwierigkeiten. Jene aber, die seine Erklärung der Hypnose nicht akzeptieren, finden auch die theoretische Erklärung des Autogenen Trainings unbefriedigend.

Liest man die vorstehenden Schilderungen der Entspannung – und berücksichtigt man die jüngsten psychoanalytischen Hypnosetheorien (siehe S. 59 ff.) –, so kann man nicht umhin, in ihr alle körperlichen und geistigen Regressionselemente zu sehen, die auch in der suggestiven Hypnose auftreten. Man findet die zur Regression führende »sensorische Deprivation« und den Zustand der Regression selbst. Offen bleibt die Frage, ob die Übertragung immer mit diesen Zuständen einhergeht. Wir haben gesehen, daß die Meinungen über die Hypnose divergieren. GILL und BRENMAN sind offenbar dieser Meinung. KUBIE dagegen behauptet, in bestimmten Fällen fehle die Übertragung; er präzisiert aber nicht, unter welchen Bedingungen. Sind sie beim Autogenen Training erfüllt? Was ist der Grund dafür, daß die Regression das eine Mal mit einer archaischen Beziehung gekoppelt ist und das andere Mal nicht? Eine tiefschürfendere Theorie über die Rolle des Beziehungselements im Autogenen Training wäre wünschenswert.

AJURIAGUERRA und MICHÈLE CAHEN[80] befaßten sich mit einer entsprechenden Untersuchung. Sie wenden die psychoanalytischen Begriffe an und bringen die Begriffe Übertragung und Regression in der Begegnung zwischen Patient und Therapeut in Beziehung zur erfaßbaren Tonusebene. Sie versuchen, genau zu ermitteln, welche neue Dimension die gezielten Übungen bei dem tonischen Körper-an-Körper-Wechselspiel (die Widerstände manifestierten sich durch Muskelspannung) in die psychotherapeutische Beziehung bringen.

Es ist schwer zu sagen, ob die Erlebnisse in den beiden Zuständen identisch oder unterschiedlich sind. Wir begannen eine Kranke (chronische Zystalgie) mit der Tecknik des Autogenen Trainings zu behandeln. Sie erwies sich als gutes Medium, und wir erzielten eine gewisse Besserung ihres Zustands. Da wir die Wirksamkeit der Behandlung steigern wollten, wandten wir die klassische Hypnose an, die nicht, wie bei KURTH (siehe S. 200), als Vertiefung der Übungen dargestellt wurde, sondern als ein völlig anderes Verfahren. Bei der ersten Sitzung nach der Hypnose erklärte sie uns, ihre Übungen gelängen ihr weniger gut, aber sie fühle eine deutliche Besserung. Im Laufe derselben Sitzung konnte sie ihre Übungen wieder vornehmen, und sie gelangen ihr auch später zu Hause. Sie unterschied jedoch immer zwischen den beiden für sie verschiedenen Erlebnissen. Rührte die Unterscheidung daher, daß wir ihr die Erlebnisse als verschieden dargestellt hatten oder handelte es sich um unterschiedliche innere Erlebnisse? Hier stehen wir vor einem Problem einer komplizierten subjektiven Einstellung, für das sich schwer eine Lösung finden läßt. Eingehend klinische Forschungen könnten dies bis zu einem gewissen Punkt erhellen, doch die Objektivierung wird nicht leicht sein.

---

[80] Siehe Fußnote [79].

Schluß

Am Ende dieses Bandes angelangt, bin ich mir vollkommen darüber im klaren, daß ich mein Thema, wie ich befürchtete, bei weitem nicht ausgeschöpft habe. Ich konnte die untersuchten Aspekte nicht erschöpfend behandeln und mußte einige Gesichtspunkte unberührt lassen, besonders die interessanten physiologischen und psychologischen experimentellen Arbeiten über die hypnotischen Phänomene.

Ich hoffe jedoch, genug darüber gesagt zu haben, um trotz der Einstellung gewisser Leute die Überzeugung zu wecken, daß die Hypnose kein »ad acta gelegtes« Problem ist. Das soll aber wiederum nicht heißen, daß ich einen »Königsweg« (nach A. Malraux' gleichnamigem Roman, etwa: verschollene Prachtstraße, Anm. d. Red.) neu entdeckt zu haben glaube oder, wie H. Faure in offensichtlicher Übertreibung schrieb, daß ich versucht hätte, »einen der Hauptzweige unserer zeitgenössischen französischen Psychiatrie wieder mit der methodologischen Quelle zu verknüpfen, von der sie sich seit dem Beginn des Jahrhunderts allzu radikal lösen zu müssen glaubte«.

Ich habe ganz einfach aus historischer Perspektive die »Adelsbriefe« der Hypnose aufzuzeigen versucht, in der die moderne Psychotherapie ihren Ursprung hat.

Wir besitzen derzeit keine erschöpfende Hypnosetherapie. Die neurophysiologischen Untersuchungen haben uns bis jetzt keine Erklärung ihres Gesamtmechanismus geliefert. Vor allem die Forschungen der Pawlowschen Schule erbrachten, obwohl sie aussichtsreiche neue Perspektiven eröffnet hatten, keine definitive Lösung. Doch die Pawlowianer, von denen die Hypnose als eine der ernsten wissenschaftlichen Erforschung würdige Realität akzeptiert wurde, erkannten ihren großen Wert; dies ist um so bemerkenswerter, als die Anerkennung eines Phänomens, das lange unter dem ungünstigen Vorurteil eines rein mystischen Vorgangs litt, aus einer materialistischen Denkschule kam.

Auch die von der experimentellen Psychologie inspirierten Theorien bieten keinen Schlüssel zum Verständnis der Hypnose. Dank ihnen ist es jedoch möglich, das Problem klarer zu umreißen und sich durch sukzessive Eliminierung aller mit der Hypnose verbundenen soziokulturellen (»artefakten«) Phänomene, wie ORNE meint, dem Stadium zu nähern, wo das, was das »Wesen« der Hypnose ausmacht, klarer zutage treten wird.

Die psychoanalytischen Erklärungen der Hypnose folgten auf die Entwicklung der psychoanalytischen Theorie im allgemeinen. Der Akzent wurde nacheinander auf die libidinösen Faktoren und die Ödipusperiode, auf das prägenitale Stadium, auf die Ichpsychologie und schließlich auf die Bedeutung der Aggressivität in der Dynamik der hypnotischen Beziehung gelegt. Diese Erklärungen eröffneten neue Perspektiven, aber sie lösten das spezifische Problem des hypnotischen Zustands nicht. Die erwähnten Faktoren treten in allen psychotherapeutischen Beziehungen auf. Wenn uns die Psychoanalyse auch nicht den endgültigen Schlüssel zum Wesen der Hypnose in die Hand gibt, so erlaubt sie uns doch, indem sie uns über die in der hypnotischen Beziehung wirkende Psychodynamik aufklärt, ein besseres Erfassen dieses Hauptaspekts der Hypnose und damit ein besseres Verständnis sowie eine sinnvollere Nutzung ihrer therapeutischen Wirkung. Während die von der experimentellen Psychologie abgeleiteten Theorien die »Suprastrukturen« bloßlegen, erhellen die psychoanalytischen Theorien die »Infrastrukturen«.

Das spezifische Element müssen wir erst noch finden. Von welcher Art ist es? KUBIE meinte beispielsweise (1961), die psychologischen Elemente der Phänomenologie der Hypnose enthielten nichts Besonderes, nichts, wodurch sie sich von ihren Manifestationen in anderen psychologischen Zuständen, seien diese normal oder pathologisch, unterscheiden würden; was der Hypnose eigen sei, sagte er, sei der psychophysiologische Kontext, in dem sich die psychologischen Prozesse abspielten. Die besondere psychophysiologische Verbindung gibt der Hypnose ihren spezifischen Charakter. Es hat also den Anschein, daß wir zur multidisziplinären Forschung Zuflucht nehmen müssen, um Licht in die Hypnose zu bringen.

Dieser Forschung kommt größte Bedeutung zu, wenn es

zutrifft – wie CHARCOT am Ende des 19. Jahrhunderts und KUBIE in unseren Tagen betonten –, daß die Hypnose einer der Wege zum Verständnis der Geisteskrankheiten ist. Muß man daran erinnern, daß zur gegenwärtigen Stunde, in unserer Gesellschaft, die Geisteskrankheit und der Krebs die beiden Hauptfragen für Forscher darstellen? Es ist deshalb angebracht, das Feld der Hypnose genau zu umreißen und die für ihr Studium geeigneten Begriffe zu überdenken. Sie stellt, im höchsten Grade, ein Feld des Ineinanderwirkens physischer und psychischer Perspektiven dar. Sie kann, dank ihrer Möglichkeit, die Bewußtseinszustände experimentell zu verändern auch eine wichtige Rolle in der psychopathologischen Forschung spielen.

Im »Urzustand« erzeugt die Hypnose eine massive psychotherapeutische Beziehung, in welcher das Zusammenwirken der psychologischen und physiologischen Faktoren eine besonders ausgeprägte Form annimmt. Die Hypnose ist zudem eine Technik, die eine verhältnismäßig gut isolierbare interpersonelle Beziehung zutage treten läßt. Wenn man die methodologischen Schwierigkeiten jeder Erforschung einer Psychologie bedenkt, bei der eine Bezugsperson eine Rolle spielt, könnte man zu der Ansicht neigen, daß die hypnotische Technik als solche ein privilegiertes Forschungsinstrument sein müßte. Schließlich und endlich ist sie ein Heilverfahren, das, wenn es mit Umsicht gehandhabt wird, ins psychotherapeutische Arsenal Eingang finden kann.

Die Hypnose, die sich in der Vergangenheit als so fruchtbar erwiesen hat, verdient auch die Aufmerksamkeit der zeitgenössischen Forscher.

Glossar

Affekt – Allgemeiner Ausdruck, der elementare Gefühlsnuancen des Subjekts bezeichnet: Wunsch, Vergnügen, Angst, Zorn, Schuldgefühl usw.

Agoraphobie – Platzangst, Unvermögen, einen freien Platz ohne Angst zu überqueren.

Amaurose – Verlust des Augenlichts ohne Veränderung des Auges und seiner Umgebung.

Amphetaminschock – Schock, hervorgerufen durch intravenöse Injektion von Amphetamin. Er manifestiert sich durch eine intensive Angstkrise, begleitet von vasomotorischen Störungen mit gesteigertem Blutdruck, beschleunigter Atmung und Erregungszustand.

Analgesie – Aufhebung der Schmerzempfindung ohne Aufhebung der anderen Empfindungen und des Bewußtseins, im Gegensatz zur Anästhesie.

Anamnese – Gesamtheit der Auskünfte, die der Kranke über seine Vergangenheit und die Geschichte seiner Leiden gibt.

Anorexie – Verlust oder Verminderung des Appetits.

Ätiologie – Lehre von den Krankheitsursachen.

Autogen – Aus dem Subjekt selbst entstanden.

Azotämie – Zunahme des Stickstoffs im Blut; sein Normalwert liegt zwischen 0,20 und 0,50 g/l.

Behaviourismus – »Lehre von Watson (1913), der zufolge sich die Psychologie ausschließlich auf wahrnehmbare Gegebenheiten des äußeren Verhaltens – motorische, verbale und glanduläre – beschränkt und weder die Selbstbeobachtung noch innere physiologische Prozesse berücksichtigt sowie das Bewußtsein völlig eliminiert« (Piéron).

Chronaxie – Zeit, während der ein elektrischer Strom von doppelter Stärke der Rheobase (Reizschwelle) auf ein Gewebe wirken muß, um eine Schwellenreizung hervorzurufen.

Deontologie – Ausdruck aus der Ethik, bezeichnet die Pflichtenlehre. Die medizinische Deontologie ist die Lehre von den beruflichen Pflichten des Arztes, die in ihrer Gesamtheit im deontologischen Kodex fixiert sind.

Desynchronisation der Alpha-Aktivität – Die Alphawellen sind einer der Grundrhythmen des normalen menschlichen Elektroenzephalogramms. Jede psychische oder sensorielle Stimulation führt zu Veränderungen der Amplitude und des Rhythmus dieser Wellen.

Dysphagie – Schmerzhafte Störung des Schlingvermögens.

Dysurie – Harnbeschwerden.

Endogen – Im Organismus selbst entstanden oder aus ihm hervorgegangen, nicht von außen eingeführt oder durch äußere Einflüsse verursacht; Gegensatz exogen.

Enuresis – Unwillkürliche Entleerung der Blase; Enuresis nocturna, nächtliches Bettnässen; Enuresis diurna, Unvermögen, den Harn am Tage zu halten.

Erythrodermia Ichtyosiformis Congenita – Angeborene Hautaffektion, charakterisiert durch Trockenheit, Schuppigkeit und Röte der Haut; diese krankhafte Veränderung tritt vorwiegend in Hautfalten, an Handflächen und Fußsohlen auf.

Gastrektomie – Teilweise oder totale operative Entfernung des Magens.

Gegenübertragung – Siehe S. 52, Fußnote 37.

Hämatemesis – Erbrechen von Blut.

Hämaturie – Auftreten von Blut im Harn.

Hemmung (Inhibition) – Nervliche Aktion, die die Funktion eines Organs verhindert oder verlangsamt.

Herpes Gestationis – Stark juckende Hautkrankheit, charakterisiert durch kleine Bläschen auf geröteter Haut. Diese Krankheit kann bei jeder Schwangerschaft wieder auftreten und führt manchmal zum Tod des Fetus.

Heterogen – Was beim Subjekt durch eine andere Person hervorgerufen wird; Gegensatz autogen.

Hydronephrose – Ausdehnung des Nierenbeckens, oft auch der Nierenkelche, infolge Harnstauung. Häufigste Ursache ist ein Hindernis in den harnableitenden Wegen.

Hypnogen – Einen Zustand der Hypnose herbeiführend.

Hypochondrie – Ständiger Zustand der Angst und Sorge des Patienten im Hinblick auf seine Gesundheit.

Hysterektomie – Herausnahme der Gebärmutter. Sie kann total sein oder subtotal, wobei der Gebärmutterhals nicht entfernt wird.

Hysterie – Neurose, »gekennzeichnet durch eine somatische Hyperexpressivität von Vorstellungen, Bildern und unbewußten Affekten« (Brisset).

Ichideal – »Der Mensch ... will die narzißtische Vollkommenheit seiner Kindheit nicht entbehren, und wenn er diese nicht festhalten konnte ... sucht er sie in der neuen Form des Ichideals wieder zu gewinnen. Was er als Ideal vor sich hin projiziert, ist der Ersatz für den verlorenen Narzißmus seiner Kindheit, in der er sein eigenes Ideal war« (Freud).

INKONTINENZ URINAE – Unfreiwilliger Abgang von Harn.

KACHEXIE – Tiefgreifende Veränderung aller Körperfunktionen, begleitet von starker Abmagerung; Kräfteverfall.

KATALEPSIE – Siehe S. 40, Fußnote 27.

KATAMNESE – Bericht über eine Krankheit nach deren Beendigung.

LAPAROTOMIE – Operative Eröffnung der Bauchhöhle zum Zweck einer Untersuchung oder Intervention.

LETHARGIE – »Künstlicher Schlaf, entweder durch Suggestion (Hypnose) oder durch ein Medikament (Narkose) hervorgerufen« (Sivadon). Eines der drei Stadien des großen Hypnotismus von Charcot. Die beiden anderen Stadien sind Somnambulismus und Katalepsie.

LIBIDO – »Energie der Lebensinstinkte, die sich aufteilt zwischen dem Ich (narzißtische Libido) und den Objekten oder Personen (Objektlibido)« (Lagache).

LICHEN RUBER PLANUS – Juckende benigne Hautkrankheit, gekennzeichnet durch flache, ineinander übergehende Knötchen, die braun werden, sich mit feinen Schuppen bedecken und manchmal weiße Streifen zeigen. Diese Affektion tritt als Ausschlag auf und »befällt besonders nervöse Menschen, oft nach einer Erregung, einem moralischen Schock« (Degos und Lortat-Jacob).

MIKTION – Harnlassen.

MOTIVATION – »Bewußter oder unbewußter psychologischer Faktor, der das Individuum prädisponiert für die Durchführung bestimmter Handlungen oder das Streben nach bestimmten Zielen« (Viaud).

NARKOANALYSE – Psychologisches Untersuchungsverfahren, das sich des Schlafzustands bedient, der durch langsame intravenöse Injektion eines Schlafmittels hervorgerufen wird.

NARZISSMUS – Selbstverliebtheit. Man unterscheidet zwischen dem primären Narzißmus, dem sogenannten Säuglingsnarzißmus, bei dem die Unterscheidung zwischen dem Ich und anderen noch nicht gemacht wird, und dem sekundären Narzißmus, bei dem diese Unterscheidung besteht.

NEPHREKTOMIE – Entfernung der Niere.

NERVENPARABIOSE (Wedensky 1902) – Übererregungszustand eines Nervs durch intensive, langdauernde Reizung; es treten dieselben Charakteristika auf wie beim Hemmungszustand.

NEURODERMIE – Lokale Verdickung der Haut, die braun wird und von Furchen in einem regelmäßigen Karomuster durchzogen ist, das sich nach chronischem Juckreiz ohne präexistente dermatologische Hautveränderung bildet.

Neurosen – Gruppe von Geisteskrankheiten, die keine Destrukturierung der Persönlichkeit des Kranken nach sich ziehen, im Gegensatz zu den Psychosen und dem Schwachsinn.

Nosologie – Lehre von bestimmten Zeichen, die eine Charakterisierung der Krankheiten erlauben; systematische Krankheitsbeschreibung.

Okulares Artefakt – Graphisches Element, das die EEG-Kurven überlagert und die Aufzeichnung der Potentiale betrifft, die bei der Kontraktion der Augenmuskeln auftreten.

Oligurie – Verminderung der täglichen Harnmenge, die normalerweise 1 bis 1,5 Liter beträgt.

Onychophagie – Gewohnheit des Nägelkauens.

Pachyonychie – Krankheit, die in einer Verdickung der Nagelplatten an Zehen und Fingern besteht.

Paradontose – Zahnfleischinfektion nach einer Infektion der Zahnhöhle.

Pattern – Modell oder Struktur in räumlicher, aber auch zeitlicher Bedeutung; kann ebenso physische oder biologische Aspekte wie Verhaltensweisen betreffen.

Phantasie – Trugbild, das im Wachzustand auftritt und dessen Organisation jener des Traums nahekommt. Es ist, wie der Traum, mit der Aktivität unbewußter Persönlichkeitsschichten verbunden.

Pithiatismus – »Pathologischer Zustand, manifestiert sich durch Störungen, die man bei bestimmten Subjekten durch Suggestion vollkommen exakt reproduzieren kann und die dazu tendieren, nur unter dem Einfluß der Überredung (Gegensuggestion) zu verschwinden« (Babinski).

Placebo – Pharmakologisch unwirksames Mittel.

Pollakisurie – Drang zu häufiger Harnentleerung, die normalerweise drei- bis sechsmal täglich erfolgt.

Postenzephalitisch – Nachfolgend nach einer Gehirnerkrankung durch einen infektiösen, toxischen oder anderen Prozeß.

Projektionstests – Methode zur Erforschung des psychischen Lebens, basierend auf der Fähigkeit der Subjekte, ihre Affekte auf figurative Bilder (z. B. der Thematic Aperception Test) oder nonfigurative (z. B. der Rohrschach- oder Tintenkleckstest), die ihnen vorgelegt werden, zu projizieren.

Psychodynamische Verschiebungen – Veränderungen im psychoaffektiven Gleichgewicht des Patienten.

Psychosen – Gruppe von Geisteskrankheiten, die eine tiefe Veränderung der Persönlichkeit bewirken.

REAKTIVE DEPRESSION – Depressiver Zustand, der bei einem bis dahin von jedem charakteristischen Symptom für Geisteskrankheit freien Menschen nach einem starken physischen oder affektiven Traumatismus auftritt.

SCHIZOPARANOIDE (Mechanismen) – Verteidigungsmechanismus, den man während eines psychischen Entwicklungsstadiums des Kindes findet; der Theorie von Melanie Klein zufolge ein Stadium, in dem das Kind seine Angst als eine Art Verfolgtwerden empfindet.

SCHIZOPHRENIE – Krankheit aus der Gruppe der Psychosen. Gekennzeichnet durch »eine tiefe, progressive Veränderung der Person, die aufhört, ihre Welt in Kommunikation mit anderen zu konstruieren, und sich in autistischem Denken, d. h. in einem imaginären Chaos verliert« (H. Ey).

SEISMOTHERAPIE – Therapie mit Elektroschocks.

SOMATISCH – Den Körper betreffend.

STIMULUS – Äußerer oder innerer Reiz, der fähig ist, die Reaktion eines erregbaren Systems hervorzurufen.

SYNDROM – Gesamtheit der verschiedenen Symptome, die immer bei verschiedenen Krankheiten oder in einem isolierten Zustand auftreten; Gruppe zusammengehöriger Erscheinungen.

TIERISCHER MAGNETISMUS – Siehe S. 17.

TORPEDIERUNG – Versteckte Aggression, mit dem Ziel, bestimmte Symptome zum Verschwinden zu bringen.

TRIEB – Besondere Form der libidinösen oder aggressiven Energien, die das Subjekt dazu treiben, eine entsprechende Befriedigung zu suchen.

ÜBER-ICH – Element, das in der Struktur des psychischen Apparats das moralische Gewissen darstellt.

ÜBERTRAGUNG – Siehe S. 52, Fußnote 37.

URETHRALE MEATUSERWEITERUNG – Einschnitt in die Öffnung der Harnröhre, vorgenommen bei Verengung.

VAGINISMUS – Krampfartige, schmerzhafte Kontraktion des Scheidenschließmuskels, die den Geschlechtsverkehr unmöglich machen kann.

VERWORRENHEIT (Zustand der) – Ausgeprägtes psychiatrisches Syndrom, im wesentlichen gekennzeichnet durch Bewußtseinsstörungen (Schwierigkeit oder Unmöglichkeit geistiger Synthesen), zeitlich-räumliche Desorientiertheit, Gedächtnisstörungen und einen Zustand ängstlicher Perplexität.

VIRCHOWSCHE Theorie – Medizinische Theorie, die Virchow in seiner Abhandlung »Die Cellularpathologie« (1858) vertrat; sie führt die Ursache aller Krankheiten auf eine durch anatompathologische Untersuchung nachweisbare Zellenveränderung zurück.

ZERVIKO-ZYSTOPEXIE – Eingriff, der in der Wiederherstellung der normalen Krümmung der Harnröhre mit Hilfe eines unter dem Blasenhals verlaufenden Hauptlappens besteht.

ZYSTALGIE – Das Auftreten von Schmerzen im Bereich der Blase.

ZYSTOGRAPHIE – Röntgenuntersuchung der Blase nach dem Füllen des Blasenhohlraums mit einem Kontrastmittel.

ZYSTOSKOPIE – Untersuchungstechnik, die eine direkte Besichtigung des Blasenhohlraums (mittels des Zystoskops) erlaubt.

HYPNOSE von Dr. med. Léon Chertok

erschien in der ungekürzten deutschen Ausgabe im **RAMON F. KELLER VERLAG, Rue du Mont-Blanc 12, 1211 Genf 1**

Bei diesem Verlag sind in der Reihe populärer Sachbücher und Selbsthilfebücher in derselben Ausstattung (Balacron mit echter Goldprägung und cellophaniertem, farbigem Schutzumschlag) erschienen:

SELBSTHYPNOSE
von Leslie M. LeCron

Der weltberühmte Psychotherapeut und Dozent für medizinische Hypnose hat in diesem Buch die Technik der Selbsthypnose und ihre Anwendung im täglichen Leben leichtverständlich dargestellt. Er beweist an zahlreichen Beispielen die ungeahnten Möglichkeiten der Autohypnose. 244 S., Best.-Nr. 1001.

ICH HYPNOTISIERE TAUSENDE
von Arthur Ellen

Aus seinem Tagebuch erzählt der Autor über erstaunliche Fälle. Er befreite Raucher und Alkoholiker von ihren Giften, Fettsüchtige vom Fett, Bucklige von ihrem Buckel. Er befreite Tausende von ihren Ängsten (wie Tony Curtis oder Vic Damone). 218 S., Best.-Nr. 1093.

EIN NEUES LEBEN DURCH YOGA
von Indra Devi

Sich völlig entspannen können, richtig atmen, frische Kräfte konzentrieren, Gesundheit, Spannkraft und jugendliche Frische gewinnen – das ist Yoga. Mit 65 Fotos läßt dieses neueste Werk Indra Devis als Yoga-Handbuch für Anfänger und Fortgeschrittene nichts zu wünschen übrig. 246 S., 65 Abb., Best.-Nr. 1005.

MENSCHENKENNTNIS AUF DEM ERSTEN BLICK
von Hanns Kurth

Nach Physiognomie, Organmerkmalen, Bewegungsmechanismen, Verhaltensweisen und zahllosen anderen Charakteristika wird in diesem aufschlußreichen Buch der Mensch analysiert. Eine praktische Anleitung zur Charakterdeutung. 280 S., 200 Abb., Best.-Nr. 1007.

PARAPSYCHOLOGIE
von Dr. rer. nat. Milan Rýzl

Dr. Rýzl liefert auf Grund überprüfbarer Experimente Beweise, daß es eine außersinnliche Wahrnehmung (ASW) — Hellsehen, Telepathie, Präkognition — und die psychische Beeinflussung körperlich-materieller Abläufe (Psychokinese) gibt. Ein faszinierendes Standardwerk der Parapsychologie. 240 S., Best.-Nr. 1069.

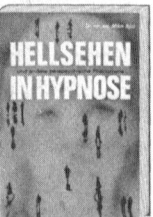

HELLSEHEN UND ANDERE PARAPSYCHISCHE PHÄNOMENE IN HYPNOSE
von Dr. rer. nat. Milan Rýzl

Anhand zahlreicher Experimente und fotografischen Dokumentationsmaterials liefert der Autor überzeugende Fakten und faszinierende Ergebnisse über die ASW. Jedermann kann sich hier über die Methoden der Aktivierung der ASW und eines wirksamen ASW-Trainings informieren. 216 S., 51 Abb., Best.-Nr. 1083.

ASW — PHÄNOMENE AUSSERSINNLICHER WAHRNEHMUNG
von Dr. rer. nat. Milan Rýzl

Mit seinem neuesten Buch liefert Dr. Rýzl ein Standardwerk über Telepathie, Hellsehen, Zukunftsschau sowie über Kosmos- und Jenseitsforschung ohne Spekulation. In einem kurzen Bericht schildert der weltberühmte Forscher seine abenteuerliche Flucht vom Osten in den Westen, die exakt nach den aufgezeichneten Vorhersagen einer Hellseherin verlief! 285 S., Best.-Nr. 1087.

DIE MACHT IHRES UNTERBEWUSSTSEINS
von Dr. phil. Joseph Murphy

Unser Unterbewußtsein lenkt und leitet uns, ob wir wollen oder nicht. Dieses leichtverständliche Buch des dreifachen Doktors zeigt, wie wir die unermeßlichen Kräfte des Unterbewußtseins nach unserem Willen und für unsere Ziele nutzen und für uns schöpferisch einsetzen können. 245 S., Best.-Nr. 1027.

MIT DEN AUGEN DES PSYCHOLOGEN
von Lee M. Shulman und Joan K. Taylor

Ein Psychologe enthüllt Fälle aus seiner Praxis, an denen auch für den Laien sichtbar wird, daß psychische Probleme, seelische Konflikte, Gefühle von Angst, Schuld und Verzweiflung und andere Seelenqualen ebenso gelindert und beseitigt werden können wie körperliche Leiden. Erkenntnisse und Möglichkeiten der Psychologie für jedermann. 252 S., Best.-Nr. 1081.

RAMÒN F. KELLER VERLAG · GENF

KINDLER TASCHENBÜCHER
GEIST UND PSYCHE

(2001)*	Anna Freud	Das Ich und die Abwehrmechanismen
(2002)*	Karen Horney	Der neurotische Mensch unserer Zeit
(2003)*	René Allendy	Die Liebe
(2004)*	Viktor von Weizsäcker	Natur und Geist
(2005)*	Erich Neumann	Tiefenpsychologie und neue Ethik
(2010)*	C. G. Jung	Welt der Psyche
(2019)****	Albert Görres	Methode und Erfahrungen der Psychoanalyse
(2021)*	Eduard Naegeli	Das Böse und das Strafrecht
(2029)*	Franziska Baumgarten	Beratung in Lebenskonflikten
(2030)*	Hans Driesch	Parapsychologie
(2032)*	August Mayer	Reifungsprobleme im Leben der Frau
(2034)*	Fritz Stirnimann	Psychologie des neugeborenen Kindes
(2036)**	Gustav R. Heyer	Der Organismus der Seele
(2040)***	Georg Groddeck	Das Buch vom Es
(2044)*	Hermann Rorschach	Ausgewählte Aufsätze
(2046)**	Alexis Carrel	Betrachtungen zur Lebensführung
(2048)**	Oscar Forel	Einklang der Geschlechter
(2050)*	Alphonse Maeder	Der Psychotherapeut als Partner
(2052)*	Eduard Schweingruber	Der sensible Mensch
(2053)*	Hans Driesch	Alltagsrätsel des Seelenlebens
(2054)*	Franziska Baumgarten	Demokratie und Charakter
(2055)**	Wilhelm Bitter	Einsamkeit in medizinisch-psychologischer, theologischer und soziologischer Sicht
(2057)**	Erich Stern	Der Mensch in der zweiten Lebenshälfte
(2059)*	Wolfgang Wilhelm	Bewußte Lebensführung
(2060)**	Michael Fordham	Vom Seelenleben des Kindes
(2062)**	Alphonse Maeder	Selbsterhaltung und Selbstheilung
(2064)*	Heinz Artur Strauß	Psychologie und astrologische Symbolik
(2065)***	Rudolf Gelpke	Drogen und Seelenerweiterung
(2067)**	Josef Rattner	Psychologie und Psychopathologie des Liebeslebens
(2069)**	Michael und Enid Balint	Psychotherapeutische Techniken in der Medizin
(2072)**	Wilhelm Bitter	Die Angstneurose
(2074)**	J. H. Schultz	Grundfragen der Neurosenlehre
(2076)*	Hoimar von Ditfurth	Die endogene Depression
(2077)*	Leonard J. Friedman	Virginität in der Ehe

In GEIST UND PSYCHE erscheinen die Schriften namhafter Psychologen, Psychoanalytiker und Pädagogen.

(2078)***	Herbert Lippert	Einführung in die Pharmakopsychologie
(2079)*****	Parin/Morgenthaler Parin-Matthey	Die Weißen denken zuviel
(2080)**	Medard Boss	Sinn und Gehalt der sexuellen Perversion
(2082)****	Jean-Hyppolyte Michon	System der Graphologie
(2083)****	Hans Giese	Der homosexuelle Mann
(2084)*	Heinz-Rolf Lückert	Der Mensch – das konfliktträchtige Wesen
(2085)**	Hans Strotzka	Psychotherapie und soziale Sicherheit
(2086)*	Hoimar von Ditfurth	Aspekte der Angst
(2087)****	Max Pulver	Symbolik der Handschrift
(2088)****	Robert Heiss	Allgemeine Tiefenpsychologie
(2089)**	Kurt Seelmann	Kind, Sexualität und Erziehung
(2090)***	Karen Horney	Neue Wege in der Psychoanalyse
(2091)***	Wilhelm Bitter	Freud, Adler, Jung
(2092)***	Emil Schmalohr	Frühe Mutterentbehrung
(2093)**	Dieter Eicke	Vom Einüben der Aggression
(2094)***	Werner W. Kemper	Psychoanalytische Gruppentherapie
(2095)***	Hans Strotzka	Neurose, Charakter, soziale Umwelt
(2096)****	Iwan P. Pawlow	Auseinandersetzung mit der Psychologie
(2097)*	Mattke/Wormser	Drogen-Fibel
(2098)*****	Ronald Wiegand	Gesellschaft und Charakter
(2099)***	Josef Rattner	Selbsterkenntnis und Menschenkenntnis
(2100)****	Richard Pokorny	Psychologie der Handschrift
(2101)**	Günter Ammon	Gruppendynamik der Aggression
(2103)***	Charlotte Wolff	Die Hand des Menschen
(2104)***	Karen Horney	Unsere inneren Konflikte
(2106)***	John Bowlby	Mütterliche Zuwendung und geistige Gesundheit

7-1-10-7-3